Giulio Carcano

La Nunziata

Novelle campagnuole

In appendice un saggio di Cesare Correnti

La vecchia della Mezzegra

[1842]

Vide oscurarsi a un tratto l'orizzonte
La donna, e al basso la procella intese,
Allor che, giunta ove s'inaspra il monte,
Stette, ed al chiostro solitario scese.
Ahi! non sapea su quale amata fronte
Le furie di quei nembi eran sospese!
A che naviglio intorno furibonde
In quell'istante imperversavan l'onde.

GROSSI

Se mai, un dì, dovesse adempirsi il migliore de' miei desiderii, se l'anima mia potesse cercarsi in questa cara parte di terra italiana un asilo tranquillo e solitario, consolato dal sorriso del cielo e da quello dell'amore, dalle bellezze di natura e dalla pace degli studii, l'asilo che fu sogno prediletto delle mie prime poetiche canzoni; io verrei, come il più felice degli uomini, alla tua perpetua primavera, o vaghissima riva di Tremezzo, che ti fa specchio dell'antico Lario, il più bello dei nostri laghi. - E talora mi par quasi che, ov'io fossi nato nella tua aria pura, benedetta, avrei sortito un cuore più capace di sentire il vero, unica speranza, e d'amar la poesia, unica gioia di mia vita.

Quante memorie d'altri tempi popolano ancora questa contrada a me così cara!... Io voleva cercare su questa sponda, negli avanzi della più remota antichità, nell'impronta che tutti i secoli, passando su questi monti e su queste acque, lasciarono ne' dirupi più alpestri e sulle più alte cime, nell'umili case, e nelle ville superbe, nella chiesa, solitaria regina della montagna, e nel silenzioso campo santo, nella torre diroccata, e fra le rovine del vecchio castello, io voleva un giorno cercare le sacre tradizioni della patria, i pochi e dispersi monumenti, risvegliare con la magia del verso, in questo quieto e ridente angolo di terra, le grandi ombre del passato, i nomi che non sono più!

Chi mai venne, solo una volta, a visitare quest'incantevole riva del lago, e non fece voti di ritornarvi al più presto, di tornar qui a cercare, nella bella e maestosa solitudine, consolazione e rimedio a' dolori, a' disinganni, alle sventure, onde ciascuno ha sua parte su questa terra? - Io per me, che, sebben giovine ancora, appresi a non mettere grandi speranze negli uomini e nelle loro promesse, io per me dico che se altrove non mi strascina la forza prepotente de' casi umani, cercherò di finire in questo beato terreno il pellegrinaggio degli anni miei.

Io amo le grandi e semplici tradizioni di questa contrada. Sulle sue sponde, sui monti e nel seno delle sicure vallate che circondano il lago, forse trovarono il primo asilo gli antichi abitatori (sien essi Orobii o Reti) contro la gallica invasione; poi, quando le tribù galliche si furono mischiate con quelle degl'Insubri, queste rive stesse divennero baluardo alla nuova gente minacciata dall'aquile latine. Poi Roma vinse, e i nomi dei più grandi Romani e quelli di molte nobili famiglie greche, qui trasportate, leggonsi tuttora sulle iscrizioni più antiche, vivono ancora nella denominazione di parecchi villaggi che abbelliscono le famose rive del Lario.

Quell'isoletta deserta che sorge, poco stante dal Dosso di Lavedo, in mezzo al gemmeo seno dell'onde, come Plinio il chiamava, fu per anni e anni la stanza de' martiri della lombarda prodezza contro la tirannide del Barbarossa. Ora, da sette scoli, essa è una muta solitudine; non ha che una chiesuola, sorgente ancora fra le vestigia delle antiche mura e de' rovinati spaldi, che la fatica del tempo e quella dell'uomo hanno ricoperti del verde manto della campagna.

Là, sul ridente promontorio, il cui nome ricorda quello dell'antica Abido, siede l'altiera villa un tempo prediletta stanza al cardinal Durini; quel potente signore, che, adornata la riviera di giardini, di palazzi, di viali, di boschetti, di sentieri serpeggianti sulla montagna, qui spendeva la vita con gran corteggio, ne' magnifici ozii e nella pompa del suo fasto spagnolesco. Se discendi dall'altra parte del poggio, tu attraversi allora il solitario villaggio di Lenno, e trovi nell'antico sotterraneo tempietto marmi e are, con le sacre inscrizioni del tempo pagano; poi, salendo su per l'alpestre montagna, ti si presentano tre o quattro poveri, oscuri paeselli, dove campano in pace uomini che forse non han mai veduto una città, che conoscono se il cielo prometta bel tempo al loro vigneto, dalla nube che passa o si mette a sedere sulla cresta del monte; che pongono tutta speranza nella buona annata, che cercano la fortuna della pesca sulla povera lor barca; che altro amore non hanno fuor quello de' molti figliuoli, a cui sperano lasciar l'eredità della poca terra, ch'essi medesimi han già ricevuto dai padri e dagli avi loro.

Vedi l'alto campanile e la solitaria chiesa in cima del monte, dietro a cui s'innalzano, a grado a grado, altri monti, più dirupati, più giganteschi? E quel cammino all'erta, lungo il quale incontri, a ogni angolo, a ogni svolta, una modesta cappella, a riposo del buon cristiano pellegrinante su quell'altura? È la chiesa della Madonna del Soccorso. - E di sotto, quelle grandi case bianche, a cui mena un viale d'alti e secolari cipressi, erano, al tempo de' nostri buoni vecchi, il monastero dell'Acquafredda. Ora la badia e il pingue e vasto territorio di quei frati divennero proprietà e delizie d'una ricca famiglia comasca. Ma i più antichi, che vivono ancora nei villaggi del contorno, si ricordano con le lagrime agli occhi delle solenni funzioni che videro a quel tempo nella chiesa della Madonna, delle belle prediche del padre abbate ne' dì delle feste, delle pie distribuzioni di pane e vino, che, in certi giorni, i frati della porta del convento andavan facendo a' poveri della contrada; e così, ricordandosi soltanto del bene che non è più, come avvien quasi sempre, rimpiangono il passato. -

No! la memoria di questi luoghi, ch'io amo, non sarà cancellata dall'anima mia, per qualunque sia vicenda della vita. Il sentimento del cuore può mutare; coloro ch'ebbero un dì la nostra speranza, il nostro amore, ponno abbandonarci a mezzo del cammino, dirazzare il passo per altra via; ma i luoghi almeno son sempre gli stessi e conservano fedelmente le più care immagini dell'anima nostra... Felice colui che può riposare ne' sogni del passato!

I.

Sul cader di settembre del 1841, tutta l'amena riviera della Tremezzina appariva ancora nella magnificenza di sua fecondità, nella pienezza de' migliori suoi doni: sicché molti dicevano non essersi mai veduta quella parte del lago così allegra, ubertosa e bella.

Tutte le rive, tutti i piani vicini all'acqua, verdeggianti ancora, come alla primavera: ogni lembo, ogni costiera, ogni collina, vedevasi incoronata dagli allegri vigneti, dalle pallide piante d'ulivo, dalle folte macchie de' castagni, dagli alti e ombrosi noci. Le viti sorgenti in lungo ordine, al paro d'appese ghirlande, sugli scaglioni dei novali, lungo le alture, sovr'ogni poggio, in ogni più angusta lingua di terreno, promettevano la più lieta e abbondante vendemmia che fosse stata mai: i tralci parevano ingemmati da' preziosi grappoli color di rubino, che il raggio d'un sole limpidissimo aveva fatto maturare innanzi tempo;

le campagne eran tutte una festa; la buon'annata aveva fatto certo il povero contadino della ventura ricchezza e della desiderata pace: il paese pareva veramente una terra promessa.

Su per le strade delle montagne, lungo le viottole che costeggiano e attraversano i campi, salendo con dolce o erto pendio secondo le sinuosità del terreno, vedevasi tutto il dì andare e venire il festevole popolo di quella contrada. I paesetti eran vuoti, deserti; a guardia delle povere casipole non rimanevano che le nonne, o qualche reggitore poco lontano da' suoi cent'anni. Intorno a que' patriarchi del villaggio, avresti veduto saltellare, razzolar sul terreno, in mezzo a' polli e a' pulcini, sotto la guardia severa del vecchio cane del pagliaio, accovacciato,

Che d'un lione aveva faccia e contegno,

un venti o trenta fanciulli di due, tre o quattr'anni, tutta la più piccola generazione del paese.

Intanto gli altri, uomini, donne, vecchi e ragazzi, se n'erano iti, prima che spuntasse l'alba, a' campi, alle vigne, a' chiusi, ai dossi, alle colline; ma se n'erano iti festosamente in compagnia, a schiere spicciolate o in frotta, cantando le lor canzoni montanine, framezzate dal ritornello d'acute grida di gioia, e secoloro recando non già zappe, marre, e vanghe e altri strumenti della fatica, ma canestre, zane, corbe e gerle e tinozze, quante n'avevan potuto trovare e ragunare; contenti che all'abbondanza del ricolto non parevan bastare.

E chi non avrebbe, in quel dì, benedetta con la voce del cuore la provvidenza della natura? Chi non avrebbe sentito nell'anima la gioia di quella povera e buona gente?...

Se n'andavano lietamente sparsi per le campagne, lungo gli ordinati filari, intorno agli alberi inghirlandati, anzi vestiti di ricco frascame e di tralci, già curvi e cadenti sotto il soverchio peso de' grappoli maturi. A tre, a quattro, a sei, intorno a ogni tralcio, dietro ogni filare, ricoglievano le uve, riponevanle nelle ceste ben presto ricolme, e cantavano, cantavano a voce alta e pura, in faccia al bel sole d'autunno. I figliuoletti correvano di qua, di là, vispi come capretti; e furtivi cacciandosi sotto le viti più basse, s'accoccolavano non veduti al piè degli alberi, dietro i grossi tronchi; rubandosi l'un l'altro i grappoli più grevi ed eletti, ne mangiavano con gran festa; poi apparivano fuor de' fogliami colle lor tonde facciozze tinte del color dell'uve, come sogliosi veder dipinti i satirelli compagni di Bacco fanciullo. - Le donne tenevano d'occhio a' ragazzi più grandicelli, e ponendo nell'ampie ceste le uve ricolte, curavano non andassero disgranate o peste; quando le prime eran ricolme, se le recavano, aiutandosi mutuamente, bilicate sul capo; e pronte e ritte sull'anche n'andavano così cantarellando fino all'entrata del campo; dove gli uomini, riservate le uve nelle piccole tinozze tratte da un lento bue, ovvero capaci zane, onde si caricavan le spalle inforcandone le cinghie, pigliavano l'uno dopo l'altro, in lunga ordinata fila, la strada del paese.

E io vidi più d'un vecchio messere, spedito e franco come a trent'anni, muovere il passo sotto quel grave carico, e scendere il sentiero serpeggiante e sassoso, zufolando per allegria, e pensando alla felice invernata. E pareva veramente che quelle oneste, aperte fisonomie, rozze sì ma sincere, dicessero la gioia che abbondava nel cuor di tutti: in passando, si salutavano con maggior fede e con più calde parole che mai; si raccontavano a vicenda i pochi fatti loro; di quando in quando, calati ch'e' fossero fino al piè della montagna, gli avreste uditi mettere un'esclamazione di giubilo, alla quale rispondevano, insieme agli echi dei monti, altre voci più acute, più vive, di qua, di là, da tutte le circostanti alture.

Sul mezzodì, udivasi da' campanili de' paesetti sparsi sul monte o lungo la riva, che capovolti ripetevansi nel lago, un suono di festa, un concerto, che diffondendosi per l'aria quieta, armoniosa, pareva quasi una voce di gratitudine di tutte quelle contadinesche famiglie, la quale si levasse al cielo; una preghiera di ringraziamento al Datore di tutte le cose, per consecrar quel dì fortunato dei poverelli, che nella gioia raccolgono il frutto della lunga fatica. La terra e il cielo parevano rallegrarsi insieme.

Ma, sulla bass'ora di quello stesso dì, dietro le creste delle montagne vedevansi sorgere lentamente, accavallate le une sopra le altre, certe grandi nuvole temporalesche, cenerognole, dense, che parevan pregne di gragnuola, e si sedevano sulle montagne: il contadino, dal mezzo del suo campo, e il pescatore dalla prua della barca palleggiata dall'onde crescenti, le contemplava attonito, le additava con insolito spavento. E tutto il dì, quell'immensa corona di nubi aggruppate, immobili, minacciose, stette sulle alte cime d'ogn'intorno, distaccandosi col suo nerastro funereo colore sul purissimo sereno di tutto il resto del cielo.

Alla sera, tutti i contadini eran tornati alle lor case; ma, innanzi mettersi al riposo, avresti veduto ciascuna famiglia radunarsi in crocchio presso la sua porta, recitare con devota nenia il rosario della Madonna, e volgere di tanto in tanto timidamente gli occhi nel cielo, per vedere se la tempesta s'avanzasse, o se il provvido vento della montagna cominciasse a rompere le cupe e profonde nuvolaglie. I vecchi si ricordavano allora delle terribili tempeste del lago, nell'autunno; tutti gli altri pensavano con animo incerto all'intralasciata vendemmia, e forse vedevan fallite nel miglior momento le più belle speranze. - Oh perché mai, o Signore, la vostra mano s'aggrava sul nostro capo, nel giorno che la nostra gioia è più sicura e più grande?...

Il dì seguente era la domenica. Ma il sole non venne a consolare quella felice parte di terra. Un velo uniforme, melanconico coperse, tutto il dì, la faccia del cielo; avresti detto che la natura, piena di tristezza e di timore, antivedesse uno straordinario sconvolgimento nell'aria. I contadini erravano per le vie anguste e scure dei paeselli, attraversavano le spianate, vagavano inquieti sulla riva, guardando il cielo a ogni momento, scrollando il capo, come andassero cercando la loro aria viva e sottile, quell'aria che sentivano mancare e farsi sempre più greve e immota sotto il peso delle nubi, le quali calavano a vista. E il lago, commovendosi, sentiva quel patimento; l'atmosfera torbida, muta; tutto l'orizzonte dipinto d'un cupo colore di bronzo.

Nella piccola chiesa parrocchiale, sotto l'atrio antico e sull'erboso sagrato, s'inginocchiava il popolo del villaggio, devotamente aspettando la benedizione del Signore. Molti pregavano; molti, inginocchiati sull'erba, curva la testa al suolo, stavano sbigottiti e oppressi, nel silenzio dell'aria; pensavano all'imminente sciagura, ma non sollevavano i loro cuori al Signore.

Finita la sacra funzione, l'aere cominciò ad agitarsi, a echeggiar sordamente; il vento discese dalle montagne e si scatenò da tutte le parti sui campi, sulle case e sull'acque. Era una guerra di molte e contrarie bufere, che s'incontravano, si cozzavano furiosamente nelle gole de' monti, nei burroni, nelle vallate; la tempesta aveva messo il suo urlo tremendo, e le nubi, urtandosi con rapido movimento, facevano tra loro una battaglia di lampi incessanti. La natura parve mandare un gemito a quella minaccia, e gli uomini cominciarono a correre di qua, di là, di su, di giù, sbigottiti, perduti; le donne tenevan più stretto al seno i loro lattanti; i vecchi oravano, e si udiva dall'interno delle stalle il mugghio lamentoso delle giovenche.

I nuvoloni s'avanzavano sempre più aggomitolati, e ricoprendo del loro negro vestimento tutto il cielo. Un fulmine scoppiò sull'altura che domina la Tremezzina, e troncò il capo d'un'antichissima quercia che aveva veduto più di un secolo. - E parve il segnale della sciagura: in un momento cominciò una gran pioggia dirotta, larga, portata dall'impeto di contrari venti; e il lago a sollevarsi, a mormoreggiare dal fondo; e le poche barchette che lo solcavano ancora, a tentennare, balzate con gran pericolo; e i barcaiuoli a far gran forza di remi per guadagnare la riva.

All'avvicinarsi della sera, il mal tempo si andava facendo sempre più cruccioso, il vento più forte, la bufera più violenta: già i monti scomparivano dietro il continuo velo della pioggia, e l'oscurità cresceva il terrore. Il tenebrore del cielo e la fitta notte, che s'avanzava assai prima dell'ora, erano rotti solamente pel lunghissimo guizzo de' lampi che faceva rabbrividire, dallo scroscio meno frequente, ma più terribile, delle folgori. Le campane delle chiese suonavano da ogni parte l'Avemmaria della sera; era quasi uno sparso lamento, il lamento della terra impaurita dal vicino disastro; ma que' tocchi lenti, prolungati li soffocava, o via portavali la furia del vento. Il lago, le rive, tutte le vie, le callaie de' villaggi eran deserte, ciascuna famiglia raccolta sotto al suo tetto: aspettavano la volontà del cielo; tutti pregavano in comune.

Era la notte, e già da parecchie ore continuava la pioggia non mai interrotta, scrosciante, un rovescio d'acqua, un diluvio. E col venir della notte vennero il disordine, lo spavento e la sciagura. Dall'alte montagne, dalle cime più diroccate, dalle gole, dal seno de' burroni, dagli antichi letti avvallati de' torrenti, precipitavasi infuriando, ingrossando sempre più, sradicando alberi e sassi e terra, un turbinìo d'acqua; mille vene d'impetuosa corrente eransi come aperte nel punto stesso in grembo delle montagne. I rivi a mano a mano gonfiavansi, diventavano gorghi e torrenti; rompevano di costiera in costiera, sbarbicando le radici degli alberi, trascinando i tronchi caduti come festuche o ramicelli, rotolando giù con rovina sempre maggiore massi, tufi, siepaglie e grossi macigni staccati dalle più alte vette per il subitano groppo de' venti. Allagate le sottoposte campagne, lunga e preziosa fatica di cento e cento povere famiglie contadinesche, disertavano i colti, sollevavano di netto le glebe portate sulle dure schiene del monte, devastavano, spazzavan via piante, viti, frutti e l'erba e la terra; e dove meno poteva la furia, ne' giri delle acque montane, ivi lasciavano enormi ammassi di ciottoli, di sabbie, di schegge di rupe, che, saldati quasi dalla poltiglia e dal fango, mutando in un istante la faccia del luogo, ne facevano un deserto. E tutto quello spaventoso ingorgarsi d'onde, rimescolarsi di mota, di selci, di sradicate ceppaie, di spezzati alberi, di frantumi, di macigni precipitanti al basso; quell'urtar de' torrenti ne' fragili ponti gettati a cavalcione delle gole e fenditure dell'alpe, in guisa che tronchi e assi e sbarre trabalzavano non visti nel vortice fragoroso e spumeggiante; quello scoscender continuo d'una rabbiosa piova, che faceva lago di ogni breve tratto di pianura, torrente d'ogni declivio, confusione e rovina d'ogni cosa s'attraversasse al suo tremendo passare; e, in mezzo a tanta furia d'acqua e di venti, l'incrocicchiarsi dei baleni, il continuo rumoreggiar del tuono, ripercosso interminatamente da tutti quanti gli echi delle montagne; in una parola tutta quell'ira del cielo, che pareva aver diserrate le sue cataratte per riversarle sopra la terra, avevano già messo negli animi di tutti il pensier della morte. Gli uomini s'accorgono in cosiffatti momenti quant'essi sien piccoli e grami in faccia al primo corrucciarsi di natura.

  Ma il più terribile fu allorquando la piena dell'acque,

investite le coste soprastanti, dinudati i colti, sfasciati i novali e calpestate le vigne, correndo giù a precipizio con la rapidità di un miglio per minuto, invase in un momento le vie che menavano all'abitato e i declivi volgenti verso la riva del lago. Allora i torrenti diventavan fiumi; né soli torrenti d'acqua, eran torrenti di sassi, che con ruggito simile a quello delle valanghe, trasportando di netto gli archi de' ponti e il selciato delle vie, urtavano i muricciuoli rovesciandoli, come fossero foglie, sul terreno; sgretolavano le muraglie de' chiusi, disfacevano in passando le baracche piantate dal montanaro nel suo campo; e divallavano con furor peggiore contro le case crollanti e allagate. Perocché il soffiar del turbine aveva nudati i comignoli de' tetti, in guisa che l'acqua, penetrando nelle tarlate soffitte, filtrava a goccioloni nelle stanze superiori; e gli abitatori sbigottiti, non sapendo quale schermo trovare, rifugiavansi nei luoghi terreni. Ma quivi più doloroso era lo spettacolo, il rischio più grande. Le acque di fuori precipitando spalancavano porte e finestre, rompevano nell'interno, mescolando o travolgendo le domestiche masserizie, i legnami, le scorte, e madie, cassettoni, ferraglie e alari e ogni altra cosa; e già eran piene le cantine, le stalle, le botteghe, di sassi, di sabbia, di ghiaie, di fango: da per tutto muraglie screpolate o cadute, porte scassinate, infrante, usci sgangherati e travolti dalla piena, panche, travi, botti, secchie galleggianti sull'onda furiosa; tutto il bene di tante e tante famiglie strascinato in picciol'ora ne' profondi gorghi del lago.

    Era mezzanotte; da tutte le parti, desolazione, confusione e spavento. Le campane suonavano a stormo; gli uomini uscivano al richiamo incessante di quei tocchi, e, sotto la pioggia turbinante, accorrevano dove il pericolo credevan più grande; le donne, co' figliuoletti a mano e co' bambini in collo, fuggivano di qua, di là, cercando asilo dove non le potesse giungere l'impeto delle alpestri correnti; i vecchi, gl'infermi fuggiti da' loro stramazzi andavan cercando guida, pietà, ricetto; tutti fuggivano lasciando le case aperte, senza osar di volgere gli sguardi, temendo vederle crollare. Molti accorrevano alla chiesa; ma, dove le chiese eran pure allagate, dove le vie che vi conducevano erano scomparse, o divenute un fiume: allora que' poveretti battevano alle più sicure porte de' signori, alle ville che, situate sull'alto della ripa, non temevano il precipizio delle acque.

E alcuna di quelle porte s'aperse e ricettò a cento a cento i poveri e nudi contadini; vecchi, donne, fanciulli, che piangevano, tremavano, trafitti dal freddo e maceri di pioggia, e lamentandosi e pregando credevan venuta la fine del mondo. Ma più d'uno di que' superbi palagi rimase tutta notte chiuso, sbarrato al tempestar de' poveretti. Gli alteri padroni, accovacciati nelle tepide lenzuola, non avevano osato sollevare il capo da' morbidi guanciali, per tema che lo scroscio della piova, e gli arrabbiati buffi del vento non rompesser loro i sonni; e i castaldi, fedeli agli ordini, sprangavano più saldamente ogni entrata, senza rispondere alle preghiere, alle bestemmie del di fuori.

Ma gli uomini del paese, i coraggiosi e buoni montanari aiutavano a tutto potere a diviare dall'abitato le grandi fiumane; e ponevano a rischio la vita a ogni momento per salvar dall'acque que' che non eran fuggiti a tempo. Nuda la testa, coperti appena d'un lacero camicione, gli avresti veduti correre qua e là, sotto l'acqua che continuava a secchie, e darsi mano dove il pericolo era più grande; e quali cacciarsi nella piena, attraversare il vortice dell'acqua, ed asportar in salvo dalle stanze già inondate il meglio che potessero ghermire al furore dell'elemento; quali recarsi sulle spalle coloro che, rimasti addietro, già vedevan la morte; e quali, come avviene in caso d'incendio, per contrario fine, formavano catena in lunga fila, facendo rapidi passar dall'uno all'altro le secchie, per votar dell'acque le povere stanze dove l'inondazione aveva fatto scempio maggiore. In mezzo a questa scena, risonavano le querele di chi aspettava soccorso, pianti di madri e bambini, gridi di segnale di chi tentava mettere un po' d'ordine in quegli affrettati soccorrimenti, e l'eco lontano del tuono che non aveva cessato quasi mai.

Quest'orror di cose durò tutta notte. A memoria dei più vecchi, il paese non aveva veduto mai simile sciagura. Non fu solo una gran procella, fu lo scoppio improvviso di molti temporali, che rovesciaronsi tutti insieme su quella parte di terra, come un altro diluvio. Fu solamente verso la mattina del lunedì, che il cielo, sfogata la piena della sua rabbia, cominciò a tornare in pace. - Ma il disastro che toccò a quella eletta contrada che specchiasi nel bellissimo lago, lo sentirono qual più, qual meno, tutte le contrade della nostra Lombardia. E chi non ricorda che in quell'autunno, non solo nell'Alta Italia, ma lungo le riviere de' nostri mari e del mezzogiorno di Francia, si succedettero in breve tempo procelle, temporali, straripamenti di fiumi, allagamenti e rovine? Fu una di quelle comuni sventure, che mettono a grandi prove la pietà e l'egoismo degli uomini.

Io non dirò a parte a parte le miserande scene che quella notte vide; ma non potrò mai scordarmi del racconto, che una donna del contorno mi fece, la mattina seguente, di quanto essa aveva patito in quella sciagurata circostanza.

II.

La mattina appresso, era il cielo bello, spazzato lucidissimo; e questa gioia del cielo, dopo gli orrori del dì innanzi, addoppiava l'angoscia del passato pericolo. L'atmosfera pura, la lontananza più tranquilla, più lieta di prima: ma lo spettacolo delle case e delle ville, delle campagne e de' monti, presentava da ogni parte scene di guasto, di disertamento, di miseria, che non ponno esser descritte. Il sole regnava nell'alto, sgombro di nubi; ma da tutte le cime circostanti, da ogni scoscenditura, da ogni seno vedevansi ancora sgorgare mille rigagnoli, mille torrentelli, che dirupavano giù giù fino al lago, voltolando ancora macerie e reliquie della strage già fatta.

Movendo lungo le rive del lago, su per le strade rotte, corrose, ingombre, e dove non eran più strade, arrampicandosi sulle sdrucciolevoli frane, a traverso terre e fossati, dietro alle povere genti disperse, senza casa, senza campo, senza cosa alcuna al mondo, era una pietà, una pietà che spezzava il cuore, l'aspetto di tante e così diverse rovine. Ne' paeselli, sulle piazze, in mezzo ai crocicchii, vedevansi portar fuori conquassate e fangose masserizie, che l'acque non avevano involate; e trascinare al sole letti, stramazzi e sacconi perché asciugassero; vedevansi gli uomini purgare le tinozze dell'onda e della melma, di ch'eran piene; e qua e là donne piangenti, inginocchiate sull'umida terra, pescar ne' rivi limacciosi le preziose uve, i pochi grappoli rimasti di quell'abbondante vendemmia de' giorni appena passati. Era una stessa sciagura, una miseria stessa che si ripetevano a ogni momento, in nuova e sempre più compassionevole sembianza.

Così, attraversai l'un dopo l'altro Griante, Tremezzo, San Lorenzo, Bolvedro, e Porlezza. Salii a Viano, a Bonzanigo, alla chiesa di sant'Abbondio, a que' sparsi gruppi di casipole che chiamano la Mezzegra, tutti desolati e rovinosi. - Tornando poi lungo la riva, mi scontrai in una torma di contadini, che facevano cerchio a una povera donna, la quale piangeva e gridava miseramente.

Quella donna era vecchia, ma alta della persona, ritta ancora, come non sentisse il peso de' suoi sessant'anni. Levava ardito il capo, mezzo coperto d'un grossolano fazzoletto rosso che le s'era sgroppato, e del quale i lembi cadevanle sulle spalle; i capegli aveva lunghi e radi, ma nerissimi ancora e fuggenti di sotto il fazzoletto in sottili ciocche scompigliate; sulla sua faccia estenuata, emunta, avresti letto a un tempo il cruccio dell'ira e il dolore della disperazione: la bocca componeva a uno strano e convulso riso; ma dagli occhi piovevanle due rivi di lagrime, che solcavano le sue guancie appannate e d'uniforme terreo colore. Era vestita d'un bianco giubbone di lana, all'usanza montanara, scendente fin sotto a' fianchi, e lasciava vedere, tra lo sparato del busto, sul petto abbronzato e grinzoso, una di quelle reliquie, dette *agnusdei*, che suol portare per divozione la povera gente: una rozza sottana di cotone bianca e turchina e un paio d'alti e grossi zoccoli compivano il suo vestimento. Ma, sollevando un braccio ignudo e scarno, coll'indice della mano teso verso la cima della montagna, mentre raccoglievasi coll'altra sul seno l'aperto giubbone, e parlando insieme e lagrimando, aveva l'aria dignitosa e terribile d'un'antica sibilla.

«Vedete,» diceva nel linguaggio energico e figurato degli abitatori di que' luoghi, somigliante al linguaggio di tutti coloro che respirano un'aria libera e viva, e contemplano le grandi scene d'una bella natura; «vedete quella macchia bianca, là sul dosso di quel colmo, che pare un sasso abbandonato sulla via, una scheggia caduta dall'Alpe? Chi direbbe che là stanno un venti poveretti, a' quali non rimase più nulla al mondo? E il Signore che abita sopra i cieli, volete che guardi a quella tettoia che il vento si può portar via come una foglia?... Egli ha tutto il mondo sotto gli occhi suoi; ma, per quanto buono, bisogna che anche Lui si stanchi del male, che non finisce mai; bisogna che mandi a ognuno la sua parte di castigo: oggi a noi, domani toccherà agli altri. - È vero sì, che i grandi, i signori, sono anche loro pieni di peccato; ma tutti facciamo a chi più per metterlo in collera; e, quel ch'è vero è vero, di peccati n'abbiam fin sopra del capo. Andate là, credete che Dio s'addormenti?... L'avete veduto ieri se chiude gli occhi. Anche il tuono e il fulmine non ci son per nulla; essi sono le parole del Signore».

E qui la vecchia volgeva intorno gli sguardi, e veduto un figliuolino lacero e seminudo correre verso di lei, gli andò incontro, lo pigliò per mano, e tenendolo serrato alle sue vesti, «Pover'anima innocente!» continuava «che sei venuta al mondo nell'ora della disgrazia! vieni, vieni qua dalla tua vecchia mamma! Lo vedete!... è l'ultimo de' miei dieci figliuoli; e toccò l'altro dì i nov'anni. È il figliuolo del mio amore, questo!... E voi, sapete cosa vuol dire aver de' figliuoli, e non aver del pane per loro?... Oh Signore! Noi siamo cattivi, ma voi siete giusto!...».

Parecchi facevansi vicino alla donna, per cercar di acchetarla, per dirle qualche buona parola; ma essa, cacciando lontano tutti coloro: «Andate per la vostra via!» soggiungeva «ché gli avrete anche voi i vostri guai, le vostre piaghe a cui pensare. Io, povera vecchia, ho veduta l'ultima delle mie sciagure. Ma voi... non avete madri? non avete donne? non avete figliuoli?... Se non fu questa volta, la verrà anche per voi. Fate penitenza, se siete a tempo ancora; perché Quegli ch'è lassù non lo dice allor che viene; e il mondo va di male in peggio. Grandi o piccoli, ricchi o poveretti, superbi o grami, cos'importa? Il diluvio non ha annegata tutta la terra?...».

A tali funeste parole, che la vecchia pronunziava come inspirata, gli astanti guardavansi con un misto di terrore e di compassione. Ma ella scrollava il capo, e rasciugandosi col rovescio della mano gli occhi pieni di lagrime: «Io ho veduti de' dolori» esclamava «e so che a questo mondo bisogna dir sempre: Quel che Dio vuole! ma tutto quanto ho patito in tanto tempo mi par poco, se penso alla notte passata! Oh Madonna del Soccorso!... Requie eterna a que' due angioletti!...».

Così dicendo, si faceva il segno della croce, giungendo le mani in atto di orazione, senza far più parola.

«Buona donna,» le diss'io allora tutto commosso «il cielo vi terrà conto di questa tribolazione. Ma via, raccontateci la vostra disgrazia; ché se non possiamo aiutarvi, pregheremo con voi».

«Lei non sa nulla?... Oh Vergine Santa!».

«Son tante le sciagure di quest'orrenda notte, che ciascuno in cui v'incontrate ha qualche ragione di piangere».

«Ma tutto il paese lo sanno!... oh, le povere creature!».

Allora più d'uno fra' contadini che ci stavano intorno, fece atto di volerne narrar qualche cosa. - E la vecchia, collo sguardo smarrito, ma pure iroso: «Tacete voi» gridò «che non avete fatto niente per noi! Io stessa gli ho veduti, io li vedo ancora...».

E qui, facendo sommessa e quasi cupa la voce:

«Ieri, nessuno sapeva che cosa facesse; tutti andavano, venivano, come pecore sbrancate, e non leggevano la sentenza scritta lassù. - Anch'io, smemorata e fatua! anch'io non pensava a' miei peccati. Ma chi semina il vituperio raccoglie la miseria. - Il mio uomo... voi altri lo conoscete, voi altri che dite che il suo giudizio batte la campagna; e, lo confesso io pure, dopo quella maledetta notte ch'e' s'acciuffò con le carabine d'Argegno, il poveretto ha più del matto che del savio... Bene, il mio uomo, ieri sull'alba - quando si dice che i matti l'indovinano! - venne fuori, sedè sul sasso a canto dell'uscio, guardò in alto, poi al basso; tese più volte l'orecchio, come per sentire il fiato del vento, e col ferrato bastone, che non l'abbandona mai, facendo due solchi in terra a guisa di croce: - C'è per aria, disse, qualche spavento. Andate al monte, Geltrude, e gridate a' nostri due figliuoli, all'Andrea e al Battista, che calino con le bestie; poi mandate al paese Donato, che dica a Pietro e Tonio, di non istarsene sul sagrato a baloccare, di non correre a Lenno con que' della Mezzegra; le figliuole sono in casa, Menica alla pentola, Dolinda a cercare un ramoscello d'ulivo benedetto per bruciare; non manca che l'Annunziata: se vedete alcuno di Bolvedro, fatele dire che l'aspettiam quassù, lei e i due figliuoli. Così saremo qui tutti, e se dobbiam morire, moriremo tutti insieme! - E io gli rispondeva alzando le spalle, rimbrottandolo che non sapeva quel che si dicesse. Ma egli mi lasciò parlare, e poco stante uscì, ragionando da per sé, Dio sa che cose... Appena fuori, avendo trovato lungo la via un albero morto quest'estate, si mise con gran forza a levarlo su, come fosse una manata di paglia; e dandogli un forte spintone, lo rovesciò attraverso del sentiero, che poco mancò non cadesse addosso alla casa: poi, non guardandosi più addietro, salì a gran passi la montagna lungo il letto del torrente. Arrivato alla croce, cominciò a gridare, chiamando i figliuoli: ma loro non ne udirono la voce; ond'egli se ne tornò per la stessa parte, facendo certi gesti strani, parlando con sé, riguardando il cielo e il lago; e dietro la via raccolse un fascio di ramicelli secchi... Non erano passate due ore, e il diluviare incominciò. Pietro, Tonio e Donato eran venuti al primo lampeggio; mancavano il Battista, l'Andrea, e mancava l'Annunziata: tanto che il pover'uomo per tutto il dì non ebbe pace. Venuta la sera, Dolinda accendeva la lampanetta della Madonna; eravam là, tutti raccolti intorno al vecchio, guardandoci in faccia senza parole; l'acqua veniva che Dio la mandava; un fulmine non aspettava l'altro; non ci si sentiva, non ci si vedeva più; pareva la fin del mondo. Non pensavam più nemmeno alla nostra poca terra, al nostro pane che il fiume divorava... E Donato cominciò a piangere; io aveva un bel tenerlo stretto colle braccia al seno, egli strepitava, gridava più forte. L'acqua già penetrava per l'uscio e per le finestre, e il vento faceva cigolare impannate e soffitte; la voce del tuono soffocava i lamenti delle povere figliuole. Il vecchio messere se ne stava muto, tranquillo sul suo sgabello; china la persona, appuntati i gomiti sulle ginocchia, e il viso fra le mani. Noi eravam tutti tremanti: ed egli era là, come quando siede la mattina in faccia al sole; né moveva pur gli occhi, e pareva sorridesse. La Menica cominciò a dire il rosario, e tutti a rispondere: lui solo tacque. A mezzo la corona, il messere si levò in piedi, e fissando cogli occhi spalancati l'acqua scorrente per la stanza e che già gli bagnava le piante: - Tacete una volta, disse: che cosa fanno le vostre orazioni? Non vedete che l'acqua è color di sangue?... Oh quella notte, quella notte!... e il sogno che non finisce mai! mai! mai!... - Intanto noi stavamo a guardarlo muti; Donato solo piangeva. Ma il vecchio, mettendosi il dito alla bocca: - Silenzio! chi piange? - E dopo altre parole, che non potemmo capire: - I figliuoli la scontano per i padri suoi! - E guardava l'acqua che cresceva, cresceva sempre... Finalmente, tremando da capo a piedi, vacillò e cadde disteso sul terreno, come morto».

Noi eravamo tocchi nell'anima dall'appassionato racconto della povera montanara. Ed essa, che più non lagrimava, ma che nel rinato suo dolore pareva pigliare anima novella (tant'è vero che nel dolore viviam più fortemente), mi afferrò per la mano, e continuò:

«Era un'ora di notte; il maledetto tempo si faceva peggiore, e già per noi si pensava di finire a ogni minuto. Allora, tra l'uno e l'altro scoppio di tuono, s'udì in lontananza suonar campana a martello in tutti i paesi della montagna; que' tocchi ne fecero gelare il sangue, perché vedemmo che tant'altri disgraziati erano a rischio più grande del nostro. Tonio e Pietro non poterono tenersi più; e avendo, in quella, un gran buffo di tramontana spalancata la finestra, vi s'arrampicarono, balzarono nella strada, corsero difilati al paese. Pensai in quel momento alla mia povera Annunziata, a' suoi figliuoli, e raccomandato ben bene alle due tose di guardar dietro al padre e condurlo al suo letto se potevano, corsi all'uscio, camminando nell'acqua fino alle caviglie; e sola, in mezzo alla notte, sotto la piova disperata, calai giù a Bolvedro, cadendo a ogni poco tra i sassi ed il pacciume. E vidi quasi tutta la Mezzegra inondata; e m'accorsi che la nostra casipola, per un miracolo del Signore, era rimasta in piedi; e che quell'albero, gittato là dal mio uomo, voltando la furia della piena in altra parte, aveva solo potuto salvarla. E non l'era stata proprio un'ispirazione del cielo?...».

«E non avete voi temuto in una notte così tremenda?...».

«Non sono io madre?» rispos'ella «e per noi madri non c'è lassù la Madonna? - Ora, date bene ascolto. Io non sapeva, in quel momento, dove fossi, dove andassi: correvo giù disperatamente verso la casa dell'Annunziata. Io era lavata, macera; l'acqua mi vestiva tutta in vece di que' pochi panni; incontrava gente che andava, che veniva, fuggendo, salvando roba e bestie, quel che si poteva. A ogni passo, bisognava attraversar pozze e pantani, saltar muri caduti: a ogni passo, il cuore si serrava più forte per quel flagello di Dio... Scendendo dalla parte di Bonzanigo, mi trovo sulla piazza di Bolvedro, tutta piena di confusione e di gridi... Quando, oh santi del paradiso! sulla strada superiore, vedo uno che corre al basso, portandosi dietro, sotto l'uno e l'altro braccio, due povere creature; quell'uomo correva, correva per attraversar la piazza, prima che il torrente lo assaltasse alle spalle; tutti guardavano a quella parte, e lo chiamavan gridando. Egli calava a tutte gambe, di tanto in tanto volgendosi indietro; cadde due o tre volte sui ginocchi, ma si rialzò di botto e continuava... Ma il fiume veniva; egli non è più a tempo; un turbine di sassi e pietre lo rovescia a terra... Oh caro il mio Signore! si rileva, ma uno de' figliuoli non l'ha più... Egli getta un grido, che forse l'hanno udito di là del lago, si ferma, si guarda intorno, non vede più nulla... Poi, un fianco di rupe, rotolando giù, l'urta a tergo, lo ributta nel fiume, e il fiume gli porta via dal fianco anche l'altro figliuolo... Quel poveretto tenta afferrarlo pei capegli; ma l'acqua era più forte... e le due povere anime eran già ite insieme. Intanto molti s'eran gittati per salvare il disgraziato; e lo trassero fuori più morto che vivo, e me lo lasciarono lì, a' miei piedi! Ho conosciuto allora ch'era Bernardo, il marito della mia Annunziata; e che que' due erano i figliuoli de' miei figliuoli!».

La vecchia montanara si tacque, e girò lo sguardo sopra ciascuno di noi. Indi, come stanca del grande sforzo fatto nel narrare i suoi guai, ricominciò a piangere, come piange un fanciullo.

«E quella misera madre?» domandai.

«L'hanno accompagnata su in casa di suo padre, che pareva divenuta matta» rispose un di quei di Bolvedro. «Le dico ch'era proprio una compassione. E chi sa fin dove sono andati quei due bamboli? Stamattina, abbiamo scavato la terra, la sabbia e i sassi, laggiù per ogni parte, senza trovar nulla».

«Il Signore gli avrà voluti con lui» ripigliò un altro, con non so quale stoica indifferenza: «due di più o di manco non fa caso; i poveretti n'han sempre troppi dei figliuoli».

«Via, tacete! non è questo il momento di dir certe cose!...» gli diede un altro sulla voce.

Io intanto ripensava nel cuor mio a quelle parole dette dal vecchio messere:

«I figliuoli la scontano per i padri suoi!».

La povera montanara rifiutò con qualche disdegno i soccorsi che le offerimmo; ella pareva quasi superba del suo dolore. Levò ancora la mano, e indicando la sua casuccia: «Noi possiamo ancora morire là su, come ci siamo vissuti!».

E se n'andò malinconicamente per la sua strada.

III.

Salii, la mattina seguente, sull'alpe della Mezzegra; né potei resistere alla brama di visitar la povera casa della Geltrude. Si ascendeva a quel tugurio per un sentieruolo ora scavato nel sasso, ora formato nel dorso terrigno del monte al passaggio di que' del paese. Davanti alla casa, aprivasi un breve spianato, da una parte sostenuto con un di que' muricciuoli di montagna, costrutti di schegge di macigno sovrapposte con grand'arte, senza cemento; dall'altra parte, da una siepe di spinosi cespugli, irta e fitta; ma il muricciuolo vedevasi qua e là rovinato dalla piena, la siepe aperta, strappata, e tutto il terreno umidiccio ancora e attraversato da lenti rigagnoli. Lo spianato era ingombro degli arnesi della campagna, arrovesciati, confusi, coperti di mota disseccata, e delle poche suppellettili malconce e fatte putride dall'inondazione. La miseria aveva messo fuori tutti i suoi cenci, perché il raggio del sole ristorasse l'abbandonato suo covile.

Sul margine della riva, stavano pascolando una grama erba fangosa, tre magre vaccherelle. I due figliuoli del montanaro, Andrea e Battista, eran calati dalla cima del monte dopo la gran bufera, e stavano rafforzando con grossi pali e stecconi una specie di bastia, per riparare la caduta parete d'una baracca affinché servisse di stalla alle bestie. Vedevansi gli altri tre garzoni, nell'orticello attiguo, raccogliere e gittar fuori dalle calpeste zolle gli ammassati strati de' sassi, onde l'acqua l'aveva da cima a fondo ricoperto; e sullo spianato, la vecchia Geltrude e le due figliuole, razzolando ramicelli e legne sparse, alimentavano con quelle un fuoco acceso all'aria aperta, sul quale da una catena appiccata a tre bronconi legati a un capo e confitti in terra, pendeva una capace pentola fumante. Era il desinare di quella sgraziata gente, l'avanzo di due pani di miglio ammuffati e stantii, che bollivano in acqua torbida e condita di poco sale. Seduto presso l'uscio della casa, sul rozzo sgabellone, stava il vecchio messere, nella sua postura consueta; inchinata tra le mani la lucida e calva testa, a cui facevan contorno radi e bianchi capegli, e sostenendo le gomita coi ginocchi. A' suoi piedi era accovacciata quasi in gruppo, un'altra poveretta; la quale, sebben fosse sotto il raggio diritto del sole, era tutta tremante. Conobbi in quella misera l'Annunziata, la povera madre senza figliuoli.

M'avanzai, ma nessuno di loro s'avvide o mostrò avvedersi di mia venuta; nessuno tralasciò quello di che era occupato. Il fumo nericcio sorgente dal focolare, avvolgendo ne' suoi densi globi la robusta figura della vecchia montanara inginocchiata presso gli ardenti tizzoni, innalzavasi lentamente nell'aria, coprendo d'un malinconico velo quella scena muta e dolorosa.

M'avvicinai al messere, che levato il capo, mi piantò in faccia due occhi di fuoco. E cominciai a dirgli non so che parole di compassione per la sciagura a lui toccata; parole a cui non rispose sulle prime, ma che poi parvero averlo tocco nella viva parte del cuore. Allora, con voce interrotta, confusa, mi disse tante cose, come per farmi capire che i suoi guai erano grandi, che gli aveva però meritati, e che il Signore s'era ricordato anche troppo di lui: ma il suo linguaggio m'era così nuovo, così strano, non mai pronto e seguente, ch'io mi persuasi quell'uomo non aver più l'intelletto sano. Mi faceva una compassione da non dire; ché lo vedevo ridere e piangere a un tempo, poi con le mani stringersi fortemente il capo, mentre mi diceva ch'egli la vedeva bene, dentro di sé, la ragione delle cose; indi battersi il petto co' pugni ed esclamare ch'egli aveva, quantunque vecchio, il suo cuore antico di buon montanaro. - Alcune parole assai bizzarre, che lasciò sfuggirsi di bocca, mi rammentarono un sublime verso di Shakespeare: «Là, dall'altra parte della montagna, in mezzo a un sentiero, c'è una macchia, una gran macchia, che tutto il diluvio dell'altra notte, e neppur tutta l'acqua del lago, se venisse a coprire i monti, non potranno lavar via, mai più!». E dicendo così, le labbra del vecchio si contrassero a un riso, direi come, disperato; poi ricadde nell'immobilità di prima.

La sua infelice figliuola che non levò mai gli occhi dal terreno, teneva fra le mani un rosario; e, senza mover le labbra, senza quasi dar altro segno di vita, ne faceva scorrer fra le dita sbadatamente le avemmarie.

La Geltrude intanto aveva tolto dal focolare la pentola, e stava scodellando quel misero cibo. I suoi figli, che avevan fame, le si raccolsero intorno, e il più giovine, il piccolo Donato, mi s'accostò con non so quale esitanza; poi presentommi il suo cucchiaio di legno, stendendo verso di me il tegame, perché ne gustassi. Lo ringraziai, egli si pose a mangiare avidamente.

Io sentiva in me ben altro volersi in quella miseria, che una scarsa limosina, sebben fatta col cuore; pure, innanzi dipartirmi da loro, poste in mano del fanciullo poche monete, dissi: «Povera e buona gente!... Colui ch'è lassù vi darà altro compenso nel tempo migliore».

Quel dì medesimo, sulla bass'ora, passeggiando col curato di ***, lungo la riva del lago, gli narrai l'incontro avuto colla vecchia della Mezzegra, la scena della mattina, e quegli accenti del montanaro che m'avevan fatto rabbrividire.

«Le spiegherò io il mistero» dissemi il brav'uomo. «È una storia, una storia trista di parecchi anni fa. - Quell'uomo, che fin dalla gioventù era sempre stato uno de' buli del paese, un de' capi più scarichi, s'era lasciato metter su da certi compagnoni, là delle parti d'Argegno e della Valle; ond'ebbe più d'una volta degl'impicci, che, a distrigarli, non ci volle poco. E per alcun tempo in compagnia di quegli avventati, diè mano al contrabbando, ladro mestiere che facilmente fa gola a questi poveri diavoli, non tanto per il guadagno, quanto per il rischio e per certo lor naturale ardimento. Egli era allora andato a stare con la sua donna, laggiù, a Campo. Una notte, con tre altri galantuomini, carichi come lui di mercanzia proibita, aveva attraversato la montagna; e ne venivano giù verso il lago, dov'era appostata una barca, dietro un macchione, per far viaggio al chiaror di luna. E nella barca, che pareva là dimenticata, stavasene appiattita co' remi pronti la donna, la vecchia che avete ieri conosciuta. In quella ch'essi sbucavano dalla boscaglia, una squadriglia armata, sendosi messa sulle loro peste, li coglieva alle spalle. I quattro inseguiti la danno a gambe; ed erano per balzar nella barca, quando, vedendosi scoperti, un d'essi lascia cadere il suo carico nel lago; e, per dar tempo ai compagni, volgesi arditamente, appuntando lo schioppo di che era armato contro que' che venivano. Fu il segnale dell'attacco: già dall'altra parte fisschiano le archibugiate... Il nostro montanaro, trovandosi a mal partito, scaglia anch'esso la merce dietro un cespuglio; per proteggersi nella fuga, abbranca il moschetto, e tira: un di coloro cade a terra, lungo e disteso nel suo sangue... Ma intanto che il montanaro spiccava un salto per gettarsi nel navicello, una palla lo coglie nel braccio; egli rovescia con un gran tonfo nel lago, e stravoltando giù dà del capo nel fianco della barca. Allora, la sua donna, fatta coraggiosa e forte dal pericolo, s'abbandona tutta sulla piccola prora, riesce ad afferrare il caduto a trarlo dall'onda, a deporlo nel fondo del battello, adagiandogli il capo sopra una lacera vela. E, afferrar subito i remi, dar nell'acqua con agile e robusta lena, e guadagnare il largo, fu tutto un momento. - Intanto gli altri due furon colti e condotti via: quel primo, arrampicandosi su per la rupe, era sparito per entro ai macchioni de' castagni che coprono la falda del monte. L'animosa donna, la quale aveva così salvo il marito, trovò pur modo di tenerlo occulto alle ricerche della giustizia, finché la cosa non venne sopita; perché c'era del torbido, e vennero a galla cert'altri fatti somiglianti, ond'ebbero a tribolare non poco que' signori del fisco che hanno le mani in pasta. E buon per lui fu che non l'avessero conosciuto, e che, come Dio volle, quello stradiere, colpito dall'archibugiata del montanaro, non ne morisse. Passarono così cinque o sei anni, né della cosa più si fiatò in paese; e tutti questi particolari, io stesso non li seppi che da poi. Ma il pover'uomo non fu più quel di prima; in causa della maladetta percossa avuta al capo nel cader rovescioni nel lago, egli, guarendo dalla ferita, ebbe sempre le idee ingarbugliate: e il pensiero fisso che lo tormenta, la spina che ha in cuore, e gli fa' temere d'esser dannato nell'altra vita, è questo che pargli sempre di veder quell'uomo stramazzare in mezzo al sangue, e nessuno può torgli del capo d'averlo ucciso. - Ma d'allora in poi e' mutò vezzo; fatto vecchio, vive rassegnato e contento nella povertà. Circondato da' suoi molti figliuoli, è da essi venerato con quella riverenza che ha quasi sempre la rozza gente di campagna per gli infelici, i quali abbian perduto il miglior bene dell'uomo; e benedice la mano del Signore che lo percosse».

Così parlava quel buon prete, intanto che il sole tramontava dietro i monti, e che di lontano, dall'alta chiesa della Madonna del Soccorso, s'udivano i primi tocchi della campana della sera.

Rachele

[1845]

«Io taceva; pensava che eloquenza sarebbe potente a consolare sì grandi, sì irreparabili dolori; quali ordini civili, quale umana carità, e sia pure ardente ed inesausta, varrebbero a guarire queste piaghe della vita! Oh fede! oh semplice e profonda filosofia del popolo!... tu getti una poesia malinconica e dolce sugli abissi della miseria e della potenza».
CORRENTI

In una bassa, umida e cadente casipola, poco stante da ***, povero comune dell'alto Milanese, languiva, or fan pochi anni, una miserabile famiglia di contadini, appartenente alla classe forse la più infelice e la più abbandonata fra gli abitatori delle nostre campagne, a quella che vien detta, qui da noi, de' *pigionanti*. Povera gente, che di rado trova stanza sicura e lunga sotto il medesimo cielo; ma d'anno in anno reca la sua miseria da una all'altra di queste nostre belle e invidiate lombarde contrade, e continua frattanto a far più feconde col sudore della sua fatica e col prezzo della vita medesima le acquidose, interminate praterie, cinte di salici e d'alni, le fiorenti campagne seminate di biade, inghirlandate di viti e listate di gelsi: così va consumando le lunghe ore del quotidiano lavoro in mezzo a' solchi, in compagnia del bue o del magro ronzino; e con loro divide il riposo delle notti nelle calde stalle durante il verno, o s'accontenta di cercare il sonno sull'alto cascinale nel restante dell'anno. Povera gente, a cui nullo e ben poco giovamento si procacciò finora da tanti, diversi e così grandi progressi dell'umanità: nascono, vivono e muoiono ancora, come mille anni fa, neppure attaccati alla gleba, predestinati al dolore; e se Cristo non avesse dato a tutti gli uomini il nome di fratelli; se, venuto ad abitar sulla terra, non fosse morto per tutti, essi non avrebbero nemmeno quella consolazione di chi nacque povero, che verrà almeno in un'altra vita il giorno della giustizia.

Ma una moltitudine così grande di famiglie derelitte e del continuo viventi nella stessa dura condizione, che ben di rado giungono a rendere migliore; ma tante anime ignare per lo più delle semplici e austere anime della morale, e della differenza che v'è fra le leggi eterne e quelle che fanno gli uomini, abbandonate a quel primitivo naturale istinto del bene e del male, perpetuano sotto il sole la funesta eredità di Caino, per cui delitto e miseria diventarono una necessità su questa terra. Oh! colui che solleva l'uomo caduto e infelice, il contadino semplice, rassegnato e virtuoso, il quale domanda così poco a questo mondo, il povero, così benedetto, così amato da Cristo, potrà almeno dire, colla coscienza di avere ascoltata la parola della ragione e della giustizia: - La causa del bene non deve andar perduta. -

I.

La povera famiglia, della quale io parlo, era composta del padre, della madre, di quattro figliuoli e della nonna; questa vicina all'ultima vecchiezza e paralitica. Una stanzaccia superiore, squallida e senza luce, nella quale per le fessure delle mal connesse tavole della soffitta poteva vedersi il cielo; in quella stanza, tre letti o piuttosto tre malconci sacconi, riempiti di paglia trita e non del tutto coperti di una ruvida coltre; al piano terreno, una cucina tetra, bassa, fatta buia come un antro dalla fuliggine che n'avea grommate le pareti; e a fianco della cucina una stalla umida e deserta, che rispondeva sur una piccola aia, contornata da un'inutile siepe di spini, formavano tutta la povera casipola.

E là entro già da anni dimorava, in compagnia di quelle creature abbandonate, il Dolore nella sua più funesta e compassionevole verità; là entro s'udivano piangere dal primo mattino quattro fanciulletti, vedevasi consumar la vita per essi, già da lungo tempo muta e rassegnata, una madre infelicissima; e una vecchia starsene seduta tutto il dì nello stesso angolo, a guardar fisa a quella scena, sempre la stessa, senza piangere né parlare, e ormai fatta insensibile dal lungo patire al patimento medesimo. Ma l'uomo che, colla forza delle braccia e del cuore, avrebbe dovuto sostenere la sua famiglia, o mitigarne almeno la sciagura, stanco esso pure di lottar sempre col bisogno e trascinato dalle male abitudini, non compariva più, se non rade volte, sotto a quel tetto; egli fuggiva la casa che alcuni anni prima l'avea accolto ilare e animoso colla sua donna, apparecchiato a dividere colla compagna di sua vita gioie e dolori, come dovevano venire; e contenti anzi di poter guadagnarsi il pane di tutti i giorni colla fatica e colla pazienza dell'anima semplice e forte.

Quell'uomo, la prima volta che aveva veduto faccia a faccia il fatale bisogno, perdé il proprio coraggio, e volle sottrarsi, con una fuga temporanea in altro paese, alle ricerche de' suoi aspri e malcontenti padroni, alle angherie dell'esattore: ma la fame lo richiamò a casa sua. Trasandò la coltura della campagna, provò a mettersi ad un mestiero, a quello del fabbro ferraio; ma il padrone della masseria avea minacciato di congedar la famiglia dal fondo che lavorava; e a lui fu necessità ritornare di mala voglia all'aratro e alla marra. Vennero le annate cattive; il San Martino, il santo inesorabile per i poveri campagnuoli, minacciò più d'una volta; e bisognò vender le due bestie per saldar le vecchie partite. Così, d'una in altra rovina, non trovò più rimedio alle prime piaghe: allora si diè alla compagnia de' vagabondi e degli scioperati, dimenticò nella taverna il dolore di casa sua; lasciò languire sole, disanimate e piene di sgomento per le sue minaccie la madre e la moglie; non si ricordò più delle sue creature, e perduta una volta la strada del suo tugurio, si tenne libero e solo, né pensò più al domani.

Quando avveniva ch'egli scontrasse per il paese il curato, ovvero il deputato politico del comune, svoltava di subito il canto e dilungavasi zufolando con un'aria di braveria, di dispetto: poi s'avvezzò a non temer più d'abbattersi per via con chi si fosse, a guardar anzi sfacciatamente coloro che potevano dargli ombra perché erano galantuomini, a dir quasi con certe sue occhiate di traverso, allorché passavangli vicino: - Guai a chi vuol aver a fare con me! - Indi passarono le settimane senza che più si lasciasse veder nel paese; ben presto, a ogni briga, a ogni romore, a ogni trista cosa tentata o compiuta, si cominciò a sussurar anche il nome suo fra gli altri già conosciuti o sospetti come uomini di malavita.

Il mezzaiuolo, che gli aveva dato un tetto e quella poca terra da coltivare, non voleva più saperne di lui, e più d'una volta determinò di cacciarlo dal podere; pure la disperazione e la squallida miseria della sua famiglia ne avevano fino a quel dì mitigata la collera. Ora la povera madre l'aveva inutilmente scongiurato di pazientare per un altr'anno, e di far lavorare frattanto da qualche bracciante il suo terreno. Ella sperava che l'inerte e vagabondo marito dovesse ancora mutar vezzo, o si confidava di poter ella stessa co' suoi due maschi, il maggior dei quali aveva a quel tempo sett'anni appena, tenere avviato il fondo, e ritardare almeno l'ultim'ora della disperazione. Ma tutto era stato inutile; e il mezzaiuolo non voleva più sentire a parlare di quel tristo. «Il padrone la piglia con me, diceva egli, e, per causa di quella cattiva lana, il fondo m'ha dato in quest'anno due sacchi di grano di manco: vi par poco? non c'è caso, non lo voglio più sul mio».

Pure, se colui avesse avuto ancora un po' di cuore pe' suoi e quella forza del povero, la pazienza, sarebbe forse riuscito a sollevarsi un'altra volta. Fino a quel tempo, quantunque intorno s'andasse dicendo male di lui, non era mai stato apertamente accusato, o tenuto reo di qualche delitto; non aveva ancora respirato l'aria della prigione, né imparato il gergo che suona fra quelle muraglie, dove il vizio ride e bestemmia. Ma quell'uomo s'era avviato sul peggior cammino; e lo stesso curato, che stimava crudeltà e poca prudenza il metterlo sulla strada, come si dice, non poteva a meno, quando si parlava de' capi scarichi del paese, di lasciarsi scappar di bocca anche il nome di Beltrame ferraio, ché così lo chiamavano; e soggiungeva, guardandosi attorno e scrollando il capo, che colui non avrebbe finito bene.

II.

Nell'autunno di quell'anno, il giovine padrone del tenimento, di cui faceva parte la masseria, era venuto per la prima volta a passare nella vicina sua villa le allegre settimane della vendemmia.

La villa, ereditata da un suo vecchio prozio, celibatario danaroso, che aveva vissuto quasi sempre in campagna, era situata su d'un altipiano, fuor del paese: da una parte le si stendevano belle e verdeggianti praterie; dall'altra, dove il terreno era magro e asciutto, campagne seminate di segale o di saggina; e verso tramontana vedevansi ampi macchioni, quasi a fondo del quadro, formati di folte boscaglie, dove di quercie o d'ontani, dove di castagni o di pini; le quali, al cader dell'autunno, erano spesse di selvaggina. Per questo, il nuovo signore del luogo, uno di que' scapoli che menano vita scioperata nel bel mondo, ardente amator della caccia, s'era condotto a passare un venti dì dell'ottobre in quella sua casa di campagna, menando un po' di gazzarra con una brigata d'allegri amici, senza darsi del resto un pensiero al mondo delle terre e de' suoi contadini. Aveva lasciato all'antico fattore la cura e l'amministrazione d'ogni cosa; purché egli, al San Martino, toccasse le sue buone dieci mila lire, e quando villeggiava cogli amici, non mancasse di vino vecchio la sua cantina, lasciava che il fattore desse a pigione le mezzadrie, come più gli piaceva, stipulasse de' nuovi contratti, facesse i conti dell'annata sui libri dei contadini.

Così, intanto ch'egli andava cacciando per la contrada, in compagnia di tre o quattro de' suoi giovani ospiti, dietro le lepri e le acceggie, o dietro le contadinelle di quindici anni, il suo accorto fattore (che, al tempo del vecchio zio, era un povero e gramo zimarrone, e vivea alla meschina come l'ultimo de' suoi bifolchi), avendo potuto metter da parte di buone migliaia di scudi, faceva il tirannello co' dipendenti, e voleva che tutti gli dessero del signore.

Un giorno verso il cader del sole, il giovine proprietario passò con due amici vicino alla povera casuccia, che abbiamo descritta. Tornavano dalla caccia, stanchi, arsi dalla sete, coll'archibugio ad armacollo, e il carniere colmo di prede. Sul limitare della casa, sedeva la povera madre coll'ultima sua bambina, che le si era addormentata in grembo: essa guardava il sole che nascondevasi dietro le nubi d'oro del lontano orizzonte, e guardava la sua fanciulletta.

«Ecco la cima d'un tetto finalmente!» gridò uno de' giovani cacciatori.

«Fosse almanco quella d'un'osteria, ch'io son proprio morto di fame e di sete!».

«Eh qualche cosa ci sarà, per dio!». Così risposero gli altri due, e s'avanzarono verso la deserta abitazione.

«Oh, la sposa! venite qui! Avete vino? pane? formaggio? qualche cosa per questi poveri diavoli che non si reggono più sulle gambe?».

«Caro signore,» rispose timidamente la donna che, non avendolo prima veduto, ignorava che quello fosse il padrone della villa, «lei è capitato male: io sono una poveretta, non ho proprio nulla da darle».

«Eh via, che cosa bestemmiate?» disse il giovine padrone:

«non avete neppure una scodella di latte? Abbiam denari, sapete, e ve la pagheremo la roba vostra. Codesti tangheri son tutti compagni, non danno mai niente per niente».

«Miei signori,» ripeté colei «non ho nulla in verità santa: siam poveri, poveri; e l'ultima bestia che ci restava, la vendemmo ieri, come s'è potuto, per pagare il grano dell'anno passato. Se ci fosse qui il mio uomo, forse l'annata non ci sarebbe venuta così trista... ma...».

I tre cacciatori intanto le si eran fatti d'attorno, e un d'essi, sedendosi al fianco di lei sulla rozza trave posta lungo il muro esterno, s'era messo a contemplarla con certa attenzione, e sogghignava.

«Eh per il demonio! non è una strega costei» disse arditamente il giovine.

«No! che non la è brutta: è un poco pallida, ma ha certi occhi di fuoco...».

«E vedete che belle mani bianche, che bella attaccatura di collo!... E poi, è una balia fresca, per dinci! È vostra quella bambina che avete in grembo?».

«Sì» rispondeva, abbassando gli occhi e stringendo colle braccia la creatura. Poi fece per alzarsi, volendo rientrare in casa.

«No, no, state pur qui, lasciatevi vedere: in mancanza di meglio, ci accontentiamo di voi». E quello che le si era posto al fianco, tentò cingerle col braccio la persona, e farla sedere di nuovo.

«Lasciatemi, lasciatemi andare,» diss'ella «io sono povera e sono sola!».

«Che razza di civiltà si trova in questo tuo paese?» disse uno degli amici, volgendosi al giovine signore.

«Che vuoi? non ho potuto ancora educarle tutte codeste mie vassalle».

La donna allora, comprendendo esser quello il padrone da lei non prima incontrato, arrossì tutta; ma pure, credendo che que' signori facessero per voglia di ridere, né avessero la più piccola intenzione di farle ingiuria, sentì in cuore speranza di poter trovare in essi qualche compassione alle sue sciagure, e si fece animo a restare. Poi, con parole interrotte, e come meglio seppe, balbettando quasi e tenendo sempre bassi gli occhi e fisi nel volto della sua bambina, come se a quella più cara parte di lei medesima volesse domandar la forza di parlare, la buona contadina trattava i suoi molti guai, le angherie del fattore della casa, la tema di vedersi cacciata alla fine di quell'anno, dall'antico asilo della sua povertà.

I tre signori stettero ad udirla; e, quand'ebbe finito, l'uno parve in sulle prime commosso, poi se ne vergognò quasi e tacque; l'altro, non credendo a quelle nenie, alzò bruscamente le spalle; e il padrone uscì fuori in una solenne risata.

«Ah! ah! ah! È tutto qui il gran caso?...» disse finalmente.

«E che c'è da ridere?» domandò uno degli amici.

«Rido, perché questa donna ch'è bella, che non ha trent'anni, e guarda intorno con quegli occhioni, ha paura d'esser mandata via dalle mie terre... Oh! mi sentirà quella bestia rara del mio fattore... Ecco che cosa vuol dire a fidarsi di questi lumaconi... Come ti chiami?».

«Rachele» rispose arrossendo di nuovo la contadina.

«Bella Rachele,» disse dunque il giovinotto «sta bene attenta. Io sono un padrone di buon cuore, ma voglio che anche gli altri siano buoni con me. Se la terra che tu hai a pigione non t'ha dato abbastanza per saldar la tua partita al San Martino, potrai compensarmi con lasciarti volere un po' di bene. Io, vedi, non mi rimango, per lo più, nel paese oltre quindici o venti dì; e qualche volta verrò a trovarti, purché tu faccia ch'io ti ritrovi sola, come quest'oggi. Credilo a me, è peccato proprio che tu sii nata nella miseria: intanto, per metter suggello al nostro patto, dammi la tua mano da brava, senza farti pregare...».

La Rachele, confusa e spaventata da queste insolenti proposte, voleva e non poteva fuggire; poiché i tre giovinastri la tenevano in mezzo sghignazzando, e dicendo a gara equivoci motti, cercavano di riuscire ad abbracciarla. Ed essa non aveva altra difesa che la sua povera bambina, la quale, desta da quell'improvviso materno terrore, agitava le manine e cominciava a strillare.

«Non mi fate arrabbiare, o Rachele! Datemi ascolto con le buone...».

«Andate, per amor della Madonna,» diss'ella con voce soffocata dallo sgomento «andate via... Io non so che cosa vogliono dire».

«Sentitela!» tornò a dire il giovine signore «vorrebbe farsi credere qualche cosa di raro; come se io non le conoscessi ben bene tutte queste feroci virtù dei boschi... una dama, non farebbe più smorfie di lei... Eh via! che cosa ti domando alla fine? Un bacio e niente di più: un bacio, sciocca che sei, ti salda il debito dell'annata sul libro mastro del fattore, capisci?...». Le si fece più accosto, ed ella giunse a sfuggirgli, e si trovò sulla porta della casa.

«Scommetto,» esclamò un de' compagni verso il giovin signore «che non giungi a rapirle neppur un misero bacio. E vuoi fare il feudatario?...».

«Gli è perché siete qui voi due» disse l'amico.

«E bene, vogliamo anche noi la nostra parte» soggiunse l'altro.

«Giuro al cielo,» rispose il signore «che, se non fossi morto dalla fatica, vorrei proprio venirne a capo». E gli altri ridevano a chi più.

Ma la Rachele, che, vedendo avvicinarsi la sera, sentiva crescersi in cuore lo spavento di trovarsi sola con coloro, a gran voce cominciò a chiamare: «Margherita! Margherita!». Era la vecchia madre del marito suo, che al tocco della campana serale, avea voluto andarne al paese co' due maggiori fanciulli, e non si vedeva ancora ricomparire: in quella solitudine, altro aiuto non poteva invocare la povera Rachele; perocché, da un pezzo, a lei più non tornava il tristo marito. Ma volle fortuna che in quel momento si vedessero spuntar sulla via il ronzino e il baroccio del medico condotto, il quale tornava da un villaggio lontano.

I tre paladini, che poco innanzi credevano già d'aversi la bella donna nel carniere, sconcertati da quella apparizione, e non volendo mettersi a risico di qualche serio guaio, poiché sapevan bene che al nostro tempo i villani cominciano anch'essi a cantar forte e chiara la loro ragione, stimarono miglior partito dilungarsi di là, prima d'esser riconosciuti dal sorvegnente Esculapio, che non avrebbe mancato di menar rumore per quella, quantunque insipida, avventura.

Ma il giovine signore, stizzito per le risa de' compagni e per l'improvvisa resistenza incontrata dove meno se l'aspettava, giurò in cuor suo che avrebbe mantenuta la parola. E svoltando l'angolo della casa per avviarsi verso la villa, scagliò una fiera maledizione su quel povero tetto, e disse: «Mal per te! L'hai voluto, o donna! E io ti lascerò andare alla tua miseria, e morirai di fame su d'una via...».

E perché non dovrebbero camminare così le cose di questo mondo?

Egli, appena tornato a casa, fece venire a sé il fattore, e con severo piglio comandò che tutti i mezzadri e pigionali di campagna, che fossero in debito della più piccola somma, dovessero dal primo all'ultimo esser lasciati in libertà. L'ordine fu così assoluto, e del resto così rispondente alle idee del vecchio fattore, che costui, inchinandosi profondamente, disse la misura esser veramente necessaria, volere egli stesso proporla, e che il padrone sarebbe stato obbedito alla lettera.

Un'ora dipoi, i giovani amici avevano già dimenticata Rachele e la solinga casetta, e sedevano all'allegra mensa imbandita nel salotto della villa, dinanzi ad una fiamma ristoratrice che divampava nell'ampio camino. Or l'uno or l'altro stappava, mettendo gridi di gioia, una novella bottiglia di vino annoso; e più d'una volta si fece un brindisi alla buon'anima del *quondam* zio.

Al San Martino, la villa era deserta; ma l'arcigno fattore aveva buona memoria, e metteva alle strette tutti i mezzaiuoli che la disgrazia aveva da qualche tempo addomesticati con la fame.

III.

Una sera del dicembre, dopo gli ultimi tocchi della campana dell'Avemaria, - quando la natura, sepolta nella oscurità notturna, sta in quell'alto silenzio dell'inverno che somiglia veramente al silenzio della morte, - nella povera casipola, all'ora che hanno tregua le fatiche degli uomini e degli animali, il patimento e il piangere non avean fine ancora. Colà il Dolore ti si presentava allo sguardo, direi, come raccolto in tutte le sue più avvilite e più miserande sembianze, nella abbiezione di ogni cosa.

La cucina non era rischiarata che dal fioco barlume di una lampanetta di ferro a lucignolo, appeso all'angolo del camino, la cui fiammella fumosa, tremolante, pareva spegnersi ogni momento: sul focolare, né carboni né ceneri: appena l'avanzo d'un nero tizzone che mandava qualche fuggitiva favilla; ma più non vi si vedeva né pentola, né tegame, né alari, né catene, né altra cosa intorno, la quale desse a credere che gl'infelici abitatori di sì trista catapecchia avessero quel dì mangiato. Sopra una rozza tavola, dall'un canto, tre tondi di peltro, una mezzina vuota e due scodelle di legno: dall'altro canto, una seggiola di paglia e due informi ceppi che servivano pur essi di sedie: poi un secchione, un fascio di legne stillanti d'acqua ancora e coperte d'aride foglie, che per certo era stato raccolto nel bosco in quella stessa piovosa giornata: e tutto il resto, deserto, nudo.

Sull'unica seggiola se ne stava una vecchia, la nonna, appena coperta di antichi panni luridi, cenciosi, chino il capo fra le ginocchia, e continuamente dondolandosi sulla persona, nell'attitudine in che veggiamo talora quelle disgraziate creature, alle quali il Signore negò fin dal nascimento il dono del pensiero. Di tanto in tanto però l'avresti veduta sollevar la testa, guardarsi intorno con cert'occhi di compassione e di stupore; allora un fatuo riso errava sulle sue labbra semiaperte, mentre lacrime mute, involontarie le andavano solcando le magrissime guancie, e tremava di tutte le membra per l'acuto freddo che la trafiggeva. In tutto quel giorno, essa non avea messo ancora nessun lamento: non l'era uscita di bocca sola una parola.

Seduta coccoloni sull'alto gradino del focolare, dall'altra parte della stanza, vedevasi la nuora, la povera Rachele. Questa poteva al più toccare a' trent'anni, e serbava tuttora nella delicatezza e regolarità de' lineamenti un resto della cara e vivace bellezza delle brianzuole, onde han giusto pregio il bel sangue e la naturale leggiadria delle nostre contadine. Ma in quella infelice omai più non era che l'ombra d'una bellezza scolorita, passata. Gli stenti, il partorir doloroso, la lunga faticata durata nell'unico e magro campicello, il far guerra tutti i dì colla fame; ma più di tutto, il veder crescersi d'intorno quattro figliuoli - due fanciulletti e due bimbe, l'ultima delle quali non aveva ancora tre anni, - e non poter trovare di che coprirne i tremanti corpicciuoli, e non aver di che sfamarli, poiché il suo seno era già esausto del poco latte ond'essa aveva appena potuto sostenerli l'un dopo l'altro fino a quel tempo, che non morissero; e il disperar crudele del tristo marito, del quale ormai più non aspettava il ritorno; e il non dormir più, e il sentirsi morire tutti i giorni; questo cumolo di dolori e di sciagure aveva disfatta la fresca giovinezza di Rachele, sfiorate per sempre le rose delle sue guancie, incurvata a terra la sua fronte, e sbandite quasi dal suo cuore le ultime virtù della vita, speranza e rassegnazione.

Ella, infelicissima! non si sentiva più il cuore di sollevar la sua preghiera al Signore, nella chiesa del paesello: e quando la domenica veniva co' fanciulli ad assistere al santo sacrificio, e quando sull'imbrunire d'ogni dì n'andava, condotta da una pia abitudine, anzi che da una speranza di consolazione, a recitare il rosario, si teneva sempre appartata nel più oscuro angolo della chiesa, per vergogna del suo dolore e della sua miseria. Quanti l'avevano salutata come la più bella sposa del paese, in que' pochi e già lontani giorni di sua felicità! Ed ora, al suo passare, nessuno v'era più che le volgesse una parola d'affetto, uno sguardo di pietà; o se mai taluni mostravano ancora addarsi di lei, la povera madre li udiva sussurrar fra loro, e più d'una volta le eran venute all'orecchio queste amare e terribili parole: - Lasciatela andare! è la donna di quel maledetto di Beltrame ferraio.

In quella sera, la memoria di tutte le angoscie, che erano state la parte sua in terra, aveva così affranto il coraggio della povera Rachele, ch'essa non sentiva più in sé medesima nemmeno la forza di lamentarsi. Era seduta presso allo spento camino, e si teneva stretta stretta la sua ultima bambina fra le scarne braccia, tentando con queste almeno di far riparo alle picciole e allividite membra di lei. E cogli occhi spalancati e fisi, che parevano ancor vivaci come una volta, perché in essi balenava il foco della febbre che le struggeva la vita a poco a poco, con le labbra senza colore, contratte da un convulsivo ribrezzo, e con tutta la persona immobile irrigidita, ell'era in quel punto come straniera a quanto le stava d'intorno, come creatura che abbia per sempre perduto il lume dell'intelletto. Al suo fianco, aggrappandosi colle braccia innocenti alla materna gonnella, stava gemendo l'altra bambina: nel fondo della stanza si vedevano, in mezzo al buio, aggirarsi e razzolar sul terreno i due maggiori fanciulletti, l'uno di sei, l'altro di sette anni appena; i quali finalmente avevano fatto tregua alle dolorose cantilene, e andavan giuocando in quel cantuccio tra la poca cenere che v'era ammucchiata, a gara cercando per entro le relique d'ignudi torsi di pannocchie qualche dimenticato granello, che poi si mangiavano avidamente.

Taceva ogni cosa al di fuori; e dentro non si udiva altro che il piagnucolamento continuo, soffocato della bambina, la quale, rannicchiata a piè della madre e col volto nascosto tra il lembo delle sue vesti, pareva gemere per un dolore inesprimibile; e a quel piangere rispondeva lo scricchiolio della rozza seggiola su cui dondolavasi con monotona inquietezza la vecchia nonna. Quand'ecco, a un tratto, sul sentiero che menava al casolare, discosto da tutte l'altre case del paese d'un trecento passi, s'avvicinò lo strepito d'una pedata mal certa, pesante; e in una l'eco d'una voce aspra e stonata, come d'alcuno che cantando venisse a quella volta.

Il romore si faceva sempre più vicino; e la sventurata Rachele, che conobbe quel passo e quella voce, levò il capo, in atto di subitaneo spavento. E balzata dal luogo ove stava a sedere, quasi la inspirasse un presagio d'imminente pericolo, attraversò rapidamente la stanza e corse nel buio angolo ov'erano gli altri due suoi maschietti: li pigliò per mano l'uno e l'altro, e tenendosi in collo l'ultima bambina, e l'altra piccioletta traendosi dietro tuttora aggrappata alla sottana, cominciò a salire la scala di legno, che dalla cucina conduceva nella stanza superiore. In quell'atteggiamento, avviluppata com'era dalle piccole braccia de' figlioletti, essa presentava veramente la più sublime espressione del materno terrore che mai l'arte abbia raffigurata: e saliva, tenendosi alla sponda della scaletta, e guardavasi indietro tutta atterrita, simile a cerva che stanata dal folto della boscaglia, ove s'appiattava co' suoi cerbiatti, ascolta vicino lo squillo de' corni l'abbaiar de' cani e lo strepito delle macchie battute.

Non era la madre giunta ancora al sommo dell'angusta scala, quando l'uscio della cucina, urtato al di fuori con replicate e violente percosse, scassinato cedé: e sul limitare comparve una figura, che quasi non era più umana. Aveva la giubba di velluto spelato arrovesciata sur una spalla; brutto di fango, laceri i panni; i capegli incollati dall'acqua sul viso; stralunati gli occhi e pressoché uscenti dall'orbite, che si volgevano all'ingiro rapidamente con un lampo sinistro; la faccia livida per lo freddo, e fatta scura da lunga e ispida barba: teneva poi fra mano un nodoso bastone dalla ferrata punta, col quale andava martellando qua e là sul terreno e sulle rozze suppellettili che gl'inciampavano il passo.

Egli s'avanzava mal sicuro sulle gambe e barcollando ora a dritta, ora a manca; e gridava tuttavia con rauca voce alcuni versi d'una trista e fiera canzone popolare:

Vanne; un coltello prendi,
E glielo pianta in cor.
Viva l'amore.
....

Egli era Beltrame, il marito della povera Rachele.

IV.

Beltrame si fermò nel mezzo della stanza, e guardossi intorno, come facesse fatica per discernere dov'era: finalmente, parendogli che qualche cosa si muovesse fra quella oscurità, appena rotta dal barlume del lucignolo morente, si dirizzò verso il camino, e trovossi in faccia della vecchia sua madre. La quale, d'improvviso riscossa e risentita a quell'apparizione, proferì a mezzo il nome del figliuolo; poi, cessando dal monotono suo dondolamento, lo fissò in volto con uno sguardo travolto, compassionevole, e protese la mano, come per accertarsi che la figura a lei vicina in quel momento era persona viva. Intanto Rachele, consigliata da non so qual materna angosciosa previdenza, aveva nascosti i suoi figliuoli nella camera superiore;

e fatta coricar nel miglior lettuccio la bambinella malata, era discesa pianamente dalla scala, e si andava accostando a lento passo al marito, che, come abbiam detto, da parecchie settimane non avea riveduto.

«Beltrame! Siete voi?...» gli domandò, con doloroso accento, la vecchia.

«Son io: non mi vedete?» rispose colui con un'alzata di spalle; e facendo una pronta girivolta sulle calcagna, che poco mancò non cadesse per terra, andava guardando dove si fosse nascosta la moglie sua.

«Io sono qui, Beltrame, sono qui che v'aspetto» disse timidamente la povera donna: «è tanto tempo, che già credevo non veniste più; è tanto tempo che i figliuoli hanno fame!... lo sapete?».

«Fame? i figliuoli?... e non ebbi fame anch'io? e non hanno fame tanti altri, come me e più di me?... Or bene, che importa?».

«Oh se sapeste!...».

«Eh via! che presto o tardi si può farsi a tutto in questo mondo... anche alla fame».

«Quando non si muore».

«C'è bisogno di piangere?... Sì, ch'io son tornato a casa per sentir a sospirare, a veder piovere qua dentro, come di fuori! No, no, finitela. E volete che ve la canti io?... I figliuoli li avete fatti voi, a voi tocca pensarci. Io per me ci penso io, e non ho bisogno né di casa né di tetto» e s'interrompeva per cantare il ritornello della sua canzone:

Viva l'amor!...

«Il campo l'ho lasciato a voi da coltivare, ché l'era un terreno troppo duro per me... duro, come il padrone che ne lo ha appigionato...».

«E non volete proprio saperne più nulla di noi?».

«Io non ho più paese io; per me, tutto il mondo è paese! Ve l'ho pur detto. Verno o state che sia, ci son già fatto: una buona bevutina con tre o quattro compagnoni, poveri diavoli al par di me, e dormo della grossa tutta notte, magari in mezzo della via o nel fossatello della ripa...

Viva l'amor!...».

Da queste parole pronunziate interrottamente e accompagnate da strano gestire, Rachele, dove non si fosse già prima accorta, avrebbe potuto comprendere in quale misero stato di ragione il marito in quella notte aveva, forse per caso, trovato il sentiero di casa sua. Non ebbe coraggio di fargli altra risposta: ma, lasciando cader la faccia sul seno per nascondere il pianto, pensò a' suoi figliuoli, a quegli innocenti da cui s'era appena distaccata, e con un sospiro dell'anima li raccomandò a Dio.

Dir tutto quello che in allora provò il cuor di Rachele è impossibile. - Quando una creatura ebbe dal cielo il dono d'amar fortemente, nella semplicità e nella fede dell'anima, quantunque a questo dono il più delle volte venga compagna la sciagura di tutta la vita, essa non potrà mai rinunziare del tutto a quel sentimento ch'è la sua ricchezza, la sua ragione, l'anima sua stessa; e sebbene dimenticata, tradita, derisa dall'uomo nel quale aveva posto il suo tesoro d'amore, e che non seppe renderle contraccambio dell'unica virtù che non si perde, essa trova pur sempre una novella speranza nel possente bisogno d'essere amata - in questa necessità che fa vivere e soffrire a un tempo. E così, piena di fede, ella solleva la propria virtù a un'altezza che l'avvicina alle regioni del cielo; confida che l'amor solo possa tutto quaggiù; prova nel cuore compassione del misero caduto, ma alla pietà si mesce sempre l'affetto. Poich'essa crede e sente che un'ora d'amore valga a ricomprare un'intera vita di vizio e di delitto.

Così la Rachele, in quel momento, era grande nell'amor suo, più che non fosse, nella sua miseria, infelice.

Beltrame tornava a casa, colla persona agghiadata e rotta dalla fatica del vizio, ma colla testa ardente per il vino tracannato, e piena di mali pensieri. Trovandosi a seder sulla pancaccia dell'osteria poco fuor del villaggio, di già mezzo brillo e con le idee ingarbugliate, gli venne fatto, in quella sera, di raccapezzar dai discorsi tenuti da alcuni altri scioperati presso a lui sdraiati, il proprio nome e quello della sua donna e della sua vecchia madre. Coloro, facendo all'amore con un panciuto boccale di maiolica dipinto a fiori posto in mezzo alla tavola, parlavano di miseria e di giustizia, dell'esattore e dell'agente comunale; e tra essi, il deputato politico del comune, un ricco fattore del contorno, uomo che voleva farla da dittatore, con un sogghigno e un'occhiata di traverso, ch'eran proprio vòlti a Beltrame, lasciavasi fuggir di bocca un: «Si provvederà a tutto, non dubitate!». E poi aveva soggiunto a mezza voce: «Gli ordini son dati per domattina; e chi non vuol far bene avrà lo sfratto dal paese». Queste parole ferirono distintamente l'orecchio di Beltrame, il quale d'improvviso sentì come dissiparsi il fumo del vino che gli era salito al cervello, e un gelo correrli per tutta la persona. Egli avea fatto un grande sforzo per alzarsi dalla panca, e rispondere, Dio sa come, a quella minaccia: ma gli eran mancate le gambe sotto, né poté altro che battere sulla tavolaccia un gran pugno, il quale scosse i circostanti e fece balzar le mezzine e i bicchieri. Indi a poco però era riuscito ad alzarsi; e cercato intorno a sé colui che pronunziò quelle parole, che pareva gli ronzassero tuttora nel cervello, non trovò più nessuno; quegli se n'era ito in compagnia degli altri. Allora la rabbia nel cuore e il fuoco nel cervello, egli aveva pigliato il sentiero di casa sua, risoluto d'aspettar colà a piè fermo la vegnente mattina i galantuomini che venissero a metter l'ugne sul fatto suo, come non avevano temuto di minacciarlo; e giurando tra sé di spezzare il cranio del primo che fosse stato ardito di alzar la voce e volere dar la legge a lui.

La sua povera moglie nulla sapeva di tutto questo; ma sapeva, pur troppo, tutte le cattive pratiche del marito, ed ogni dì, ogni ora, temeva di vedersi cacciata dal paese per causa sua, e di trovarsi co' suoi quattro bambini in mezzo alla via a limosinare. Ormai giunta all'ultima povertà che più non conosce rimedio, e non sentendo più in sé medesima la forza di resistere a quel cumulo di travagli, ella accorgevasi che il giorno fatale era venuto.

Nondimeno in quell'ora la sosteneva un estremo pensiero di consolazione, una speranza debole come quella del moribondo. Era l'idea che già più d'una volta, con le persuasioni dell'affetto, ella sola avea potuto mitigare lo sdegnoso cruccio di Beltrame; che più d'una volta, ella aveva tentato, e non invano, di ricondurlo a sensi onesti, alla ragione, al bene. Si ricordava che, in que' momenti, brevi e fugaci però, avea veduto in lui tutt'altro uomo; andava pensando poter forse venire un tempo migliore; poiché quell'uomo non s'era ancora macchiata l'anima d'un delitto, e Dio poteva toccargli la coscienza, dargli ancora il coraggio di esser figlio, marito e padre.

Questi pensieri, ch'eran pure pensieri d'amore, si ridestarono nell'anima di Rachele, in quel punto che vide il marito volgersi a lei più attento, dopo le insensate parole, con che era venuto, e contemplarla con occhio smarrito, poi dare addietro spaurato e incerto, quasi non l'avesse più riconosciuta, cotanto la poveretta era mutata da quella di prima.

V.

«Ascoltate Rachele» disse, indi a poco, lentamente Beltrame: la vista della madre quasi morente e della squallida moglie che a lui guardava ancora col mesto sorriso che un tempo gli piacque, andavagli schiarando la mente confusa, e snebbiando a grado a grado la terribile verità della sua condizione. «Ascoltate Rachele: io ho quasi sempre abbandonato voi e la vecchia mamma nella povertà e nella solitudine; ho lasciato che pensaste a' figliuoli, perché non potevo far nulla per loro; mi mancò il lavoro, e perdetti la volontà; cominciai a provare il gusto della vita vagabonda, e da quel dì non trovai più il tetto di casa mia. Sono stato un disgraziato; a voi lo confesso... ma a nessun altro, perdio! E sono sempre il Beltrame ferraio, che guai a chi lo guarda in viso due volte!... Ma lasciam questa cosa, che non fa. Ora vi dirò perché son tornato in questa stanza del mal augurio. Io, vedete, credetti pur sempre di far del bene a voi altre donne, togliendovi il peso di pensare anche a me: ho girato di qua, di là, ho dormito fuor della tana, come il lupo, dove Dio ha voluto; ho mangiato anch'io, al par di tanti altri, per un pezzo il pane della provvidenza, come si dice... quel pane che ci dovrebb'essere per tutti a questo mondo!».

Chinava il capo sul petto, così dicendo, quasi oppresso da un tremendo pensiero, e stringeva i pugni l'un contro l'altro, come per voglia di stritolar con rabbia alcuna cosa. Poi, appuntando il ferrato bastone nell'umidiccio terreno: «Ora son qui,» riprese «ora son qui, per difendervi contro que' maledetti che avranno cuore di mettere il grugno alla porta di casa mia. Io ho saputo che il pane mancava a voi, come a me, e ho detto nel cuore: La voglio veder bene, se tutti costoro che nuotano nell'abbondanza, che parlano di virtù e di carità, che tengono le chiavi della casa del Luogo Pio, e vogliono tor via tutto il male di questo mondo, penseranno almanco alla mia donna, a' miei figliuoli! Non dico per me, ch'io non voglio la roba di nessuno... e poi, non hanno opinione di me, perché a sentirli, i galantuomini non son altri che loro!... Ma, per dio! la mia donna e i miei quattro figliuoli non hanno fatto male a nessuno, non han fatto che piangere, ed essi saranno capaci di lasciarli morir di fame!».

«Ah no! Beltrame, noi abbiam patito fino a questo giorno tutto quel che si può patire: ma Colui che sta lassù si ricorderà anche di noi!».

«Sì, sì, andate là,» la interruppe con uno strano sghigno il Beltrame «credete alle loro parole, alle parole dei preti! Sapete che cosa fanno per voi? Domani all'alba verranno qui l'esattore e i suoi manigoldi, venderanno il letto e le pentole, vi cacciaranno fuori, come i cani, dall'uscio. Voi non avete pagati i carichi di quest'anno, e colui ha una memoria di ferro; egli venderà i nostri cenci, e noi saremo tutti quanti sulla via. Ma non abbiate paura... io son qui, ve lo dico, sono qui io, per rompere le ossa a coloro. Nessuno l'ha fatto stare ancora questo Beltrame che vedete; e se la vogliono pigliare con noi, l'avranno il conto loro, ve lo prometto!».

Queste ardite parole, questo bisogno d'ira e di vendetta avevano del tutto restituita la forza del pensiero all'audace contadino. Ma la notizia della nuova sciagura piombò sull'anima della povera Rachele più terribile ancora; poiché, nello scorgere il marito pronto alle minaccie e al sangue, poté antivedere le funeste conseguenze del suo ritorno. Già ella era così tapina, così ridotta allo stremo, che l'idea di lasciare quel tetto ove albergava le sue misere creature, quel campicello che non avea più forza di lavorare, e il paese che più non osava di attraversare per non essere veduta da alcuno, una siffatta idea non la spaventava più.

Forse ella nutriva in cuore l'ultima speranza de' buoni; la speranza di trovar quaggiù alcuno che sentisse pietà della miseria non meritata e sofferta con rassegnazione; che pur vi fossero delle anime, a cui non rincrescesse di spartir un tozzo di pane con chi non ha altro contraccambio a dare che una benedizione. Ma dove avrebbe mai potuto trovare compassione, se non lontano da quella contrada, in cui il nome del marito suo era ripetuto da molti con ribrezzo e paura, da molti con maledizione e minaccia? Ella vedeva dunque la necessità di abbandonare al più presto que' luoghi; solo le stava sul cuore la trista sorte della vecchia suocera, la quale, incapace ormai di muover passo, e tornata quasi bambina per l'antica età e per l'inedia patita, non avrebbe voluto, di certo, lasciar que' luoghi dov'era nata e seguir la famiglia: e poi non sapeva nemmeno l'infelice in che modo le avrebbe procacciato di che vivere, ella che aspettava la morte da un dì all'altro per sé e per i suoi grami fanciulletti. Nondimeno, se prima era prostrata dallo sgomento e dalla disperazione, in quella notte, all'udir le parole di Beltrame, imaginando più crudele ancora il destino che forse l'aspettava, se avesse abbandonato sé medesima e quelle povere anime, che più di sé amava, alla brutale difesa di tal uomo, Rachele si sentì inspirata subitamente da una luce del cielo: un nuovo coraggio, il coraggio dell'innocenza e della virtù, le diè forza di resistere, per quanto essa poteva, ai sanguinosi disegni di Beltrame.

In quel punto la vecchia, come si fosse desta da un lungo sonno di dolore, si levò dal rozzo scanno, e ritta sulla persona, in atto d'ira e quasi di minaccia, fissando in volto del figliuolo gli occhi erranti e trasognati ancora, si pose l'indice della mano sulla bocca, e con voce tremula, ma pur severa, disse lentamente: «Zitto! chi è che piange qui?».

VI.

Beltrame non rispose una parola alla madre; ma Rachele, avvicinandosi al marito, in atto malinconico e rassegnato, così gli parlò, con sommesso accento:

«Datemi ascolto Beltrame! se avete ancora un pensiero per

me, un po' di compassione nel cuore per la madre vostra, per i vostri figli!... È vero, è vero pur troppo che noi siamo stati traditi; che, abbandonati fin da principio e venuti in debito col padrone, non riuscimmo più ad avanzarci di che campare l'inverno; lo so bene che voi allora, quando le cose non andavano alla peggio, avete sperato di rimediare alle nostre piaghe, tornando al mestiere da voi imparato fin da giovane. Ma pure tutto fu inutile: voi sapete che il padrone del nostro fondo è morto due anni fa; che il giovine suo nipote, il nostro proprietario, non ha mai pensato a noi, povera gente, e che il suo procuratore, al San Martino passato, non volle tener più aperta la nostra partita; talché in un modo o nell'altro bisognerebbe che fossimo mandati via da questo terreno. Dunque, abbiate pazienza anche voi; forse il Signore non ci vorrà far morire; troveremo, qui presso, qualch'altro massaio più umano, che ne darà qualche pertica di terra, la quali frutti un po' più delle aride croste che qui lasciamo. E voi, fate a mio modo, tornate alla zappa e alla vanga: lasciate la bottega e il martello, che fu pur troppo la prima nostra rovina: è una vita dannata di fatica; vi trovate sempre in compagnia de' cattivi, e in tutto un anno non avete guadagnato tanto da portare un solo pane alla famiglia. Io per me sono andata giù, lo veggo; ma, se tornate voi in casa, se venite a cercar con noi miglior fortuna, forse non morirò; Dio mi darà un po' di lena, e potrò tornar fuori alla campagna: se la comincia a ravviarsi bene, saremo ancora tutti contenti. Allora i figliuoli, divenuti un po' grandicelli, ci daranno aiuto... Ma per carità! non vi ostinate a voler rimanere qui, a dispetto di quelli che comandano; già, lo vedete, sarà sempre più trista la fine; essi han la legge per loro... e noi...».

«E noi abbiam la forza di due braccia, vi dico io! E quando ad un uomo poco importa di morire, sapete che cosa può fare?». Così la interruppe con violento modo Beltrame, pigliandola per un braccio.

«Oh, non dite così, per amor di Dio! pensate a quei poveretti che Lui ci ha dato!...».

Qui il fiero contadino sorrise amaramente, e sollevando la faccia strinse, in atto disperato, i pugni, e gridò: «Per amor di Dio?... E Lui?... perché ce le ha date queste creature, se non ci volle poi lasciare nemmeno un cencio da coprirli, nemmeno un resto di pane nero?... Oh! c'è de' momenti, vedete, in cui la tentazione di gettarmi a far l'assassino è più forte di me!».

«Taci, per la Vergine santa! non temi che la tua bestemmia abbia a chiamare un fulmine del cielo sopra di noi?».

«Oh quante volte,» imprecò il Beltrame «nella mia disperazione io l'aspettai questo fulmine che mi togliesse la vita! Oramai la mia preghiera non è che una maledizione; gli uomini mi ributtano, nessuno ha più una parola per me, nessuno a questo mondo, altro che quelli che sono al par di me rinnegati».

«Non è vero, non è vero! Se tu il vuoi, c'è ancora Uno che ti ascolterà; ma tu lo fuggi, tu stesso invochi sopra di te la sua vendetta!... E la mano di Lui s'è aggravata sul nostro capo!».

«Sì!...» cominciò allora a dire la vecchia, che fino a quel momento era stata mutola, fisa contemplando i suoi figliuoli, e contando, direi quasi, ad una ad una le smanie di Beltrame e le angoscie di Rachele... «Sì, il Signore vi ha castigato, o Beltrame! Egli ha voluto così, Egli si è dimenticato di noi, perché noi non abbiamo voluto ascoltar la sua voce. Un tempo, molti e molt'anni fa, io ebbi un figliuolo che adoperava la vita per la povera sua madre inferma; che mai non si staccava dal focolare di casa sua, se non per andarne al campo lasciatogli da' suoi vecchi, e guadagnandosi col sudore di che camparla, da uomo onesto e contento della propria sorte. Allora la benedizione del cielo scendeva sulla campagna; ogni anno la ricolta era buona, e non si pativa di miseria in queste mura. Quando quel figlio ebbe vent'anni, la madre gli disse: - Io son vecchia e non posso più dividere con te la fatica quotidiana; ma ti diedi il mio latte e tu non vorrai lasciarmi morire d'inedia, in questi pochi dì che m'avanzano. Va, figliuol mio, dal nostro curato: è un sant'uomo, che ti troverà fra le oneste fanciulle del paese quella che il Signore ha destinata ad esserti compagna -. Egli obbedì, e ben presto la madre, il compare, gli amici lo salutarono come il promesso sposo della più bella e savia figliuola del dintorno. Non eravamo che poveri pigionanti, ma fino allora nessun'annata ci aveva trovati in debito pur d'un mezzo quartaro di grano. Sposate che furono quelle due creature, vissero insieme; e la misericordia di Colui che può tutto li avea accompagnati sempre; ebbero de' figliuoli; ma il padre loro era giovine, onesto, operoso; e nella casa del povero non si piangeva ancora per la fame. - Un giorno, un giorno, che la malinconica nuora aveva sparse molte lagrime, il figlio tornò a casa, ch'era già mezzanotte, e la madre sua non lo riconobbe più: egli veniva col passo vacillante, col pallor nella faccia; e con parole d'ira e maledette accoglieva la donna sua che gli era ita a rincontro col bambino in collo: quel tristo era uscito della taverna in compagnia d'altri più tristi di lui; e in quel luogo infame egli lasciava per sempre la sua mente e il suo cuore. Ahimè!... in quella notte egli ributtò, gittò a rovescio sul terreno la sua donna, che gli si era stretta piangendo alle ginocchia: in quella notte maledisse sua madre, che gli rinfacciò la sua colpa. E d'allora in poi il castigo del Signore è cominciato per noi. Non più allegra e feconda la campagna, non più vivo e scintillante il fuoco del nostro camino. Tutto si mutò, la gragnuola si portò via le nostre speranze sul campo; il massaio ci ritolse la miglior parte del terreno datoci a coltivare; il padre faceva la vita dell'uomo cattivo; e non tornava più sotto il suo tetto se non quando sentivasi la febbre nelle vene, e si trovava la tasca vuota... Io ben so che anch'egli avrà patito, perché chi mena una vita ribalda è impossibile che abbia il bene sulla terra: ma so ancora ch'egli ebbe una madre, una moglie e quattro anime, a cui non diede un pensiero da anni ed anni come non fossero sue: e tutti lo aspettarono e non venne... Ed essi moriranno tutti, l'un dopo l'altro: e tutto questo gli sarà contato nell'altra vita. - Che il Signore abbia pietà di lui!...».

Disse queste parole la vecchia, quasi inspirata da un'interna forza, da una luce che, desta all'improvviso nell'anima, le suggerisce le più eloquenti espressioni del materno dolore. Era già tanto tempo che le labbra di lei non avevano proferito un solo lamento, e quelle parole avevano le solennità e il terrore di una profezia.

Beltrame ne fu riscosso, ma vinse lo sgomento che sulle prime gli si era messo nel cuore, e replicò con audace ma forzato modo: «E che? volete farmi una predica? Non sapete che più non son uso a sentirne di queste pappolate? Scommetto ch'egli è quel vecchio rimbambito del curato che ve l'ha messa nella memoria: ma andate pur là, ch'io non ci bevo più alla vostra tazza».

«Or bene!» gridò austeramente la vecchia «tu uscirai di qui, e per sempre; questa non è più la tua casa».

«Tacete voi, non mi fate scaldar il sangue un'altra volta, che non ne ho bisogno. Ormai sono stanco, e ho voglia di dormire: se voi volete piagnucolare o dire il rosario, che vi faccia il buon pro, io per me non voglio altre ciance, e vo a gittarmi sul letto... Ma guai al primo che verrà a destarmi all'alba del domani!».

E ciò detto, si cacciò la destra nel taschino delle brache, e afferrando il grosso manico d'un coltellaccio arruginito, ne lo trasse fuori un poco, e brontolò fra i denti: «Ecco quello che aggiusterà tutti i conti». Poi mosse verso la scaletta di legno, e già stava per salire, allorché la moglie gli corse innanzi, colla morte in cuore, e facendogli intoppo colla persona: «No!» gli disse «tu non andrai là sopra; in quel letto, in quell'unico letto che ci rimane, dormono quattro miseri innocenti, a cui tu desti la vita, e che ora lasci morire! No, ti dico, tu non andrai... o prima, dovrai tu stesso, con quel coltello che nascondi, passarmi da parte a parte, e gittarmi morta sulla soglia di casa tua! Quelli sono i miei figliuoli, io li ho nudriti con la mia vita, col mio sangue... E tu non sei più il padre loro».

L'infelicissima Rachele pareva già fuor di mente per il terrore. Gittossi ginocchioni a' piè del marito, e cominciò a singhiozzare: ma egli non volle ascoltare parole, né pianti; con una mano si trasse indietro gli umidi capegli che gli cadevano scompigliati sugli occhi, e chinandosi verso la donna, l'adunghiò strettamente per le deboli braccia, e la respinse da un canto. La misera gettò un alto grido, si divincolò invano nella stretta del crudele marito, e, perdendo le forze che ancor le restavano in quella dolorosa lotta, cadde indietro colla testa arrovesciata, e svenne.

Allorché la vecchia madre vide tal violenza, avventossi come leonessa ferita, contro il figlio, e sostenuta da una vigoria più che umana, strappò a quel brutale la sua vittima. Egli mandava come un sordo e cupo ruggito, e consentendo alla cieca furia, che in quel momento lo invase e gli velò la mente, alzò minacciosa la destra sul capo di sua madre.

«E perché non metti fuori il tuo coltello?» gridò allora la vecchia, senza dar addietro d'un passo, e sostenendo con un braccio la tramortita Rachele.

Queste parole, e la voce con che erano pronunziate, spaventarono Beltrame, e ne sentì il freddo in ogni vena. Non disse nulla, stette alcun poco sopra di sé; poi, scagliando un'orribile maledizione sulla casa non più sua, si gittò fuor della porta e disparve.

A quel momento, dal campanile del paese batteva con lenti rintocchi la mezzanotte.

VII.

La mattina appresso, era una mattina la più fosca, la più taciturna di quante avesse veduto ancora quel tristissimo inverno. Il nevaio, che il dì innanzi s'era steso come un bianco funereo lenzuolo su tutta la pianura, aveva ricominciato nella notte, e continuava; gli alberi e le cascine sparse nella campagna, ogni capanna, ogni casa e l'ampio tetto della chiesa e il solitario campanile del villaggio parevano cedere sotto il gran peso della neve. La natura all'intorno era morta, e il cielo tutto ingombro di densissime nebbie non aveva, per consolarla, neppure quel trasparente bagliore di un sole scarso, fuggitivo, che nell'iniqua stagione distingue per qualche ora il dì dalla notte.

Nella casipola tutto era ancor silenzio e pace, ma somigliava a pace di sepolcro. Deserta la cucina terrena, spalancata la porta che rispondeva sulla via. Chi fosse entrato in quel momento, chi avesse avuto cuor di salire alla stanza superiore, ove esposte alle trafitture dell'inverno, al rigor della tramontana penetrante per le lacere impannate delle finestre, stavano immobili, taciturne, agghiadate così dal freddo come dal lungo patire, guardandosi in faccia, due donne e quattro bambini, le più infelici creature che forse in quell'ora vivessero sulla terra, non avrebbe per certo dimenticato mai più quella scena di desolazione e di miseria.

I quattro figliuoli erano tutti desti, e nessuno piangeva.

Stavano i due più grandicelli rannicchiati in un angolo della camera, su d'uno stramazzo gittato sul nudo sabbione del pavimento, cercando di ravvilupparsi il più che potevano in una logora e bucherata coltre di lana per coprir dal gelo i loro tremanti corpicciuoli, appena coperti di una sucida camicia e d'un paio di calzoncini di frustagno. E guardavano tutti e due pietosamente e senza nulla comprendere in faccia alla madre, che ritta e senza moto, a fianco del vicino letto, tenevasi fra le braccia, per ravvivarne le membra tenerelle, l'ultima bambina, e fissava intanto, con certi occhi pieni di spavento, l'altra sorellina distesa sul gramo lettuccio. Questa, tremando, metteva un pietoso e continuo, ma pur sommesso gemito, simile al gemito della tortora abbandonata, e stava colle manine in croce sul petto, cercando anch'essa colle pupille spalancate, immobili, il volto della madre. Inginocchiata dall'altra parte del letto, vedevasi la vecchia nonna, colle rade ciocche dei grigi capegli scomposte e cadenti sul volto, tenendo il rosario fra le dita grinzose e intrecciate insieme, e dando appena, con un rapido, incessante mover di labbra, un segno di vita.

La bambina, già consunta dalla febbre, moriva; la madre sua non sapeva più che fare per la poverina; essa non aveva più per lei nessuna preghiera, che quella espressa dagli occhi suoi, fissi, accesi, senza lagrime. Ma la nonna non s'era stancata di pregare inginocchione, a fianco di quel letto, per tutta la lunga notte. Era una pietà il veder la vecchiezza, prostrata sul nudo e freddo terreno, pregar per l'innocenza morente.

Passarono due ore, e nulla interruppe la profonda e dolorosa solitudine. Tutto a un tratto, un suono confuso e discorde di voci che veniva a quella parte, riscosse Rachele e la nonna; e questa, levandosi dalla sua umile postura, corse alla finestra, e vide avvicinarsi parecchi uomini, che tra la nebbia densa in sulle prime non potè riconoscere, ma che appunto movevano difilati verso la casipola.

Poi, quando furono a pochi passi dalla porta, ravvisò nell'un d'essi il Cardella, l'agente del comune, quello stesso che due settimane innanzi era capitato, in compagnia dell'esattore, a metter l'ugne addosso a quelle quattro panche e a que' pochi cenci che avevano trovati, in causa de' vecchi debiti del testatico e del livello comunale, che il Beltrame non aveva pagato mai. E il sinistro viso dell'esattore, comparve esso pure, in compagnia di un'altra faccia straniera dietro le quadre spalle del Cardella; a costoro facevano coda un gendarme armato di carabina e due soldati, per certo venuti per il sospetto che Beltrame si trovasse ancora là e volesse far contrasto all'esecuzione della legge e agli atti per cui tornavano in quella mattina.

L'affisso dell'asta della scarsa e grama suppellettile, ch'era tutto il bene della famiglia, aveva annunziato che in quel dì dovevano vendersi due panche, uno stramazzo, una caldaia, due terrine e alcuni vecchi stromenti rurali, di proprietà del nominato Beltrame ferraio, per debito di carichi e caposoldo: e l'asta, a sparagno della spesa di trasporto degli effetti da incantarsi, doveva appunto essere tenuta nella stessa casa del debitore. Povera e innocente famiglia! Ecco che d'una in altra sciagura ti gettarono nell'ultimo abisso della miseria l'abbandono e la perversità di quell'uomo, a cui solo toccava di soddisfare il sacro e grave debito di figlio, di marito e di padre. Da un tristo principio ne venne una lunga catena di guai; la disgrazia, l'inedia, la fame, eran venute a sedere l'una dopo l'altra sotto quel tetto cadente; poi la voce inesorabile della legge aveva fatto sentire la sua prima minaccia; ora una vecchia già vicina a' suoi ultimi giorni, e una madre addolorata e cinta dalla inferma, piangente famigliuola, stanno per esser gittate fuor dell'ultimo asilo, da quell'asilo ove almeno avrebbero potuto languire a poco a poco non vedute: e ne andranno, nel cuor dell'inverno, seminude, strascinando la loro miseria di villaggio in villaggio, finché il Signore impietosito non mandi loro, come unica consolazione, la morte. - Intanto nella città, il ricco padrone del fondo, dato a pigione a quei tapini, dorme ancora il suo lungo e beato sonno, nella tepida atmosfera di un'alcova tappezzata di serico drappo, e il debole raggio della mattina non osa penetrare per le doppie finestre vetrate del suo cittadino palazzo: egli sogna il *club*, il suo cavallo inglese, la sua bella innamorata. Gli affaccendati servi vanno intanto rassettando le adorne e calde sale del suo appartamento, arredato di nuovo, e modello del *buon genere*, e sparecchiano il desco ove gli eletti amici del loro signore prolungarono la passata notte, fra il giuoco e lo Sciampagna, menando vanto di venture galanti e di facili amori.

VIII.

L'agente comunale e l'esattore entrarono nella cucina del povero casolare, e non parve loro nemmen vero di trovarne schiusa la porta, e nessuna forza che si opponesse all'adempimento della legge; cotanto erano persuasi che Beltrame li avrebbe aspettati a piè fermo, per fare contro di essi una delle sue usate braverie. La cucina era deserta, e l'esattore, avvezzo a questa sorta di scene, non si sturbò per nulla della desolazione che vedeva; ma, pigliando di subito il suo partito, gittò sul focolare le poche legne che trovò sparse all'intorno e accese un bel fuoco. Il gendarme coi due soldati, e l'altro villano vi si posero in giro a loro bell'agio, affine di sgranchire le membra intirizzite.

Intanto l'esattore e l'agente comunale stendevano l'inventario degli effetti da incantarsi; quell'ignoto villano che s'era fatto innanzi quale compratore, faceva tra sé e sé la stima di quanto potessero importare que' miserabili arredi, e scappava a dire esser tutta roba buona da far brace, e non valere nemmanco la pena di far la strada per portarsi via quegl'ingombri. Ma tutto quanto poterono raccorre, tra sedie, madie, mezzine e pentole, non agguagliava la metà della somma di cui la famiglia di Beltrame era in mora; cosicché il Cardella, fatto il cuor duro e l'occhio severo, come voleva l'autorità della carica, salì la scala per cercare se mai lassù vi fosse un letto o qualche altra suppellettile che potesse valer le dieci lire tuttora mancanti a saldare il debito; e l'esattore salì dietro a lui.

Costoro entrarono nella stanza, senza che le due donne facessero mostra d'essersi accorte della loro venuta: la madre stava tuttavia presso il lettuccio della morente bambina, e la nonna s'era di nuovo prostrata dall'altra parte. Solo i due fanciulletti, levatisi inginocchioni sullo stramazzo, e come antivedessero la vicina partita della inferma sorellina, stavano pregando a mani giunte il Signore, nell'atteggiamento in cui si dipingono gli angioletti.

All'esattore e al suo collega morirono le parole sulle labbra e non ebbero animo di fare un passo di più. In quella però, la povera madre sollevando gli occhi verso di loro, e formando a stento le parole: «Per carità,» disse «alcuno di voi corra a chiamare il signor curato, che benedica almeno questa povera anima che muore: io non posso abbandonarla!...».

Queste parole avrebbero strappato il cuore di qualunque le avesse udite. E di fatto il Cardella, commosso, si recò una mano al cuore, e tornò giù in fretta per adempiere la preghiera della infelicissima madre.

E il curato non fu tardo a venire. L'innocente creaturina non aveva più che un filo di vita; essa ormai aveva finito di lamentarsi; solo volgeva intorno gli occhi vividi ancora e sereni, come se cercasse il cielo. - Il curato s'inchinò su quel paziente corpicciuolo, che aveva appena vissuto la vita d'un fiore; e lo benedisse. Un'ora di poi, l'anima di quell'angiolo era tornata in paradiso.

Mentre questa innocente moriva, l'esattore e i suoi compari, tocchi da natural riverenza, mista di non so qual terrore, si tennero lontani da quella stanza del dolore tornando giù nella cucina e restando in gruppo a far tra loro i conti di quanto avrebbero potuto sperar di cavare dall'asta; ma però con voce dubbia, sommessa, per non turbare il pianto e la preghiera di que' poveretti che stavano sopra di loro. Indi a breve, il monotono recitare delle litanie, intonate dalla vecchia, a cui rispondevano con voce distinta la desolata Rachele, e i due maggiori figliuoletti, metteva in que' tristi cuori una strana confusione, un certo freddo, che non sapevano cacciarsi di dosso, quantunque anch'essi, come gli altri, si fossero raccolti intorno all'allegra vampa, stando ad aspettare, colle mani allacciate dietro le schiene, che la dolorosa nenia finisse.

Una mezz'ora di poi, videro scendere la famiglia da quella stanza, ove Dio non aveva voluto che tutti l'un dopo l'altro avessero a morire.

La nonna conduceva i due figliuoletti: dietro a lei veniva la Rachele, che non piangeva più, ma faceva studio di scendere con passi cauti e leggeri, tutta intenta a non so che di grave e cadente ch'ella portava sulle braccia nascosto sotto un pannolino bianco. Non piangeva più, anzi pareva che un muto, ineffabile sorriso fosse in quel momento sulle sue labbra.

Il Cardella ebbe sospetto che la donna volesse trafugar qualche cosa di prezioso; le andò risoluto a rincontro, al piede della scala; stese la mano, e strappato il pannolino, scoverse il picciol cadavere della bambina, che la stessa sua madre aveva voluto portar via con sé.

Nulla disse, nulla fece la misera; ma, uscita di là, andò alla chiesa, e depose colle stesse sue mani sulla breve bara, che il curato aveva fatto apparecchiare, quella ch'era stata la più cara parte di sé medesima e che il Signore aveva rivoluto; quell'ossa delle sue ossa, quell'amore ch'era ancora il più doloroso sacrificio da lei fatto su questa terra.

Così Rachele abbandonava per sempre la casuccia dov'era stata, per sì poco tempo, sposa e madre avventurata; lasciava colà le triste memorie della sua giovinezza, e andava a cercare qualch'altra oscura e povera terra, dove la pietà degli uomini fosse più giusta e più provvidente. Sulla via che dal comune di *** mena verso la più alpestre contrada lombarda, se n'andava la povera e coraggiosa donna, recandosi dietro le spalle, entro una guisa di sacco formato dal lembo di una vecchia coltre listata, l'ultima sorella dell'angelo da lei perduto la mattina istessa; e conducendo per mano il maggiore de' figliuoli, che gli domandava ogni poco perché mai fuggissero di casa in un giorno sì tristo e con tutta quella neve. La vecchia nonna, quasi che il patimento di quel dì le avesse restituita la forza, affrettava i passi dietro a lei, col capo chino, e tenendosi vicino l'altro fanciulletto; il quale, camminando, mordeva avidamente un pezzo di pane che il curato, doglioso di non essere men povero, avevagli posto in mano innanzi di partire.

Mentre così fuggivano il natale paesello, le poche masserizie, da loro lasciate nella casuccia, eran vendute all'incanto; l'esattore rintascava l'aver suo; e colui che s'era comperate le reliquie di quanto appartenne alla fuggitiva famiglia, pigliava possesso del casale e del terreno come novello pigionante. - E Beltrame non fu più veduto nel paese.

La Nunziata

[1849]

E canto dall'affanno e dal dolore,
Ma no che voglia mia sia di cantare;
Lo fo per isvagare questo mio core,
Tanta malinconia non gli vo' dare;
Tanta malinconia né tanta doglia:
Sebbene io canti, di piangere ho voglia
Tanta malinconia né tanto affetto:
Sebbene io canti, la pena l'ho al petto.

Canto campagnuolo toscano

Tutti dicono che questa Italia nostra è la terra benedetta dal cielo, sorrisa dal sole, la cuna dell'amore e della poesia. - Infelice regina del passato! La gloria dell'arte, questa corona che ti rimane ancora, è corona di spine: e non c'è chi te la possa invidiare, perché non c'è madre di popoli che abbia sperato e sofferto al pari di te. L'arte è sospiro dell'umanità al bello: è forse la prova dolorosa che Dio pose alla conquista del vero.

Qui, nell'allegrezza della natura, sotto i soli diffusi, nelle aperte e feconde campagne, si vive di miserie e di speranze, di poche contentezze e di molti dolori; come in qualunque altra parte, dove nascono e muoiono, dove si moltiplicano e combattono, dove patiscono e aspettano le creature che Dio formò dalla terra. Ben mi ricordo, che un giorno, seduto sotto il tetto del montanaro svizzero, povero e libero, all'ombra gigantesca del pino silvestre, mentre intorno a noi alcune giovenche e capre pascolavano l'erba dell'alpe, mi ricordo che, ripensando nel cuore le magnifiche nostre città e i fiumi maestosi e le rovine superbe inutilmente, e i templi famosi, io mi sentiva inferiore e più sventurato di quest'umile montanaro; e ne invidiavo la sorte poverissima, ma consolata almeno dalla certezza di un diritto e di una fede che ebbero i suoi padri e che manterranno i suoi figliuoli.

Nelle grandi e comuni sciagure, ciascuno ha una parte che è tutta sua. Ma giova dimenticare il nostro, e interrogare invece il dolore de' nostri fratelli; poiché la vita è dappertutto un forte e severo insegnamento. Imparando ad amare, a compatire, noi ci faremo più gagliardi contro i colpi della sventura, noi gitteremo da parte i pregiudizi di tante distinzioni civili, e le piccole crudeltà dell'egoismo: noi sapremo, insieme a quanti sostengono le medesime prove della vita, la medesima preparazione all'avvenire, rallegrarci e sperare nella giustizia, credere nella virtù; e, sopra tutto, ci faremo persuasi che il conforto della parola e la consolazione della scienza operosa sono veri e altissimi beneficii concessi all'umana famiglia in qualunque luogo, in qualunque tempo. Dove ci sia a rasciugare qualche lagrima, qualche patimento da mitigare, una giustizia da fare, una parola sola da pronunziare in pro della causa di chi combatte e di chi muore per la verità, colà accorre l'uomo onesto, e parli; parli con la persuasione del bene, con la franchezza di chi sente un diritto e un dovere, e non tema; perché un giorno o l'altro, il testimonio della sua voce, un voto anche modesto, un desiderio, non saranno cosa perduta.

È una storia umile e oscura quella della povera Nunziata. Ma quando un vecchio pescatore, nel breve tragitto della punta di Ghiffa ad Intra là sulla curva e maestosa riva del Verbano, mi fece, piegandosi sui remi, il malinconico racconto, io andava fra me pensando che l'ignota fanciulla della montagna fu essa pure una delle tante vittime mietute da codesta nostra civiltà così orgogliosa di sé e così stolta; la quale vuole tutto sagrificare, non dirò al genio, ma al demone dell'industrialismo, a quel tirannico problema della produzione e della consumazione, che pur troppo fino ad ora altra verità non ci ha fatto vedere se non questa che i pochi s'impinguano, che i molti muoiono di fame e di patimento - poveri fiori del campo, recisi al principio del mattino dalla falce dell'indifferente mietitore!

I.

Era un sabbato di primavera, sulla bass'ora.

Chi, uscendo fuori dell'allegra Intra, grossa borgata, la quale in piccol giro d'anni diventò la più ricca e mercantile cittadella delle due sponde del lago Maggiore, attraversi il vecchio ponte sul fiume di san Giovanni, poi volgendo a tramontana si metta per la via de' monti, incontra a mezzo l'altura un sentiero, che, tra falde di prati e ripiani di vigneti, sale al paesello d'Antoliva; il più piccolo e il più modesto de' molti villaggi che formano come una corona a quella ferace costiera, tutta a solatio.

È un gruppo di povere case, che par quasi nascondersi dietro le spalle del primo scaglione delle montagne, all'ombra d'una selvetta di castagni; sola la chiesuola, ch'è in mezzo a quel gruppo, si può vederla a certa distanza, situata, com'è, sul colmo del dosso, dove s'aprono le ombre degli alberi e comincia il pendio verso il lago. Dal portichetto della chiesa, che si schiude solo la domenica ai villani d'Antoliva, quando vi capiti il prete, l'occhio può spaziare per una vasta e bellissima scena d'acque, di monti e di cielo; da una parte le nevose sublimi Alpi della Svizzera; di fronte, le cime ignude del pizzo di Laveno, e il solitario promontorio di Caldiero; dall'altra parte, lo splendido seno dell'Isola Bella, e i monti dell'Ossola, e i gioghi lontani del Sempione.

    A poca distanza dal villaggio d'Antoliva, la via montana si parte in due o tre stradette serpeggianti e pittoresche; una delle quali, dopo breve salita, cala per una china umidiccia, verso una chiusa valle o piuttosto un burrone ignoto, ove scarso penetra il sole anche nella state, e quasi mai il passo del viandante. Sull'orlo del burrone comincia un sentiero stagliato nel sasso, sdrucciolevole, che ti mena giù per una ripa coperta di betulle, di giovani quercie e d'arbusti spinosi. E, non appena ti trovi nell'ombra, in mezzo al folto verde, tu vedi sotto a una gran rupe sgorgare una quieta sorgente; la quale, per breve tratto, dorme in uno stagno uggioso; poi, giunta sull'orlo del dirupo, precipita e gorgogliando si rompe tra i massi, infin che l'occhio la perde; e dal profondo, che non iscopri ancora, senti salire e batterti nella fronte la frescura della valle e delle acque cadenti, e ti par di scernere il precipizio, ma non te ne accorgi,

Se non che al viso, e di sotto ti venta.

    Poco appresso le pareti dello scoglio, che più su si toccano quasi, cominciano a disgiungersi, e nel vano della costa s'apre valico il torrente; sopra le spume delle molte cascatelle, vedi protendersi le braccia ramose d'alberi antichi e bistorti, cresciuti entro i fessi della montagna e pendenti sull'abisso. Più al disotto, la buia valletta, formata a poco a poco dalla fatica delle acque e dallo scoscendimento del terreno, s'allarga e lascia entrare un po' d'aria e un po' di sole. È là che sopra una specie di pianerottolo, protetto dalla roccia più alta che vi sporge a ridosso, si vede anche oggidì annicchiato un angusto casolare come un nido di sparviere; da quel casolare si scende, per molti scalini cavati nel macigno, a un mulino che sovrasta il precipizio, e che quei della contrada chiamano *Mulino del Buco*.

    Era un sabato di primavera; e, nell'unica stanzuccia terrena di quel casolare, stavano seduti sulla stessa panca, dinanzi alla rozza pietra che serviva di focolare, il mugnaio e la sua donna; vecchi l'uno e l'altro, a piccola distanza d'anni fra loro; ché l'uno aveva di poco passato, e stava l'altra per toccare i sessanta.

Mentr'essi scambiavano parole insieme, e davan mente al paiuolo che bolliva sullo scarso fuocherello, più che ai tre fanciulletti da' dieci a' dodici anni che giuocavano in un cantuccio della cucina, facendo un tramestìo delle stoviglie e di quant'altro venisse loro sotto le mani, si udiva al di sotto lo scrosciar della cascata e il sordo strepito della macina aggirata dal largo spruzzo del torrente, che cadendo animava le ruote del mulino. Benché il sole fosse alto ancora, non scendeva in quella tana di monte che una luce scema e riflessa: la melanconia della sera entrava per l'unica finestra mal difesa dalle impannate; e vi entrava insieme l'umido polverio dell'acqua rifranta dalle scogliere.

«Datemi ascolto, Giovannandrea,» diceva al mugnaio la sua donna «io vi dico che di quella tosa non ne avrem bene; è già un anno e nove mesi da che la poverina cominciò a far la vita che fa; e io ve lo dico mattina e sera: lasciatela venire a casa...».

Giovannandrea tornava a scrollare il capo, a soffiar ne' carboni, a sollevare il coperchio del paiuolo, per vedere se l'acqua cominciasse a bollire. I ragazzi, nell'oscuro cantuccio, seguitavano a strapparsi di mano, strillando e piagnucolando, qualche tondo di peltro e qualche rotta mezzina; ma Giovannandrea e la Margherita, contro al solito, li lasciavan fare.

«Quando mai,» continuava la Margherita «quando mai vi saltò in capo d'abbandonare la nostra montagna, dove siam venuti al mondo, la nostra povera selva di Cossogno, per seppellirci in questa tana di lupo, dove manca fino il sole?... Che cosa ci abbiam guadagnato?».

«Tacete là, voi, che delle cose di questo mondo non ne sapete uno straccio... Quando però vi ho fatto vedere il luccichìo di certi scudi nuovi che ho potuto metter da parte, in questa nostra tana, come dite voi... non la vi somigliava così brutta la vita che facciamo. E poi... i conti li ho da far io».

«Sì, sì; ma i poveri figliuoli... e la mia Nunziata...».

«Per carità, non mi rompete la testa colle vostre litanie...

Quando s'è parlato che quella martorella andasse giù a Intra, per cercare di guadagnar qualche cosa, come fanno tutte le altre, lavorando nella fabbrica, sono stato io, o siete stata voi a condurla laggiù, e a darvi attorno con que' signori?... Io v'ho lasciato fare...».

«L'è ben vero; ma, per me, non avrei proprio mai creduto...».

«Che cosa non avreste creduto?».

«Che ci fosse cuore da far lavorare una povera figliuola, come una pietra del mulino...».

«Eh! la doveva star qui ad aspettare che le piovessero lasagne in gola?».

«Non dico questo... ma intanto...».

«Finitela un po' colla vostra solita trescata, ché m'avete stufo... finitela; o, per l'inferno...».

«Ma che cosa avete mai questa sera?».

«Son dannato dalla rabbia, e n'ho abbastanza, senza altri malanni. Aveva a riscuotere una cinquantina di lire là sopra, a Rezzago; e quel malapaga del signor Martino m'ha mandato indietro anche stavolta colle saccoccie vuote... ma non son io se non gliele fo cacciar fuori... Dunque, voi tacete, e lasciatemi stare; ve lo dico per l'ultima volta».

Giovannandrea era stato sempre un uom brusco, rabbioso, e, quel ch'è peggio, dispotico, avaro; la povera e buona Margherita, lo si può dire, aveva trovato nel suo uomo la sua croce, e l'aveva portata per trent'anni con tutta pazienza. Ma ora pareva che nel vecchio mugnaio d'Antoliva fossero cresciute, col carico degli anni, l'avarizia e la mala voglia. Egli poco parlava, e pensava a far danaro quanto più potesse; de' figliuoli non si pigliava fastidio che per farli lavorare con lui, o giù nel mulino, o nel campicello da lui poco innanzi comperato in quel contorno; ovvero facendoli trottar su e giù per l'alpestre via da Intra ad Antoliva, coi due somarelli portanti i sacchi del grano e delle farine. Immaginate dunque se costui volesse pigliarsi un cruccio al mondo per la Nunziata, come faceva la Margherita, che in lei aveva collocato invece tutto il suo orgoglio, tutto il suo amore.

L'insofferente marito la garriva: pure la comare non poteva

restar zitta: e di lì a poco, intanto ch'esso lasciava, a pugno a pugno, cader la farina color d'oro nel bollente paiuolo e cominciava a rimenarla col matterello, la Margherita, rasciugandosi col lembo del grembiale gli occhi umidi, andava fra sé pensando il suo travaglio, e l'accompagnava con parole di memoria e di rimpianto.

«Oh quei giorni!» così si rammaricava «quei giorni erano un'altra cosa! Oh! l'aria fina e sana che tirava dai nostri monti!... Dicono che l'è un paese perduto, l'ultimo del mondo; ma mio padre, mia madre e tutti i miei vecchi sono morti lassù... E per me, la mia prima disgrazia è stata che il mio uomo non era nato in quell'aria, ma c'era venuto d'altra parte; non appena m'ebbe tolta, subito volle cambiar sito... Se io ho pianto allora, lo sa il Signore!... E da quel dì, non mi sono più sentita la donna che io era. Pazienza per me! Ormai son vecchia, e i miei anni, come si dice, li ho quasi tutti fatti... ma questa poveretta mia, fin d'allora, ha cominciato a patire, quest'anima cara... È stata la mia prima creatura. E io aveva cominciato a darle il mio latte, ecco che a un tratto il Giovannandrea, un venerdì, tornando a casa, mi dice, lì asciutto, che si doveva andar a stare in un altro paese: la è stata una morte... e, da un'ora all'altra, non ho più avuto una goccia di latte. Quella pover'anima, io la teneva in braccio, e piangeva, piangeva di fame... Me ne ricordo, che mi pare ieri, quando son corsa dalla Lucia di Stefano, nostro cognato, ché anche lei aveva avuto una creatura; ma il suo latte non bastava per tutte e due. E allora la mia Nunziata la mettemmo sotto la poppa della sua capra... Bisognava vederla, quella cara innocente, che gusto ci pigliava; tanto che, standomi a guardarla, io n'aveva un'invidia da piangere, come una martire ch'io era. E da quel dì, per molti mesi, fino a tanto che abbiam potuto restare all'ombra del campanile di Cossogno, la capra della Lucia è stata la sua balia. La mattina col sole, e poi due o tre volte il dì, la povera bestia, che pareva proprio un miracolo della santissima Provvidenza, veniva su di per sé, senza domandarla, urtava colle corna contro il mio uscio; e non appena lo trovasse aperto, era d'un balzo alla cuna, cominciava a belare come se piangesse... e la vedeva io sollevar colle corna il pannicello della Nunziata, mettersi a cavallo della cuna... e quella povera bambina svegliarsi, e poppare, come dalla sua mamma. Allora sì la si vedeva crescere, venir su tanto bella la mia tosa, come dev'essere una montaninella di Cossogno... ma adesso, tutto è mutato!...».

Così andava sfogandosi a mezza voce, un po' come se parlasse con sé medesima, un po' voltandosi a Giovannandrea; il quale la lasciava dire a sua posta. Quando indovinarono che la polenta doveva essere a segno, i ragazzi accorsero subito senza farsi chiamare, intorno a rozzo descaccio, inginocchiandosi sulle panche e brandendo i cucchiai di stagno: il vecchio brontolando portò il paiuolo sul desco, ne rovesciò la polenta, e ne fece la parte sua a ciascuno de' tre figliuoli; avvicinatosi poi alla finestra, la schiuse, e con un fischio acuto chiamò l'altro, il quale stava ancora nel mulino di sotto, e che fischiando gli rispose sulla stessa solfa.

E prima di mettersi a cena, Giovannandrea cavò fuori da un vecchio cassone, ch'era nell'angolo della cucina una botticella, e ne spillò a sua posta entro un boccal di terra; messosi allora a cavalcione di una panca, trinciò una gran fetta di polenta, e con una buona sorsata di quel vino, di che non beveva che lui, cominciò a preparare il gorgozzule. La Margherita non mangiava; e sebbene avesse finito di menar lamento, stava sopra pensiero a guardare i figliuoli.

In quella, entrò il Battista che veniva dal mulino: un alto e tarchiato garzone, il quale, all'aspetto, aveva non poca somiglianza col padre. E subito dopo, fu veduta comparir sulla porta del casolare una giovinetta di mezzana statura, vestita d'un semplice abito di cotone turchino, con un panieretto al braccio.

Né il vecchio mugnaio, né i figliuoli fecero molta festa alla nuova arrivata: tutta l'accoglienza del primo finì con un: «Ohe là! sei già qui, martorella?». - Sibbene il più piccino dei marmocchi saltò giù dalla panca, e colla sua porzione di polenta in mano, le corse incontro, collo strillo della gioia fanciullesca: «Nunziata! Nunziata!». - Ma la mamma, al vederla entrare, si consolò tutta; un raggio d'amore le sfavillò negli occhi, cosicché subito sparve la nube di tristezza, che prima le aveva occupato i pensieri.

«Oh! la mia tosa,» le disse «perché hai tardato tanto questa sera?...».

II.

Così la fanciulla del mulino - come que' del paese solevano nomar la bella Nunziata - tornava, al cader di ogni sabato, da una delle più grandi fabbriche di cotone d'Intra allo sconosciuto asilo della sua povera famiglia. Erano corsi due anni, da che l'avevano colà avviata, come se quella sorte le fosse piovuta dal cielo. Ma era ben altra cosa. Passavano uguali e tristi gli anni e i mesi, e la Nunziata faceva sempre la vita, di lavorare assidua per tredici ore d'ogni dì della settimana, e di tornarsene, la sera del sabato, a riabbracciar la sua mamma, a bere in quel chiuso vallone, nella breve domenica, un'aria fredda e scarsa, ma almeno più aperta e più sana di quella che respirava ne' bassi soppalchi e negli stanzoni della fabbrica. Nata sotto il bel sole della montagna, in mezzo a' pingui pascoli, presso alle prime sorgenti del fiume che rallegra e feconda quella benedetta parte di paese, la Nunziata aveva cominciato a languire, come una pianticella senza rugiada e senza luce; come la dolorosa speranza dell'esule che rivide per un giorno la sua patria, e l'ha di nuovo perduta.

Era notte fatta; nel solitario sito più non si sentiva che lo strepito monotono, continuo della fiumana cadente; e nella lontananza, un lungo romore meno distinto, ma più vasto, direi, e più solenne, - l'agitarsi del lago commosso dalla tramontana.

Nel casolare del mugnaio s'era fatto silenzio; ma un lumicino vi brillava ancora. Già i tre figliuoli dormivano da due ore buone nella stanza superiore, alla quale si saliva per una esterna scaletta di legno; e già, in un canto del mulino, s'era pur gittato a riposo, insieme al suo Battista, sul medesimo stramazzo, il vecchio Giovannandrea, dopoché brontolando ebbe ceduto alla figliuola il suo posto nel letto matrimoniale, come faceva sempre, quando al finir della settimana la giovine operaia potea venire a passare due notti sotto il tetto dei suoi.

Ma, né Margherita né la Nunziata dormivano. Madre e figliuola, sedute, l'una sur un trespolo, l'altra sullo scalino del focolare, all'incerto lume d'una lucernetta fumosa appiccata all'assito del camino, parlavano ancora fra loro e si guardavano di quando in quando, non senza mescolar di qualche lagrima le parole e gli sguardi. Poi la madre, traendosi col trespolo più vicina alla fanciulla, cominciava a scioglierle le lunghe treccie d'un bel castagno lucente, che le cadevano ricche e diffuse per le spalle; pregio raro nelle povere fanciulle della campagna. Que' bei capegli avrebbero fatto invidia a una giovine e profumata damina; e la Margherita, con materna compiacenza e sollecitudine, li spartiva a mano a mano, li pettinava, li rintrecciava di nuovo. Non le erano mai sembrati così lucidi e molli, da quando glieli aveva aggruppati la prima volta, appuntandogli con gli spilloni, nel giorno della prima comunione della fanciulla, com'è il costume del contado; e ripensava che la sua prediletta sarebbe passata la più linda e la più bella, il vegnente mattino della domenica, tra le fanciulle d'Antoliva.

E nondimeno la Nunziata era malinconica; a fatica rispondeva alle molte e amorevoli interrogazioni della madre.

«Parlami, la mia Nunziata, via cos'hai? tu mi nascondi qualche mistero... E io ti voglio bene, lo sai pure; non fo che pensare a te... Dimmi su tutto quello che hai in cuore».

«Io non ho nulla, mamma, proprio nulla; voi mi volete bene anche troppo... E cosa volete ch'io venga a contarvi mai?».

«Non so, davvero; ma ne' sei dì che noi passiamo lontane l'una dall'altra possono accadere tante cose... È ben vero che tu sei sempre stata savia e modesta; me lo disse anche l'altr'ieri il signor curato di San Maurizio, quando l'ho incontrato sul ponte che diceva l'uffizio... E lui si ricorda di te, vedi, e mi domanda sempre qualche cosa... Non ho potuto fare a meno di dirgli quel che ho nella coscienza. - Senta, signor curato; la mia Nunziata, in quella fabbrica, in mezzo a tante altre, che le somigliano così poco, io non la vedo volentieri; e se non fosse che...».

«Ma cosa volete ch'io abbia a fare? La è la mia vita; l'ho pur voluto anch'io; e poi, siamo tante e tante allo stesso travaglio: e una volta, la mi pareva una fortuna così grande!».

«Anche a me, vedi, anche a me: ma adesso!... Oh se non fosse che quell'uomo non la vuol capire, farei che tu non ci avessi a passare mai più per quella trista porta... Io non ho che te sola...».

«Non dite così, mamma; mi fate male, già è inutile, quel ch'ha da essere...».

«Ma tu, intanto, non se' più quella di prima: di mese in mese, di settimana in settimana, ti veggo, come si dice, dare indietro, farti grama a vista d'occhio... Oh non sei più la Nunziata d'una volta».

«Sì, mamma, che sono ancor quella; son sempre vostra!».

E così dicendo, l'affettuosa fanciulla si gettava fra le materne braccia. In quel momento, chiunque altro, fuor di sua madre, l'avesse veduta, era impossibile non la trovasse più bella che mai.

Sotto il riflesso dello scarso lume, la sua figura aveva non so che d'aereo e di misterioso; gli occhi grandi e velati di lunghe palpebre, il grazioso profilo del volto, la piccola bocca, e il naturale e modesto portamento della persona, davano alla Nunziata quella singolare bellezza che non viene né dai diciotto anni, né dal sorriso delle forme ben tornite, ma dall'anima che si svela in ogni moto, che balena da ogni sguardo; da quell'intimo raggio che - si può ben dire - scende dal cielo, e sembra inspirazione e memoria d'un tempo innocente che non è più. Ma ciò che nel viso della Nunziata pareva più singolare e più strano era la rosea tinta delle guancie, sempre vivace, eguale, inalterabile, qualunque si fosse l'affetto che la facesse parlare o le temprasse l'animo a gioia, a dubbio, a terrore; eppure, al tempo stesso, era così ardente il lampo degli occhi, così rapido il loro girare, così pronto il corrugarsi delle ciglia e lo scolorarsi delle labbra! Oh certo il cuor che batteva in quel seno giovanile, sotto a quei poveri lini, era pieno di dolore e di amore.

«Lo so bene che tu vuoi nascondermi qualche cosa di male» tornò a dire la Margherita. «O Signore! fate che io possa leggere nel cuore della mia figliuola... E tu, dimmelo, Nunziata, vi è forse stato qualcuno che ti ha parlato?...».

La fanciulla, la quale ben sapeva che cosa volesse significar la madre con questa vaga interrogazione, non rispose: ma scosse il capo, con espressione tutta malinconica.

«O piuttosto,» seguitava la Margherita «quel cattivo del signor assistente ha avuto cuore di tornar a contarti su delle baie?... Sì, adesso che ci penso, sarà questo il perché: ma tu non mi vuoi confessar nulla, per non farmi piangere; intanto io non fo che tremare per te».

«No, no, state pur quieta per me, o mamma! Io non do ascolto a nessuno; e non ho paura né del signor assistente, né di tutto quello ch'egli potesse venire a dirmi... Ve lo prometto».

«Penso anch'io che tu non farai come quella povera Clara della Martina, che l'anno passato andò a finir così male: tu sei buona ancora.., ma intanto non ti vedo contenta, e...».

«Via, mamma, non pensate troppo a me; io sono contenta adesso, perché ho tutto un dì da star qui con voi: e per me, posso ben dire, questa poca giornata è proprio la festa».

La madre tornò a baciarla in fronte; e presa la lucernetta, uscirono insieme. Poi, chiusa la stanzuccia terrena, salirono pianamente la scaletta di legno, e cercando di non far romore perché i figliuoli non si destassero, andarono a dormir tutte e due nell'altro letto ch'era in quelle povere mura.

Non s'era messo ancora il primo raggio di luce nel casolare, quando la Nunziata si tolse pian piano dal fianco di sua madre, che dormiva tuttavia, e postasi in fretta la umile sottanella e il corpetto, prese in mano gli zoccoli, affinché nessuno s'accorgesse di lei al romore de' passi, e scese chetamente dalla stanza.

Salito il dirupato sentiero, attraversò un ponticello sovrastante alla frana selvosa; e dilungatasi un poco su per la costiera opposta si mise a sedere su d'un breve rialzo di terra, al piede di un frassino alto e leggiero, che sorgeva isolato in mezzo di un bel tappeto d'erba. E, nascondendo la faccia tra le mani, cominciò a pensare: poi, come riscossa da un intimo turbamento, ricordandosi che non aveva pregato ancora, si mise in ginocchio, con la fronte appoggiata al tronco dell'albero e disse le sue orazioni. Indi s'alzò, con la fronte più serena, col cuore più libero; solo l'incarnato vivissimo delle sue guancie non s'era mutato.

Udì, poco stante, l'avvicinarsi di un passo per lo stesso sentiero da lei seguito; in atto di chi aspetti qualcuno e s'accorga che s'avvicini, anche prima di vederlo, ella si mosse. E un giovine sui vent'anni, d'aspetto franco e onesto, con la berretta e il gabbano alla montanara, le venne incontro. Appena l'ebbe veduta, chiamandola per nome:

«Nunziata,» disse il giovane «siete voi? Oh quanto tempo!...».

«State bene, Vito?... Oh! se lo sapeste tutto quello che ho passato, da che non ci siamo veduti!...».

«Son quasi cinque mesi, Nunziata; l'ultima volta che venni giù ad Intra: fu il Natale passato quando ci siamo incontrati sulla via di Torbaso, che andavate alla fabbrica...».

«Oh sì, buon Vito, me ne ricordo... E io vi ho sempre voluto bene, vedete!... Non siamo parenti noi? La mia mamma e la vostra non sono sorelle?... Beati voi, che ve ne state ancora in pace, lassù, nel vostro Cossogno!... Ma via, non pensiamo a questo, adesso, no! Ho a dirvi tante cose; ed è stato per potervi parlare un poco in libertà, che ieri sul tardi, quando v'incontrai nel mercato, vi ho detto di venir oggi quassù ad aspettarmi. E voi siete stato di parola, perché siete buono...».

«No, Nunziata; non dite così, ché se sapeste quel che provo dentro nel cuore, solamente a sentirvi parlare come fate... Oh! perché siete andata via da Cossogno? E proprio, non ci tornerete più?».

«Lo sa il Signore. Vo' innanzi un dì coll'altro, e spero ben poco. Può stare, ma vuol esser difficile che io possa fare altra vita: andrà poco, e saran compiti due anni da che sono legata dì e notte al mio telaio... Sento che non è la mia sorte; ma, lo vedo, io le morirò dietro».

«Perché queste malinconie? non vi conosco più, Nunziata. Ma, dite; se io potessi far qualche cosa per voi...».

«Io non so. Vi ho voluto parlare, ché da un gran pezzo io non sapeva più nulla di quei di Cossogno... né di voi, Vito! E voglio anche dirvi che vi ricordiate di salutare la vostra mamma, di raccomandarle che preghi la Madonna per me... Perché, vedete, io sono una povera abbandonata; e voi non sapete...».

Nel dir così, la voce della fanciulla si faceva dolorosa, e gli occhi le si gonfiavano di lagrime.

«Voi non siete fortunata, no, lo capisco bene, eppure io credeva che lo foste. E benché molti, là al paese, dicessero che l'andare alle fabbriche è un precipizio, una maledizione per tante poverette, io però ho sempre pensato bene di voi».

«Oh! per me è lo stesso; ma a voi posso dirvi tutto, non è vero, Vito?... Sentite, vi metterò a parte di quello che non ho detto nemmeno alla mia mamma; nemmeno a lei... Vito; mi capite?...».

E così dicendo, giungeva le mani in atto di preghiera, sollevati gli occhi verso il giovine montanaro, con una espressione ineffabile. Al povero garzone batteva forte il cuore: in quel momento, egli avrebbe dato il sangue e la vita per la sua buona cugina.

«Sentite dunque,» ella riprese «mi avete detto che non sono fortunata io: oh! è ben vero... se tutto quello che mi tocca di patire ve lo dicessi!... Pazienza, sentirsi tutti i dì, a poco a poco, venir manco la forza, morire... ma dover ascoltare certe cose che non vi saprei ripetere, far mostra di non capire, e tacere in faccia all'uomo che tiene in mano la mia vita, che mi può da oggi a domani togliere di bocca quel poco pane che mi so guadagnare; e vederlo sempre quell'uomo, a cui voglio male, senz'avere il coraggio di dirglielo; e udire le risate delle mie compagne di fabbrica, a cui non importa nulla... e non poter nemmeno parlare, nemmeno piangere... perché non ho nessuno...».

«Oh Nunziata! cosa mi dite mai?... Chi può essere questo assassino?».

«Che fa mai ch'io ve lo dica?».

«Ma sì che voglio saperlo. Non sono vostro parente io?... E coi vostri, perché non avete mai aperto bocca?».

«La mamma piangerebbe: mio padre, da che sono nella fabbrica, non vuol più pensare a me; e solo ch'io venga a dargli, al sabato d'ogni settimana, la metà del mio guadagno, la è finita; non mi dice più una parola, non mi guarda nemmeno; il Battista non mi vuol bene, non so il perché; e io sono sola, sola...».

«Povera Nunziata!».

«Oh voi avete compassione di me, voi almeno!».

«Ma chi è quel birbone? dite su, dite su...».

«A voi lo dirò, Vito; perché so che mi avete voluto un po' di bene... una volta; e se mai, adesso o poi, aveste a sentire che dicono di me qualche cosa di male, non ci crederete, non è vero?... E anche là, nel paese sarete voi quello che mi difende, non è vero?».

«Vorrei sentirlo io, se appena qualcuno avesse cuore... Ma l'assassino...».

«Quell'uomo cattivo» e queste parole le disse con voce rapida, ma sommessa e intelligibile appena «è il signor Costante, il capo assistente della fabbrica».

«Infame!...» gridò il giovine montanaro, serrando i pugni: ma la Nunziata lo guardava supplichevole, e pentita quasi d'aver parlato.

«Non l'ho mai veduto, no,» seguiva il Vito «ma saprò conoscerlo ben io; e solo che venga l'ora buona, gli farò vedere che son della montagna».

«No, no!» lo interruppe, con crescente ansietà, la fanciulla: «mettete che non vi abbia detto niente; è stata come un'ispirazione del momento, non so nemmen io perché abbia pensato di parlarvi di questa cosa... Ma ecco, è già la mattina; sentite la campana d'Antoliva: addio, Vito! Non vi lasciate vedere, non dite niente a nessuno di quello che sapete...».

Il giovine taceva, ma guardava la Nunziata. Ella si distaccò da lui.

«Nunziata!» diss'egli allora, timido e dubitante. «Voi mi avete parlato come a un fratello... Se mai, qualche giorno, pensaste un poco anche a Vito; se, un dì o l'altro, non vi rincrescesse di tornare sulla vostra montagna... oh! allora, ricordatevi!».

Egli non disse di più.

La giovinetta, chinati a terra gli occhi, non rispose. Vito stette ancora un poco a riguardarla, poi si dilungò per un altro sentiero della costa, senza che la Nunziata si fosse sentita il coraggio di levare un'altra volta lo sguardo sopra di lui.

III.

Da quel dì che l'Inghilterra, co' suoi cento milionarii e co' suoi tredici milioni di poveri, diventò il gran mercato del mondo; da quel dì che la Francia per moltiplicar l'oro, volle emulare la sua antica rivale nella febbre del traffico che la divora, il più fatale e spaventoso de' tiranni pose il suo seggio sopra la terra. Questo tiranno si chiama il monopolio industriale; il quale sollevò in ogni parte d'Europa le più terribili quistioni che abbiano mai travagliato il cammino dell'umanità: esso rinnegò, per così dire, la fede e la religione del passato; tolse alla terra, loro madre e nudrice, i popoli agricoltori e pastori; creò nuove generazioni, divorate l'una dopo l'altra dalle macchine, e pur bisognose di vivere e di lavorare; alla lenta e progressiva vicenda della fecondità naturale, sostituì l'immenso e maraviglioso sforzo dell'arte; pose, in una parola, il più difficile problema che mai siasi offerto a sciogliere ai filosofi, ai legislatori, agli amici degli uomini e della giustizia. Guai, se Italia nostra vuol contendere anch'essa, con esagerate prove, in questa lotta che forse deve decidere il futuro dell'umanità!

Ma intanto io veggo, in mezzo alle pingui e vaste pianure, lungo le rive feconde de' fiumi, fin sotto al piede delle nostre Alpi, vedo i poveri abitatori del contado uscire a torme dalle native case per correre a stiparsi negli opifici; veggo una popolazione nuova succedere all'antica; ma più non trovo la libertà e la floridezza, né lo schietto costume di prima; l'avidità di un lucro, stimato più pronto e più certo, toglie il pensiero della famiglia, della vita; si lavora e si patisce, si maledice e si muore. E dovunque scorra un bel fiume, dove si apra una valle, vedi piantar chiuse alle acque correnti, e scavar canali, e sorgere nuovi edifici a molti piani, per ogni sorta di manifatture; e addensarsi un povero popolo d'innocenti, per cominciare colà una vita più difficile di quella dello schiavo attaccato alla gleba. - O miseria! Quella gran ruota dalle larghe braccia che si volge al correre d'un rivoletto, e per cui s'agita e vive la compagine del vasto edificio, quella gran ruota instancabile, fatale, è come il simbolo del destino che vi mena, o poveri fanciulli! Voi languite, spossati e grami, voi cadete affranti, intisichiti, mietuti innanzi tempo; e la ruota gira, e gira! Altri vengono a limosinare il pane che voi non mangiaste intero; altri vengono a morire; e la ruota gira!

La Nunziata aveva fatto ritorno al suo telaio. In quella vasta fabbrica, ch'era uno dei vanti del paese, e nella quale più di un proprietario aveva già fatta una pingue ricchezza, menava la sua vita oscura e dolorosa la giovinetta: era presso a poco la vita d'altri trecento e più operai, uomini, donne e fanciulli. Nel principio del tristo noviziato, la figliuola della Margherita d'Antoliva era passata man mano dall'uno all'altro dei diversi mestieri che senza posa s'alternano e si succedono in una fabbrica di cotone. Dopo un anno, l'avevano tolta di mezzo alla moltitudine delle piccole operaie della filatura, e messa in una cameraccia terrena; dove, insieme a parecchie altre fanciulle a lei pari d'età, attendeva alla tessitura dei filati. Eranvi otto o dieci telai disposti in ordine, e ciascuna operaia aveva il suo: venivano alla fabbrica col primo chiaror del giorno, innanzi che dalla chiesa suonasse l'Avemaria; uno dei capi-fabbrica o degli assistenti, con burbanza peggio che soldatesca, stava a vigilarle a tutte l'ore del giorno, girando di sopra, di sotto, innanzi e indietro, come il mastino custode del gregge; minacciava di rinviar le tardive, le disattente rimbrottava con acri parole, garriva del pari le grandi e le piccine, per la più leggiera menda che gli occorresse di scoprire; un inciampo non volontario, una breve sosta, eran bastanti a tirare addosso a questa o a quella tessitora l'ira del cerbero trafficante.

Come sospiravano quelle angustiate creature il suono del mezzogiorno, dopo sette lunghe ore d'assiduo lavorìo! Al rintocco dell'orologio della fabbrica, smettevano tutte in un punto, come per incantesimo: e quali, correndo fuor dall'opificio, tornavano a casa, per quell'ora fuggitiva, a trangugiarsi un po' di minestra avanzata nel pentolo della famiglia; quali invece, ed erano la maggior parte, dovevano starsi contente di un tozzo di pan vecchio portato con sé, che divoravano sedute in crocchio nello stanzone o sotto il portico della fabbrica, o sul margine della via. Eppure, in quell'ora scarsa, potevano almeno per un istante dimenticare la durata fatica, e alternar fra di loro parole di memoria e di speranza. Ben poche però eran quelle che ridevano: la giovanile contentezza e l'ingenuo sorriso non apparivano più sulle guancie avvizzite, negli occhi profondi e spenti, nelle alterne confidenze dei loro segreti, nelle semplici canzoni che a vicenda cantavano. E que' rozzi ma poetici ricordi, confidati alle loro cantilene ora allegre ed or meste, erano quasi sempre il conforto e l'inganno della loro lunga e monotona fatica.

Passata quell'ora, il travaglio, al segnale della campana, doveva ricominciare in tutta la fabbrica; ben presto le molteplici industrie fervevano come prima da tutte le parti, come in un immenso alveare; né i lavori cessavano più, fino a che fosse caduta la notte. Così il sole nasceva e tramontava, senza che quelle povere creature ne bevessero il raggio e il saluto; così tante anime vivaci, irrequiete, intristivano, venivan meno senz'accorgersi quasi, senza che nessuno ponesse a loro un pensiero; in piccol giro d'anni un'intera generazione cresceva miseramente e spariva, cacciata dal bisogno, aggiogata dall'abitudine, fiaccata da una continua tortura, avvilita dall'ignoranza, dall'abbandono e dalla miseria.

La Nunziata se ne stava, da parecchie ore, lavorando al suo telaio; ma intanto che le piccole mani di lei facevano scorrere la spola sull'ordito, il suo pensiero ritesseva i due dì passati, e l'incontro col buon Vito di Cossogno, e quel loro colloquio quasi fraterno, ogni loro parola, ogni sua non confessata speranza: essa non dava mente al chiaccherìo delle compagne, alle montanine canzoni che or l'una or l'altra incominciava a cantare, e che quasi sempre finivano a mezzo, interrotte or da una risata, or da un sospiro.

La chiamavano per nome e non rispondeva; sapevano già prima ch'essa ben poco parlava, e però non era la più benvoluta. Vi fu un momento in cui soprastette al lavoro, chinò la testa sull'ozioso telaio, appoggiò alle palme la fronte che le bruciava, dimenticando tutto, fuor di un solo e fisso pensiero.

In quella, tornò a farsi vedere in sull'entrata dello stanzone il signor Costante, uno de' capi fabbrica; uomo sui trentacinque anni, né bello, né brutto; vestito da capo a piedi, dal berretto sino alle uosa, di non so che stoffa a quadrelletti bigi e neri, alla moda inglese. Era colui che, da alcun tempo, aveva messo addosso gli occhi alla bella Nunziata, e che, non potendo riuscire colle paroline a cattivarsene l'attenzione, s'era fitto in capo di vincerne la ritrosia con le male grazie, col non lasciarle mai un momento di pace, col mortificarla in faccia alle compagne, col ripetere le aspre minaccie a ogni più leggier mancamento.

«Gran che!» disse il signor Costante «la sola poltrona, fra tutte quante della fabbrica, è quella là!». E additò con uno schernevole ghigno la povera pensierosa.

Alla prima, non se ne accorse la Nunziata: ma quando colui ripeté con voce iraconda: «A te, dico, a te, smorfiosa!» e le venne appresso, e presala per un braccio, la scosse aspramente, la fanciulla balzò in piedi, e aggrottando le ciglia divincolò con una strappata il braccio ch'egli stringeva ancora; lo guardò in faccia, con uno sguardo così corrucciato e severo, ch'egli mise gli occhi a terra; ma non tacque:

«Te l'ho pur detto tante volte che bisogna finirla con questa tua mala volontà; sei pagata e devi lavorare... Oh! farò il sordo anch'io il sabato sera...».

«Mi lasci dunque stare, signor Costante!».

«Ch'io ti lasci stare? Ma che cosa ti fo io, schifa sottanella che sei? Voglio che tu badi a lavorar come fanno tutte le altre, e non vo' begli umori, capisci? altrimenti...».

«Altrimenti che?».

«Tu ripeti, insolente? Altrimenti, ti caccierò di qui su due piedi, e a ceffate, se occorre...».

La Nunziata s'era di subito rimessa al lavoro, e tesseva, tesseva con una prestezza di mani quasi convulsiva. Alla vile minaccia di quell'uomo, mancandole d'un tratto la lena, uscì a piangere.

Le altre operaie, le quali non s'erano fatte ardite, nel frattempo, nemmanco di volgere gli occhi alla Nunziata, e che tutte, qual più qual meno, detestavano il signor assistente, per la sua ridicola pretensione, non solamente di spacciarsi protettore delle più belle fanciulle, ma ancora di fare all'amore coll'una o coll'altra, come e quando più gli piacesse; appena intesero quelle brutali parole, e videro piangere la compagna, cominciarono a guardarsi tra di loro, a bisbigliare, a battere le spolette sul subbio e sulle traverse del telaio. Onde crebbe la furia del signor Costante, che le squadrò tutte in cagnesco, camminando su e giù, e sputando rabbia; poi: «Finiamola,» ripigliò «qui c'è cattiva erba, la stirperò io! tre delle più impertinenti perderanno una giornata.

E quella là, che non lavora, non so se domani tornerà a passar per questa porta... Gliela farò costar salata... non sono un babbuino io... O via di qua lei, o via io!».

E se ne andò sbuffante, forse più per vergogna di sé, che per ira.

Partito lui, fu un coro di maledizioni, che partì a un punto da tutti i telai. Solo la Nunziata non parlò e tornò a pensare.

«Malann'aggia!» usciva fuori una, la più sfrontata e la più brutta, per dir vero: «fra' l dì, nella fabbrica, fa il porcospino; ma la sera, fuor di qui, fiuta come un segugio dietro a me o a te, e ti conta delle panzane...».

«Brutto ch'egli è! l'altra sera ebbe cuore di venirmi appresso fino a Torbaso» diceva un'altra montanina, fresca e inesperta ancora, l'ultima venuta a' telai della fabbrica.

«E a me dunque, la settimana passata!...» cominciò una terza.

«E a me, lo sapete bene, mi venne in casa; e perché non gli dava mente a lui, il tisicone, volle dare a intendere alla mia mamma...».

«Quanto a te, Dolinda, faresti bene a tacere» diè sulla voce all'ultima che aveva parlato una bionda d'alta statura, che stava al telaio accosto a quello della Nunziata; «se ne sa di belle di te...».

«Non è vero, bugiardona!».

«Oh! vedete? cominciamo adesso a saltarci alla faccia tra noi?».

«È ben vero: un po' di carità ci vuole».

«Non siam tutte compagne?».

«Son forse io che parlo?» ripigliò la Dolinda; «tutti sanno ch'io sono una tosa onesta; l'è quel fior di virtù della Rosa, che vuol fare la dottora».

«Tacete! finitela!».

«Sì, tacete; se no, il can còrso torna indietro...».

Così, tra le due piccole nemiche, s'intromise una paffutella, nativa essa pure di Cossogno, come la Nunziata, e che calata da tre mesi appena dall'alpestre paesello, serbava ancora i vivi colori del tondo visino, fra le spente fisonomie delle compagne.

«Sì, sì, per amor del cielo, ch'e' non s'accorga» la Dolinda riprese, e subito intonò una canzone.

> *Un anel d'oro m'ha dato il mio amore:*
> *O la mia mamma! non pianger così.*
> *E gli ho impromessa la fede del core:*
> *O la mia mamma, gli dirai di sì! -*
> *E lui l'è giovine, e se n'andrà via:*
> *O la mia tosa, più non torna a te!*
> *Una campana sonò l'agonia,*
> *O la mia tosa! ella suona per me.*

Ma non finì la malinconica nenia, perché le altre incominciarono a punzecchiarsi con improperii e sgarbatezze; tanto che la Nunziata, pensando d'essere stata la causa innocente di quel guaio, si fece coraggio di parlare:

«Perdonatemi, vedete: la colpa è tutta mia: è per me che il signor assistente vi perseguita anche voi... Pazienza, lo contenterò quell'uomo cattivo... Andrò via».

E una delle più balde tra le povere oppresse:

«Oh! che non si deve poter farlo stare quel birbante, che non ne lascia più pace un momento?.., che ci fa lavorar quattordici ore di fila; e guai se rubiamo un minuto al tempo, guai se guardiamo fuori dal finestrone?...».

«Io ci ho perduta una settimana... i miei non mi volevano dar da mangiare, e mio fratello m'ha battuta» venne fuori un'altra.

«Io per me, proprio, non posso più farla questa vita» aggiunse la sua vicina.

«Ma è forse colpa di quel cane di assistente?...».

«Se non fosse lui, ce ne sarebbe un altro; e poco su, poco giù...».

«Sì, che gli altri del filatoio sono una dolcezza! Lo so ben io che gli ho provati».

«E bisogna tacere...».

«E lavorare».

«Infine, cosa volete?» seguitava la Dolinda, quella che aveva cantato. «Bisogna mangiarla questa minestra, benché la sia veleno. Quello che sta lassù, un dì o l'altro, ci aiuterà! Povera Nunziata, lascia che ti baci la faccia; tu sei buona, e io t'ho sempre voluto bene».

E corse via dal telaio, per gettar le braccia al collo della sua compagna; poi ricominciò:

E lui l'è giovine, e se n'andrà via:
O la mia tosa, più non torna a te!

IV.

La Nunziata dormiva le brevi sue notti nella catapecchia d'una poverissima donna, in una delle più buie viuzze d'Intra. A quella donna, de' venti soldi del suo salario quotidiano, ne dava otto per la pigione del bugigattolo in cui le aveva nicchiato uno stramazzo, e per la misera cena spartita con lei e con sette figliuoli, una magra zuppa di cavoli, o una mezzina di pane e latte; ovvero una scodella di polenta: de' restanti dodici soldi ne doveva portar dieci al padre; in guisa che per lei non ne avanzavano in fin di settimana più di quattordici. E per riuscire a guadagnarsi due soldi al giorno, la poverina dava il suo respiro, la sua vita. Era forse lei sola?...

Ben può intendere chi abbia cuore ciò che passasse nell'anima della Nunziata, quando, lasciata la fabbrica dopo quelle scene di disgusto, di tedio, di avvilimento, dopo quel consueto avvicendarsi d'inquietudini, d'indifferenze e di disperazione, veniva al tugurio, per cibarsi d'un pane comprato coll'avvilimento di tutti i giorni e cogli anni più belli della sua vita; e poi, seduta a terra sull'angolo del pagliariccio, non aveva altra consolazione che pensare, piangere e pregare.

Intanto, vicino a lei, nell'altra stanza, una madre vedova stentava a far finire il pianto de' suoi più piccoli figliuoletti e lo strillar de' grandicelli. Oh son tante e così diverse le miserie degli uomini, l'una accanto all'altra, l'una più dell'altra dolorosa; ma tutte sotto agli occhi di Dio!

Nel tempo che là si pativa, in un crocchietto del piccolo caffè d'Intra, dove alcuni centellavano il caffè nero, qualch'altro leggicchiava uno de' due giornali del dì passato, e altri poi, con una corona di fedeli spettatori, (sempre quelli) giuocavano, in filosofica serietà, a' tressetti. Il signor Costante sputava sentenze intorno alla politica e alle finanze, intorno alla pace e alla guerra; ne diceva d'ogni conio, sopra qualunque cosa gli trottasse per il piccolo cervello che abitava sotto il suo berretto all'inglese; ma singolarmente si piaceva di fare lo spiritoso, raccontando avventure amorose, motti maligni, e scimmiottando il far forestiero, da lui imparato nel viaggiare con qualche commesso di banco, venuto di Londra o di Parigi. Ma bisogna dire che veramente non fosse nato per farsi voler bene da nessuno; poiché, al par delle fanciulle della fabbrica, cordialmente lo detestavano anche i frequentatori del caffè d'Intra.

Era il giorno appresso a quello in cui lo vedemmo malmenare con bestiale durezza la giovine Nunziata: egli stimava, lo scempio egoista, che quelle povere infelici, delle quali faceva sì buon mercato, non avessero nemmeno la virtù di ricordarsi del bene o del male che loro venisse fatto; credeva che le sue minaccie dovessero umiliar la fanciulla, farla diventare un agnellino; tenendosi più certo di vederla, un dì o l'altro, domandar grazia, fare il piacer suo.

In quella mattina, a bello studio, non era comparso nello stanzone terreno delle tessitore; accontentandosi d'andare a tormentare colla sua presenza, di piano in piano, le giovani filatrici: era poi passato nello studio, e, trovatovi il padrone della fabbrica in segreta confabulazione col capo-direttore, s'era fatto un bel merito in faccia a loro, vantando il rigore, la disciplina, la fermezza adoperata, e i risparmi sulle paghe, in quella parte delle manifatture che dipendeva dalla sua particolare sorveglianza. Il proprietario, uomo ricco di qualche milione, l'aveva ringraziato con un bel sorriso, e congedandolo gli aveva battuto su una spalla e detto:

«Questo nostro signor Costante è il fior degli assistenti; non fo per dire, ma non c'è fabbrica che io conosca, la quale vanti un impiegato più bravo; si direbbe che sia stato degli anni in Inghilterra».

Pensate se ne uscisse lieto il signor Costante; il quale, da meschino assistente d'un filatoio di trenta fornelli, s'era elevato al posto che occupava allora, con due mila lire d'*onorario*, com'egli diceva: e il dolce gustato nelle parole del principale in quella mattina gli pareva annunziare una cedola d'altre cinquecento lire all'anno.

Contentissimo dunque di sé, aveva desinato con forte appetito al *Vitello d'Oro*; poi, venuto alla bottega del Caffè, vi domandava, in modo che tutti il sentissero, una tazza, e fatto apposta per lui: dopo il caffè, sorsato un buon *punch*, acceso un sigaro, e detti quattro spropositi sugli avvenimenti del mondo politico, s'era incamminato per far la sua digestione verso la fabbrica, intorno l'ora che ne uscivano, a sciame a sciame, le operaie.

Esse cantavano, le buone fanciulle, contente d'uscire dalla loro prigione di tutti i giorni; quali correndosi dietro vispamente, quali camminando in fila chete chete, quali a braccetto nel mezzo della via, mettendo gridori d'allegria, e sghignazzando alla buona, e chiamandosi a nome.

Era uno strano contrasto la miseria de' panni che vestivano, il pallor de' visi improntati quasi tutti dall'inedia e dallo stento, con quella inquieta necessità di tripudio e di spasso, che faceva parer gioia e libertà ciò che non era che il palpito della vita e il bisogno della libertà.

Il signor Costante, che, camminando verso la fabbrica, veniva loro incontro, attossicava col suo far insolente, con ischerzi audacemente dispensati a dritta e a manca, la poca contentezza sentita in quel momento dalle fanciulle; tutte lo salutavano composte e vergognose; i canti finivano, per ricominciare passato ch'egli fosse; altre si nascondevano dietro le vicine, per non lasciarsi scorgere; altre, salutando con un chinar del capo o con un mezzo sorriso, gli borbottavan dietro un'imprecazione.

Le tessitore uscirono le ultime; cosicché il signor Costante aveva traversata quasi tutta quella popolazione di operaie, quando s'abbatté nelle ultime schiere, tra le quali, sbirciando, non vide la Nunziata. Le fanciulle si contraccambiavano saluti, pigliando, a ogni svolger di via, sentiero diverso; a ogni crocicchio fermavansi un poco, per finire di confidarsi i loro pensieri; mano mano quelle bande giovanili si diradavano; e la strada, fuori dell'abitato, tornava deserta.

A breve tratto dalla fabbrica, il signor Costante si trovò a fronte delle due giovani compagne che lungo il cammino aveva inutilmente cercato collo sguardo: erano appunto la Nunziata e la Dolinda, le ultime forse a distaccarsi quella sera dal telaio; le quali, senza addarsi di lui che veniva, parlavano fra loro con certa segretezza e mistero, tenendosi strette per mano. Egli avrebbe bramato meglio d'incontrar sola o l'una o l'altra; ma non volle perdere l'occasione, e francamente allacciandosi a tutte due:

«Proprio voi altre,» disse «abbiamo ad accomodar de' conti fra noi; e ho gusto di trovarvi insieme».

Le due fanciulle si guardarono attonite; poi guardarono lui.

Il signor Costante, trasportato un pochino dai fumi del *punch*, voleva far il piacevolone.

«Voi mi mettete sottosopra tutta la fabbrica, voi altre due» ripigliò: «chi vi dice mo di essere così belline?...».

Ma, vedendo che il suo complimento non faceva buon effetto, di subito aggiunse:

«E di far così le smorfiose?».

La Nunziata, da qualche tempo, quali si fossero la lusinga o il malvezzo del tristo uomo, teneva il partito di non rispondere; ma la Dolinda, la più franca e più pronta delle due, gli rise in faccia, e dettogli: «Oh! non ho il buon tempo di dar ascolto alle sue baggianate, io; ho fame che non ci vedo, e la nonna m'aspetta!» gli voltò le spalle, e si mise per un viottolo di traverso, che saliva ad un paesello della costiera. Il signor assistente, che in altro momento non l'avrebbe lasciata ire senza scoccarle un bacio, in quella sera non la vide dilungarsi a malincuore.

La Nunziata, staccatasi appena la sua compagna, si mosse anch'ella per seguir la via verso il paese, quando il signor Costante le si pose dinanzi, e:

«Non andar via tu,» le disse «ché ho da dirti qualche cosa in particolare; ed è un bel pezzo, ma tu mi scappi sempre; me l'hai giurata, come se ti volessi male; e in vece...».

«Io non so nulla, io».

E fece ancora per andarsene; ma l'altro la trattenne, con

dispetto:

«Oh! stiamo a vedere ch'io non possa mai farmi obbedire da te! Bada, ch'io non monti in furia, ve'; ricordati d'ieri, e io son uno...».

«Mi lasci andare; io non le ho fatto niente».

E si tolse da lui così risoluta, che l'insidiatore non seppe come trattenerla; ma, avendo in mente di pigliarla colle buone, non isdegnò di accompagnarsele, e di rifar con essa la via per la quale era venuto.

La giovine operaia camminava, quanto più poteva, spedita; però il signor Costante che, tra il chiaro e l'oscuro, non si vergognava di andare a paro con una stracciata, raddoppiò i passi; e, standole ai fianchi, si studiava di rabbonirla, di darle a intendere cento bugie, di adescarla con moine e promesse. Ma il dolore che la povera fanciulla nutriva nell'anima, e poi un pensiero nascosto fra gli altri, il pensiero del buon Vito che le aveva dette le prime amorevoli parole da lei ascoltate, la sostenevano contro le suggestioni dell'uomo che voleva tirarla a perdizione, come già con qualche altra aveva fatto. Non di manco non seppe sbrigarsi da lui; e, quantunque fingesse di non dargli mente, ei volle per forza tenerle compagnia per tutto il cammino, e più di una volta serrarsele appresso, stringerle un braccio, o cingerle ardito la persona. Ma essa, a quegli insulti, usciva a gridare; talché all'indegno, per timore, convenne starsene cheto. Quando poi la Nunziata giunse alla porta del tugurio ove abitava, egli l'afferrò di nuovo per le mani, per dirle all'orecchio, serrando i denti:

«Pensaci bene! ci va del tuo pane per la vita».

Come la fanciulla vedesse passar quella notte, e come tornasse all'alba vegnente al suo martirio, lo si può sentire, non dirlo. Ma, sebbene paventasse di veder comparire ogni momento quell'abborrito, in tutto il dì e' non venne a far la consueta sua ronda. Pure, se non si lasciò vedere in quella parte della fabbrica, aveva il suo perché: egli se ne stava di fuora mulinando pazze cose, e improméttendo a sé medesimo di volerla presto finita: se non che faceva, come suol dirsi, la ragion senza l'oste.

Verso il tramontar del sole, mentr'egli passeggiava dinanzi

al portone della fabbrica, come il tacchino sull'aia quando fa la rota e gurguglia, gli venne veduto a poca distanza un cotale, ch'e' non conosceva, e pareva guardasse lui, con non so quale significazione e curiosità. Benché il signor Costante, cuor di sparviero con le belle fanciulle, diventasse cuor di coniglio al tu per tu con quei del proprio sesso, la strana guisa con che il villano gli teneva addosso gli occhi, e il vederlo piantato lì, a pochi passi lontano, appoggiato a un troncone d'albero, colle braccia incrocicchiate al petto, colla rossa berretta di lana a sghembo sur un orecchio, e col giuppone da montanaro, alla sbadata, cadente da una spalla, e più ancora l'udirlo zufolar fra i denti, tentennare il capo sghignando, e picchiar d'un piede il terreno, gli dicevano chiaro che quell'uomo l'aveva con lui. Ma non sapeva argomentare né il come né il perché.

Era il Vito che, dopo il colloquio con la Nunziata, tornato alla montagna tra lieto e pensoso, non aveva potuto veder colassù tramontar l'altro sole; e di buon passo era calato di nuovo verso ad Intra, ove giunse prima di sera; alla lontana, e seguendo la traccia della fanciulla che tornava dalla fabbrica, aveva notato il signor Costante che le veniva alle calcagna. Indovinato abbastanza di ciò che gli stava in cuor di sapere, gli bisognò adoperare non poca forza sopra di sé, per frenar le pugna in quella sera. Ma il dì appresso, svagandosi nel contorno della fabbrica, senza però lasciarsi scorgere dalla Nunziata, che non voleva gli proibisse di stare a difenderla, tenne d'occhio «quell'assistente del demonio», com'egli lo aveva battezzato; e, prima ch'ei tornasse a cantar favole alla poveretta, volle cantargliene lui stesso. Il momento era venuto.

«Ehi, galantuomo,» disse alla fine impazientito il signor Costante «aspettate qualcosa qua fuori?».

«Che galantuomo?» lo rimbeccò subito l'ardito montanaro. «Loro signori credono di farci un onore col dirci: Ehi, galantuomo! con quell'aria che ci direbbero: Ehi, straccione!... Ma io non la piglio così: son galantuomo, e più di lei!».

«Ohe! siete matto, o siete in cimberli, amico...».

«Amico? Non le son amico, io!».

«Eh! sono matto io in tal caso, che perdo il mio tempo con

voi...».

«Il suo tempo eh! Lei non lo perde il suo tempo, e se tratta me d'alto in basso, non fa già lo stesso con le belle tose della fabbrica...».

Questa franca risposta spiegò l'enigma al malcapitato assistente; capì che il rabbioso montanaro doveva essere qualche amante della Dolinda o della Nunziata; e pensando che quello non era pane pe' suoi denti, stimò di tagliar corto, e cavarsela. Ma l'altro non gliene diè tempo, e venutogli in faccia, e messigli a dirittura i pugni sul muso:

«Vedi,» disse «io sono un povero diavolo, ma un galantuomo; tu sei un tocco di furfante; ma io le so le tue baronate, e guai a te!».

«Vaccaro maledetto!» cominciò a dir l'assistente; ma quando vide l'altro che dalle minacce venne a' fatti, e si sentì afferrare da quelle manacce di ferro, e dar certi crolli che gli facevano ballar le cervella e il cuore; quando colui, per dargli una buona lezione, prese a dire con flemma: «Per tua regola, sappi che io sono il Vito di Cossogno, e che se ti batte la luna di dir delle storie alla Nunziata, ch'è figliuola della sorella di mia mamma, o di accompagnarla a casa la sera, avrai a spartir qualcosa con me, col Vito di Cossogno, sai?...» allora cominciò a urlare, a barcollar sulle gambe, a gridare «Aiuto! aiuto!».

Nessuno capitava. Il vile, punto dalla vergogna, sentendosi ribollir dentro per un istante la collera, s'avventò con furia incontro al giovine montanaro, che lo aspettava a piè fermo. Veduto allora che colui voleva giuocar di buono, e non gli bastava di andarne avvisato, Vito l'abbrancò di nuovo, e con una forte strappata sel gettò di fianco: l'altro andò rotoloni per la via; e mala fortuna volle che, giunto sull'orlo d'un rigagnolo, alla svolta verso la fabbrica, vi cadesse netto. Quando il Vito, inteso il tonfo, scorse che il rigagnolo non era fondo, e che il signor assistente non correva altro pericolo che di una infreddatura, vel lasciò a diguazzare a sua posta; e s'aiutasse da sé a venir fuori. Egli, presa la via della montagna, si discostò zufolando.

In quella, tutti gli operai della fabbrica, uomini e donne, uscivano a frotte.

Alcuni de' sorveglianti corsero a tirar fuori il disgraziato assistente: le fanciulle non potevano tener le risa, vedendolo sgocciolare d'ogni parte, come una fontana: passarono anche la Nunziata e la Dolinda; ma egli, non che mettersi dietro a loro, finse di non vederle, e bestemmiando e masticando fiele, entrò nella fabbrica. Nel passar la soglia, alzò gli occhi, e scoperse di lontano il Vito sur una ripa, il quale si voltò verso di lui e gli fece una sberrettata; poi, zufolando sempre, si perdé entro le fratte dell'altura.

V.

Intra non è mai così allegra, così bella come nel giorno del mercato, che vi si fa il giovedì d'ogni settimana. Sotto a quel bel cielo, in mezzo a una vasta cerchia di monti e d'acque, sull'amena riva che si distende fino all'incantato seno delle Isole Borromee, ti s'apre dinanzi una scena variatissima, pittoresca, tutta italiana. Sulla piazza e sulla riviera si levano tende, trabacche, botteguccie all'aperto; a ogni passo riversate le ricchezze di ogni specie che Natura moltiplica sopra le sponde del Verbano: sacchi di granaglie rimboccati e posti a capannelle, forme di cacio ammucchiate sul terreno, o accatastate ne' barili; botteghe improvvisate di ferravecchi, di pannaiuoli, di rivenduglioli; tavolati ingombri di stoviglie, di pentole, di rozzi arnesi d'ogni maniera; e poi tutta la vivente abbondanza del bestiame; e poi la fresca famiglia delle verzure, de' legumi, de' frutti della campagna. È un viavai di gente diversa, uomini del paese e del contado, da quasi tutte le terre del lago, o dalle montagne d'intorno; allegri e saldi vecchiotti, che dall'altro secolo frequentavano già il mercato; rubizze montanine dalle brevi sottane orlate di rosso, dalle belle braccia e dal colmo seno; carbonai tutti neri, come sbucati allor allora di sotterra; povere donnicciuole che scendono dal monte, col cestello delle poche uova o del pan di butirro, frutto dell'unica vaccherella, e coperto d'un pannolino bagnato; e pescatori e alpigiani e navalestri. Il piccolo porto, la riva, il molo, sono stipati di barche e barchette, e ne vedi tentennar gli alberi e sbattere le vele e i cordaggi: pure, a non poche miglia, spesseggia il lago di altre vele, che si drizzano tutte a quella parte. Odi suonar sulla piazza e per la riva i diversi accenti dei dialetti del piano e del monte, poiché v'accorrono, oltre i valligiani e i montagnoli del contorno, anche quelli dell'opposta riviera lombarda e del confine degli Svizzeri nostri. E non sono poche le compere e vendite e i traffici che del continuo vi si fanno; cosicché, in breve, quel mercato vincerà di lunga mano i più antichi e fiorenti del lago.

Era il giovedì; né da un pezzo s'era visto un mercato così frequente di popolo e pieno d'ogni ben di Dio. Nel salotto dell'albergo, al Caffè sotto il portico della piazza, fra un contratto e l'altro, fra le mezzine e le ciarle inutili, corse in quella mattina anche il racconto dell'avventura capitata al signor Costante; ché quasi tutti lo conoscevano: chi la disse a un modo, chi all'altro; ma, come avviene anche nelle cose importanti, di bocca in bocca la storiella passò travisata, esagerata, né fu certo un trionfo per quel poveraccio dell'assistente. Il quale, quanto a lui, dopo un giorno di febbriciattola buscata nel pantano, non s'era arrischiato ancora a mettere il capo fuor dell'uscio.

Vito si lasciò vedere sul mercato, ma non disse nulla; né ci fu chi di lui si occupasse; ché nessuno sapeva di certo chi potesse essere il mariuolo che aveva fatto quel tiro: ma il signor Costante, il quale di consueto faceva il gallo di monna-checca su per il mercato, non lo pigliarono in fallo. Sul mezzodì, Vito cercò della Nunziata; ché gli pareva d'aver tante cose a dirle: ma invano stette ad aspettarla alla porta della vedova: essa invece, dal canto suo, temeva d'incontrarlo. Ben egli vide tra la folla il Giovannandrea, venuto dal Mulino del Buco, per far compera di qualche sacco di grano; ma non ebbe fronte d'andargli a dir parola.

Sulla sera, il Giovannandrea, col suo giumento dalle corbe piene, calava per lo stretto sentiero del vallone; e, contro il solito, dava d'un bastone nocchiuto sulle reni della povera bestia, e parlava intanto con sé, sbuffando e bestemmiando.

Quand'ebbe veduto il fumo del casolare, diè una voce al Battista, ch'era nel mulino d'abbasso. E il figliuolo corse su, per aiutarlo a torre la sôma alla bestia; mentre la Margherita, con due de' fanciulli attaccati alla gonna, compariva sul limitare della cascina.

«Malann'aggia chi m'ha fatto una figliola, e chi m'ha dato a sperare di averne qualcosa di bene! Già lo sapevo che la sarebbe stata la mia dannazione!».

«Giovannandrea, cos'avete? c'è del male?... per amor del cielo, dite su» gridò la Margherita spaventata.

«Tacete là, che n'avete colpa anche voi. Ne ho piena la testa: oh! ce n'è di belle... ma ci troverò il rimedio... ce lo troverò io!».

«L'è certo quella grama della Nunziata...» cominciò la sua solfa anche il Battista.

«Per carità,» ripigliò la vecchia «non mi fate penare».

Il mugnaio, framezzando le parole di certe troppo gagliarde esclamazioni, mentre finiva di scaricar l'asino, di torgli il basto e la cavezza perché n'andasse per la costa a cercarsi qualche fil d'erba, cominciò a dire come la sua figliuola fosse stata quel giorno la favola del mercato; come da quanti incontrava gli fossero intronati gli orecchi con tali novelle sul conto della trista, che, se lui l'avesse avuta sotto mano allora, ne avrebbe fatto Dio sa che cosa; e cominciò che la baggiana s'era lasciata infinocchiar da questo e da quello; tanto che, per causa di lei e d'un suo amoroso, un signore di quei della fabbrica per poco non era annegato nel fiume; che, insomma, si trattava di cose grosse, e che poteva, per certissimo, mischiarsene il signor giudice e il tribunale.

«E se non fosse stato,» finì «che aveva la bestia carica in mezzo al mercato, e che Bernardo di Premenno me ne pagò un boccal da dieci, correva ben io alla fabbrica a pigliarla per le orecchie quella madonna falsa, e le davo il suo merito... Strega matta, e disperazione de' suoi!».

«Oh sant'Iddio! cosa sento!... Ma è vero? ma è mo possibile che quella tosa?...».

«Sì, tirate via colle vostre antifone; voi che l'avete guasta! Oh! ch'ella faccia di non venirmi tra piedi, che io me la stritolo sotto la mola, se capita».

«Ma non parlate così, Giovannandrea; infine, la è vostra: e poi non andate così in furia, non sarà tutto vero... non può essere...».

«Che vero o non vero! Lo vedrete voi se la saprò far io la giustizia... a quella bella gioia, a quella cavezzuola!».

Intanto era entrato in casa: messosi a cavalcioni della panca, attizzava il fuoco, e Battista gli era venuto appresso. Questi, mentre il padre raccontava per filo, a modo suo, tutte le tristizie dette sul conto della Nunziata, non aperse bocca; ché non aveva mai imparato, il sapete, ad amar la sorella. Ma sui vent'anni, e caldo il sangue, pensando che c'eran dei musi i quali cercavano di tirar per la mala via la Nunziata, si sentiva come bulicare non so che di nuovo e strano nel cervello, e prurir l'ugne. Quantunque non si fosse ancora sognato di prendersi un fastidio al mondo per sua sorella, pure il pensiero che qualcuno volesse far di quella creatura tutto quanto gli girasse in mente, lo arrabbiava, e quasi gli metteva in cuore un poco di compassione per la disgraziata.

Se, in quel momento, alla Nunziata fossero giunte all'orecchio le maledizioni di suo padre; se, intanto che ella, lavorando e lagrimando silenziosa, non osava neppure sollevar gli occhi dal telaio in fronte alle compagne, avesse potuto pensare come, in casa sua, a lei sola fosse data la colpa di tutto, come la stessa sua madre la piangeva perduta per sempre, oh! certo avrebbe domandato al Signore, quasi una grazia, di toglierla presto dai suoi dolori, di farla morire.

Il signor Costante, nel frattempo, rinvenuto dallo stordimento della brutta lezione avuta, e sgranchito appena, ruminava dì e notte come potesse trovar modo di far le sue vendette, presto, e alla sicura. Sulle prime, voleva correre dal sindaco, dal giudice, dai ministri, se facesse di bisogno, per avere una soddisfazione, per dare un esempio; ma, per quanto fosse di corta intellettiva, il suo cervel d'oca gli diceva il ridicolo che gli avrebbe procacciato il far chiasso di quella briga, il grosso torto che ci aveva, le difficoltà d'uscir degli impicci che la cosa poteva tirar con sé. Vedeva poi come ben piccola sarebbe stata la vendetta al suo desiderio, e come non siamo più al tempo in cui chi veste panni fini e porta la cravatta saldata abbia a mettere in sacco il poveraccio che va scinto il camicione e colla giubba in ispalla. Non di meno, gl'incresceva d'ingollarla tacendo quella asciutta minaccia del giovinotto montanaro, che gli suonava tuttora all'orecchio; e insieme si figurava che colui era tal uomo da rincarar l'avviso.

Ond'è che, legandosela per allora al dito, aspettò a ricattarsi di quel brutto tiro fattogli; e gli parve facile e pronto il gastigare intanto la povera tessitura, prima, anzi sola cagione dello sgraziato accidente. Cacciarla dalla fabbrica come un'operaia disutile, insolente sarebbe stata cosa subito fatta: ma non gli bastava: voleva farla capitar male, vederla piangere di vergogna, udirla domandar compassione, perderla per sempre. Era la vendetta dell'uomo vile che schiaccia il debole, perché sente di non poter né vincerla, né pattarla col forte.

Il vile, se già nol sa per natura, presto diventa anche impostore. Il signor Costante adoperò tutta la malignità che la paura gli aguzzava, per riuscire nel triste intento, senza che altri ne sospettasse. Come poteva l'umile operaia far conoscere a tutti la sua virtù, la sua povera innocenza?

Ella aveva già veduto giorni dolorosi; ma i più dolorosi vennero allora. Le compagne tessitore, e le altre fanciulle che prima le mostravano amore, le parlavano, facevano la strada insieme, cominciarono a guardarla di traverso, a sussurrar tra loro quand'ella veniva, a lasciarla sola; due o tre appena, le quali andavano da un pezzo notate tra le più triste della fabbrica, perch'erano di quelle che d'amorosi n'aveano avuti dietro parecchi, presero a venirle intorno, come per tirarla nella loro compagnia: era questa per lei la più angosciosa umiliazione che mai avesse provato.

Una mattina, all'alba, andò nella chiesetta della Madonna; e dopo pregato e pianto, s'avvicinò timidamente al confessionale. Ma anche il ministro dell'altare, a cui forse erano venute all'orecchio le dicerie seminate dalla cattiveria su quella infelice, non volle dar fede alle sue ingenue confidenze, all'effusione della sua anima piena di dolore; egli la rimandò dal sacro tribunale, per la prima volta in sua vita, senza la benedizione del perdono. Eppure quel prete era veramente un uomo del Signore; e dentro di sé si accorava, compassionava il destino della povera creatura; udendola singhiozzare e non trovar parole, credé che la vergogna la facesse muta, e non seppe versare in un cuore ferito quel solo balsamo che può medicarlo, la dolcezza del Signore.

Tornata al telaio, ella non sapeva più nemmeno che cosa pensasse, che cosa facesse; un'oppressura al petto, un'ansia non mai patita prima d'allora, le faceva più duro e penoso il lavorare; sentiva il capo greve, le mani irrigidite, e un'assidua puntura sotto al cuore. Non osava guardare in faccia le altre fanciulle, non potendo sostenere le loro risa sguaiate, le loro canzoni, che prima un poco la consolavano; temeva perfino di tornar colla memoria a quel dì non lontano, in cui aveva aperto il suo segreto a Vito, in cui aveva pensato e creduto ch'egli le volesse un po' di bene.

Dopo quel dì, Vito non l'aveva riveduto più; ma dal primo momento che seppe come fosse stato lui che, senza dir nulla, era comparso a difenderla dall'insidia di quell'uomo cattivo, comprese ella stessa ciò che il suo cuore non le aveva ancora confessato.

In mezzo a questo, la tirannia del lavoro che la stremava, non che scemare per l'assenza del signor Costante, s'era fatta più crudele: un altro sorvegliante ruvido, intrattabile, veniva ogni momento a rimbrottar le operaie della tessitura, e, più di tutte le altre, la Nunziata. Il lavoro senza tregua, l'aria morta del luogo, l'incessante tormento di una sorveglianza brutale, la solitudine del cuore, e più di tutto la fatale disposizione a quel male muto, inesorabile, che miete tante vittime nelle famiglie del popolo, prostravano di dì in dì, d'ora in ora, la sventurata fanciulla.

Alla sera ella tornava al suo nascondiglio, sentendosi correre per le vene il ribrezzo della febbre; nessuno le domandava ciò che avesse, nessuno le diceva una parola d'amore; ormai non si sentiva più nemmeno la forza di trangugiare quel poco che la vedova le ammanniva per la cena, e quasi sempre ne faceva parte ai figliuoli.

Ma anche questi, da lei molto amati, perché le facevano ricordare il più piccolo de' suoi fratelli, il solo della famiglia che le tendesse le braccia ogni volta che tornava a casa; anche questi la guardavano come una straniera, guaivano dov'ella si chinasse per baciarli, o volesse prenderli in grembo, e sgambettando le sgusciavano di braccio. Al sabato mattina, non poté né manco levarsi dal suo covacciolo, dove gemeva in silenzio: si sentiva come rotte le ossa dalla fiacchezza, e tremava di freddo, benché fosse il più bel mese dell'anno, e il sole mandasse un sottile e allegro raggio fin nell'umido bugigattolo dove ella stava. Per molte ore la vedova non s'era pure accorta ch'ella non avesse abbandonato il lettuccio; la credé fin dal mattino al suo telaio. E la Nunziata, quantunque agitata dalla febbre, non ebbe l'animo di farsi sentire, né di domandarla per tutta la mattina; e strascinatasi da sola giù dal pagliariccío, si mise addosso tutti que' pochi panni che aveva, per riscaldarsi.

Quando poi il sole volse al tramonto, avendo, forse a caso, un dei fanciulli urtato nell'uscio e messo dentro il capo, essa il chiamò per nome, ma sottovoce.

La vedova, che aveva buon cuore, appena il figliuoletto tornò a dirle che la Nunziata faceva ancora la nanna, accorse subito al suo letto: e fu allora che la fanciulla di altro non la pregò che di guardar se alcuno d'Antoliva fosse, per avventura, giù sulla riva o presso al molo, e di domandargli che facesse sapere alla sua mamma com'ella era ammalata, né poteva tornare per la sera di quel sabato a casa.

Andò volontieri la vedova, ma non trovò a cui dare l'incumbenza della Nunziata. Nel tornare, s'imbatté in uno da lei non conosciuto, ma che le domandò con premura dove fosse la Nunziata d'Antoliva.

Era Vito, il quale, non potendo star lontano da Intra, e aspettata invano la fanciulla presso la fabbrica, immaginò subito alcun che di male, e si fece animo a domandarne la vedova, di cui conosceva la casuccia.

«È malata la poveretta» rispose quella.

«Cosa dite?...». E divenne smorto, né poté seguitare.

«Ha la febbre addosso, piange e non vuol parlare; lo sa il Signore il perché! Mi fa una compassione da non dire».

«O cielo santo, ma è proprio vero? Oh la potessi vedere, o far qualche cosa per lei!».

Ma, giunto all'uscio della vedova, gli mancò ad un tratto il cuore d'entrarvi; e s'accomiatò, dicendo che l'incarico di andare al Mulino del Buco per avvisare la mamma della Nunziata se lo pigliava lui.

VI.

«O, del Mulino!».

«Oh! ohe! chi domanda?» rispose una voce di sotto a quella che veniva dall'alto.

«C'è il messere?».

«Chi lo cerca?...». E Battista uscì sulla porta del mulino.

«Son io, il Vito di Cossogno».

«Che novità? Se avete a parlare col messere, non tornerà prima di notte; è andato giù a Ronco...».

«L'aspetterò. E la zia Margherita?».

E Battista gli venne incontro su per quel pietroso sentiero; e fattisi vicini:

«Ditemi un po',» chiese Battista a bassa voce «l'è vero che qualche dì fa, sulla bass'ora, voi Vito avete abburattato bene un tale, per conto della Nunziata?».

«Mettete che sia».

«E venite quassù fresco e franco, come niente fosse? Ma non sapete che mio padre è in bestia contro di voi? e crede che siate stato voi a metter su la Nunziata, a inzigarla?...».

«Fu quel maledetto assistente, che, inzigato dal diavolo, voleva tirarla a male, e forse se non c'ero io con questa faccia e con questa mano, e se la Nunziata non fosse un angiolo del Signore...».

«Oh! in quanto a lei, è una scempia, proprio il nostro dolor di capo; ma per quel fior di gaglioffo, andate là che faceste bene; avrei fatto anch'io lo stesso. Mi fa rabbia che uno, perché si veste da signore, si figuri di poter infinocchiare, come gli frulla, le nostre donne, le nostre sorelle... Di queste pillole, anche a me non se ne fanno digerire, no perdio! e l'inverno passato l'ho insegnata io a uno che si pensava di fare il bello colla Martina di Selva».

«Ma che cosa dite su? che vostro padre mi creda capace di far così il birbone?... io, che non ho avuto cuore di toccare nemmen la punta di un dito alla Nunziata!... Oh gli parlerò io; mi sentirà, e vedrà se non sono un buon figliuolo!».

«Per me, vi credo Vito, vi credo; e se volete andremo a

berne insieme una mezzetta; ma col reggitore sappiate fare, ch'egli è nero con voi, vedete!».

Entrarono nella casuccia. Come rimanesse turbata, angosciata la Margherita alla vista del giovine montanaro, e all'intendere da lui che la sua povera figliuola era laggiù ad Intra ammalata, e, si può dire, in man di nessuno, ve lo potete immaginare. Dimenticò in un momento tutti i pensieri di cruccio, di rancore che gli avevano dato travaglio per la Nunziata in quel dì; e l'affetto materno la riconciliò a un tratto con quella sua cara.

Al solo guardare in viso il buon Vito di Cossogno, ch'ella da un pezzo non aveva veduto, e che le ricordava i suoi del paese, la povera donna capì che quel giovine era stato mandato dalla Provvidenza per salvare la sua Nunziata; e, senza nulla dire, pigliandolo per mano e sollevando gli occhi al cielo, con quel suo sguardo lo benedisse.

Giovannandrea, appunto allora, metteva il capo dentro l'uscio; ma allo scorgere quel giovine, che non si ricordava aver mai incontrato dapprima, si fermò di botto e interrogò con un'occhiata Battista.

«È il Vito di Cossogno» gli disse questi, di subito; ma s'accorse, a un gesto del padre, come non fosse per lui, e lo temeva, il ben capitato.

E in fatto, il vecchio mugnaio, appena inteso quel nome, venne innanzi con ciera stralunata; e intascate le mani nelle brache, lo squadrò d'alto in basso.

«E cosa venite a far qui voi, adesso?... Non sapete che, per cagion vostra, sul mercato, si parla del Giovannandrea di Antoliva come d'un povero barlacchio, a cui è peccato non farne di ogni stampo?... E quella badalona della Nunziata non ha avuto faccia di tornare a casa di suo padre, eh?».

Nel dir queste ultime parole, sguardò con tal grugno la Margherita, come la volesse mangiar cogli occhi.

Né la donna, né Battista, ebbero il coraggio di rifiatare.

«La povera Nunziata non ha potuto levar su dal letto oggi; ha la febbre, e non verrà» disse Vito.

«Il cielo la castiga quella sfacciata» replicò il rabbioso mugnaio. «Non ne voglio più sentir a parlare: l'inferno è casa sua!».

«Giovannandrea,» lo interruppe animoso il giovine montanaro, a cui facevano male quelle irose e ingiuste imprecazioni, «voi parlate per rabbia, voi non ci vedete: se sapeste tutto, proprio com'è, credetelo, vi pentireste di aver fatto alla vostra figliuola questa ingiustizia».

«Avete un bel cuore,» l'interruppe il mugnaio «di venirmi in faccia...».

«Lasciatemi parlar me! infine, non sono un forestiero nella casa, tutti quei di Cossogno mi vogliono bene; e sono uno che può guardar in faccia chi si sia, franco e libero, come fanno i galantuomini... lasciatemi dunque parlare!».

«Ma sì; non dobbiamo sperare un po' di bene?...» si arrischiò a dire la Margherita.

«Eh, lasciatelo dire» aggiunse il Battista.

Il padre della Nunziata frenava a stento la collera, ma la franchezza di Vito e l'aperta onestà che gli si leggeva in volto mettevano al vecchio, a suo dispetto, un dubbio di sé, una certa soggezione.

«Il cielo mi è testimonio,» riprese il giovine «che alla Nunziata io non ho detto una parola che non la possa qui ripetere a voi, come al signor curato in confessione: eran passati sei mesi ch'io non l'aveva vista più; l'ho incontrata due volte; le ho parlato una mattina; domenica passata, sul dosso, poco lontano da qui. Ma ho saputo che c'era un birbone che le stava appresso, e voleva menarla a precipizio... l'ho saputo, l'ho visto io; e se a colui non gli avessi dato io, come si dice, un parere a tempo, Dio sa che lagrime piangereste voi adesso, Giovannandrea!... Basta, non ho già inteso far del male a quel tristo: ma van le cose come Dio vuole. Quell'uomo di malefizi, che oltre al resto è uno spauroso, un pecorone, lavorò sotto mano, e dopo aver messo sossopra il paese colle sue imposture contro di me e contro la povera innocente, per quel ruzzo ch'io gli avea voluto cavare, pretende ancora d'aver ragione. E non è stato forse lui che questa mattina m'ha fatto domandare dal signor giudice, per dar conto di quel ch'è successo? Oh! ma l'ho servito io! il signor giudice è un bravo galantuomo, a quel che pare, e mi lasciò dire come voi adesso, e di tanto in tanto rideva; malann'aggia tanto mercato per essere stato in molle cinque minuti? E che colpa ci ho io, se questi tali, che fanno il mestiere di darla a intendere a una povera tosa, hanno le gambe di stracci?... Insomma, quand'ho avuto finito, ecco tutto quel che m'ha detto il giudice, battendomi con un far di buono sulla spalla, ch'io non avrei mai creduto che un giudice fosse capace di tanto: - Andate là, giovinotto! la prendo sopra me questa; un'altra volta abbiate giudizio, e non scrollate tanto forte... È qui tutto; e voi, zio Giovannandrea, sarete voi solo così in collera con me?».

Il parlar di Vito era così vero, che il vecchio mugnaio non seppe cosa rispondere, e cominciò a tentennare il capo. Battista, più che persuaso, stese al cugino della montagna una manaccia degna di stringer la sua; e la Margherita non vedeva l'ora di mandare in gola al marito tutte le maledizioni sentite in que' giorni.

Ma Giovannandrea non era uomo troppo arrendevole; e dopo aver ruminato alquanto fra sé:

«Tutte queste» disse «sono storie belle e buone, ma non fanno per me; e i piastricci che posson nascere li so io, e toccherà a me di pensarci! Bene o male, quella figliuola aveva cominciato a mangiar la sua farina; adesso, sta a vedere, la manderanno via dalla fabbrica, e a me toccherà di pigliarla indietro!... a me toccherà!».

«Alla fine,» uscì fuori Battista «potrà lavorare anche lei per la casa, aiutar la mamma».

Alla Margherita non parve vero di sentir il figlio a parlar così diverso di prima.

«E poi,» aggiuns'ella «almanco starà qui con noi; e io non sarò tribolata come adesso».

«Sentite, zia Margherita, e voi, zio Giannandrea, tutti e due siete stati buoni con me, e m'avete dato ascolto fin adesso... io ho un'altra cosa sul cuore, e non so se devo parlare...».

«Dì su, Vito, tu m'hai fatto tanto bene colle tue parole...» lo incuorò la zia.

Il vecchio mugnaio si contentò di guardarlo, facendo un sogghigno tra l'agro e il dolce.

«Non so da che parte incominciare... ma la cosa è questa... Io sono un povero figliuolo, sono della montagna; ma, grazie al Signore, ho sempre potuto fiatar del mio: e da che è morto mio padre, ve ne ricorderete, Giovannandrea, son già quasi otto anni, sono sempre stato in casa, con mia madre e col Faustino, il mio fratello minore... e non fo per dire, ma un po' di ben di Dio l'abbiamo anche noi lassù... una vigna, la selva e due bestie... e quando il cielo manda la buona annata, s'ha da camparla... Sentite dunque; là al paese si parla ancora di voi, come ci foste; e la Nunziata, ch'è venuta al mondo sul nostro alpe, possiamo dire che l'è nostra...».

E qui tacque un poco; poi, col viso fatto di bragia, aggiunse in fretta:

«Se la fosse contenta lei di tormi me, voi me la dareste, zio Giannandrea?».

Il mugnaio non s'aspettava certo la franca e onesta domanda del montanaro. Lo guardò, tra incredulo e maravigliato, come gli paresse impossibile che quel giovine, il quale poco innanzi egli voleva tener nell'unghie per farlo saltar giù dello scoglio, l'avesse con quattro parole così incantato e tramutato, che si sentiva quasi voglia di buttarsegli al collo!

Stava Vito ad aspettare come lo sentisse lo zio; ma la buona Margherita, tutta commossa, e Battista contentone, l'una con qualche lagrima di consolazione, l'altro con una brava fregatina di mani, gli avevano già fatto risposta.

Pensato ch'ebbe un poco, forse più per una mostra d'importanza che per altro, il vecchio:

«Dà qui su la mano» disse a Vito, che stavagli ritto dinanzi, senza tirar respiro: «dà qui su la mano, figliuolo, se tu la vuoi, la sia tua, e buon dì e buon anno».

Io non mi starò a dire adesso la gioia ch'ebbero tutti quanti a codeste parole del messere; anche i tre marmocchi, senza nulla capire, si misero a ballonzolare intorno a Vito. E Battista lo apostrofò con un energico: - Viva noi! Lo sapeva io che doveva finir bene! - Ma la Margherita, a cui la gioia a un tratto sopiva la doglia di quella spina che aveva in cuore, tornò a pensare che la sua figliuola intanto penava tutta sola; e se l'avessero lasciata fare, sarebbe ita senza perder più tempo, giù ad Intra insieme a Vito, che anche lui le avrebbe fatto volentieri compagnia.

Ma, com'era già notte fatta, Giovannandrea e Battista li persuasero ad aspettar la mattina ventura, ch'era la domenica, quando ella stessa non fosse salita al Mulino.

Non appena venne la mattina, la Margherita con Vito, ch'essa già chiamava suo figliuolo, montavano in su dal Mulino del Buco per mettersi sul cammino d'Antoliva, e scendere poi per la più corta ad Intra; quando, in cima alla costa, fra gli arboscelli, le cui tenere foglie tremolavano per la brezza montanina dell'alba, videro apparire una fanciulla, che loro pareva e non pareva, ma ch'era veramente la Nunziata. Ella non s'era accorta di loro, e veniva lentamente, portando sotto il braccio un piccolo involto, e sostando di tanto in tanto, come per ripigliare un po' di lena.

Quando vide la madre, quando riconobbe il Vito, si fermò come incantata; e a loro, che la chiamavano per nome, e le correvano incontro frettolosi e lieti, non rispose, non fece alcun segno di conoscenza o di gioia.

Appena la madre l'ebbe stretta fra le braccia e fece per parlare, la fanciulla si sentì mancar del tutto le forze, e fu costretta di sedersi sull'erba della riva.

«Tu stai male; oh la mia povera Nunziata...».

«No, no, mi manca un po' la forza in questi dì, ma è niente... passerà; sarà stato il troppo lavorare».

«Sta su di buon animo adesso: se tu sapessi...».

«Oh sì! Se sapeste voi, mamma, che cosa mi tocca! E voi, Vito, perché siete tornato?... perché?».

E Vito la contemplava tacendo, e si sentiva rompere il cuore.

«Per carità, che mio padre non lo sappia così subito e neppure Battista... ma ieri... oh povera me! mi hanno cacciata via dalla fabbrica, come una tosa perduta... Ieri, sulla bass'ora, io non aveva potuto levar su dal letto, in tutto il dì, e la Caterina vedova andò per me alla fabbrica a farsi dare quel po' di salario che m'avanzava... Oh! che cose di fuoco ha dovuto sentire quella povera donna!... l'hanno strapazzata lei per me... gliene hanno dette, che se io era là, mi sarei nascosta sotto terra... Oh caro

Iddio! che cosa ho fatto di male a loro?... Non mi vogliono più, dopo che, in manco di due anni, ci ho quasi lasciata la vita dietro a quel telaio... Oh! pazienza!».

E alcune lacrime le cadevano lentamente sulle guancie smunte, ma non pallide ancora.

«Senti, Nunziata,» la riconfortava la madre «non tormentarti il cuore per quello ch'è stato... Ricordati che il Signore non abbandona mai! Vedi, è Lui, che nel momento istesso che ti dà questo travaglio, ti prepara anche la consolazione... Oh! voglio esser io a dirtelo, mia buona Nunziata: lo sai? il nostro Vito ha parlato con noi, ha parlato di te, ha detto che ti vuole sposare; e noi due t'abbiamo, si può dire, impromessa... Non dici niente Nunziata? guardi in terra?... poveretta, ti compatisco; non ti deve parer vero. Sta su allegra, non ho ragione, Vito?... Parleremo col signor arciprete, presto vi diranno in chiesa...».

Il giovine montanaro, che avrebbe dato la sua vita per la Nunziata, stava tremando ad aspettar ciò ch'ella fosse per dire; alle affettuose parole di mamma Margherita, non seppe che cosa aggiungere del suo. Egli sperava e taceva.

Ma la fanciulla, facendo tutto lo sforzo che poté, si levò da sedere; e venuta un passo incontro a Vito, ma senza guardarlo, senza osar di stendergli la mano:

«Oh Vito!» disse con voce debole «che cosa avete pensato mai? ed io perché vi ho parlato?... Voi siete buono... ma adesso è inutile! io sento dentro di me, lo sento proprio, vedete, che il Signore non vuole!...».

Né la madre, né il promesso, diedero mente alle malinconiche parole della Nunziata; vedendola così infiacchita, malata, ben capivano non poter essa, in un momento come quello, diventare allegra e sperare. Ma l'occhiata che si scambiarono, nell'aiutarla a camminare per la stretta callaia verso il Mulino, voleva dire che l'una e l'altro credevano veramente che fra poco, a quel giorno di tristezza dovesse succedere il giorno della gioia e della benedizione.

VII.

Otto giorni dopo l'umida catastrofe, che aveva forse per non breve stagione oscurato il valore del cicisbeo della fabbrica, egli s'arrischiò di comparir di nuovo nella botteguccia del Caffè, all'ora consueta del ritrovo di coloro che nel paese sono chiamati, colla frase d'oggigiorno, *le notabilità*. Teneva che già fosse dimenticato l'accidente; e dava altronde al proprio credito vigor bastante per dissipare que' moscerini della ciarla o del ridicolo che ancora potessero ronzarli d'attorno: persuaso, alla fin fine, come chi sa portar attorno una fronte invetriata possa smaltirne d'ogni lega e d'ogni conio, ne veniva pronto a rintuzzar l'attacco di quanti pensassero pigliarsi gabbo di lui, o dirgli villania.

Al suo entrare, nessuno gli pose mente, benché il poveraccio si figurasse, nel breve orizzonte della sua gloriuzza d'assistente d'una delle prime fabbriche del luogo, d'essere assai più osservato e riverito che non era: ella è una delle solite beffe che fa l'egoismo alla vanità: l'uom nano di mente e vano di cuore si crede il centro d'un picciol mondo; e il picciol mondo, che gli gira intorno, guarda e ride.

Nessuno dunque s'accorse, o fece vista d'accorgersi del signor Costante; il che da una parte lo confortò, dall'altra lo punse: un mezzo complimento o una mostra qualunque d'interesse lo avrebbe solleticato gradevolmente. Chi giuocava, chi discorreva, chi beveva lentamene il caffè o l'acqua cedrata, chi si sprofondava nella lettura delle gazzette, e sbadigliava. Ruppe il ghiaccio egli pel primo; e visto in un canto il signor giudice, che messa una gamba sopra l'altra si passava a fare alla trottola sul tavolino colla sua tonda tabacchiera, gli andò a sedere in faccia, e:

«Veda mo, signor giudice,» disse «è passata quasi una settimana da che non ho il bene di sederle qui in compagnia, a prendere la nostra tazza di caffè... è fin dalla mattina che ho dovuto venire a incomodarla in casa per quella brutta faccenda che lei sa; la quale finirà, non ne dubito menomamente, come deve finire, con un esemplare castigo del colpevole; non è vero, signor giudice?...».

Il giudice era un ometto, il quale portava bene gli anni suoi, una buona cinquantina; accorto, modesto; esperto nelle cose della legge, e quel che più vale, nelle cose del mondo; che, ovunque potesse, metteva bene; estirpava le male erbe colla mano del padre di famiglia, piuttosto che co' raffi degli articoli del codice. Ond'è che quanti lo conoscevano gli usavano rispetto e gli perdonavano volentieri un cotal vezzo innocente di cucir nei discorsi qualche bella frase di Orazio o di Tullio. All'incauta apostrofe del signor Costante, con un sorriso tra il burlone e l'ingenuo:

«To', to'» disse; «ha forse ancora l'osso in gola, mio bel signore? Un giovinotto della sua fatta cimentarsi con un rusticone della montagna? Non le torna conto, mi creda, come già le ho detto; è stato un caso fortuito; non ci sono gli estremi di un *crimen*: faccia a mio modo, signor Costante, un generoso obblio... *Nihil abjectum, nihil humile cogitare...*».

«Lei ha del bel dire, signor giudice, ma io non la prendo già su questo tono: ci vuol altro che il suo latino per mettermi in sacco...».

«Oh! oh! non pretendo questo io; io le sono umilissimo servitore; ed era proprio di cuore che le davo un parere d'amico: *incorrupta fides, nudaque veritas*; s'ella non vuole, padrone, padronissimo!...».

L'altro il guardò fisso, ché non gli pareva promettitor di bene quel maligno sorriso del curiale; e stimò miglior partito tagliar corto, e voltar il discorso ad altre cose, pensando fra sé che, se il signor giudice di mandamento le usava buone agli straccioni, avrebbe lui stesso fatto sapere a chi tocca ch'egli puzzava di liberale. Prese in mano la gazzetta, e cominciò a spropositare sulle prime righe che gli caddero sott'occhio:

«La politica vuol proprio rovinar tutto» disse pigliando per un occhiello dell'abito un nuovo ascoltatore, un dabbenuomo, assidua pratica del caffè, che guardava, ascoltava e taceva: «la politica ci guasterà quasi trent'anni di pace, l'ho sempre detto io... Figuratevi, in Inghilterra, in Francia, perfino in Prussia, adesso non si parla d'altro che della libertà del commercio. Oh! ne faran di belle... libertà! libertà!...».

«Ma, signor Costante!» gli ruppe la parola un altro ch'era entrato a quel suo esordio così spiattellato, un tale, che, avendo molto senno e poca pazienza, sebbene quasi sempre lo lasciasse gracchiare a sua posta, pur talvolta, sentendosi muover la bile a certe corbellerie di vecchia data, messe fuori con tanto sussiego, non poteva proprio tacere: «ma, signor Costante, le ho detto parecchie volte che di certe cose lei farebbe bene a non discorrere così di spesso; la politica non è pane per i suoi denti... Ma, in quanto a' filati, tessuti, balle di cotone, organzini, pannine, e che so io, ciò che lei dice sarà vangelo... del resto, se lei è d'un parere, l'Inghilterra, la Francia, e forse anche la Prussia, possono essere d'un parere diverso».

«Quasi che non s'abbia a parlare se non di quello che si sa!» replicò l'assistente, con una semplicità antidiluviana.

«Capisco; è lo stesso come se non s'avesse a fare se non quello che si deve: il mondo non sarebbe il teatro della bella commedia che è, ma il paese dei sette dormienti».

«Lei mi scambia le carte in mano; e non è questo ch'io dico... parlo della libertà del commercio, ch'è il più grosso errore del nostro secolo... e ciascuno può avere la sua opinione...».

«Sì bene,» disse il giudice «*trahit sua quemque voluntas*; o *voluptas* che sia».

«Mi scusi, signor Costante,» replicò il primo interlocutore «lei non sa che gran problema si nasconda sotto questa agitazione economica, che comincia a mettere le convulsioni all'Europa.., lei parte da principii falsi.., se pure...».

«Io non so nulla né di problemi, né di convulsioni; ma, se credessero di far bene rovinando le grandi fabbriche, rovineranno invece il popolo che ci trova il suo pane».

«Eh sì che il popolo ha ragione di benedire le vostre grandi fabbriche, le vostre macchine, le vostre invenzioni... Che cosa ne fate voi del popolo? gli domandate i suoi muscoli, per far quello che una volta facevano i giumenti; gli domandate i suoi figliuoli, le sue donne, perché le pagate meno de' robusti operai... Voi li accatastate dì e notte que' fanciulli, e quelle donne strappate alle povere case, nell'aria muta e mefitica dei vostri opifici, fra il mortale polverio del cotone; voi incatenate al lavoro una miserabile generazione, che si guasta, s'indebolisce, si corrompe, e non dà più né campagnuoli, né soldati».

«Eh! eh! lei cammina alla spedita... Si vede che non è

capitalista».

«Non fa bisogno di esserlo, per capir la ragione delle cose, per veder ciò ch'è bene, e ciò ch'è male. Io sono medico, e ho contato quanti ne muoiono, da che questi bei paesi (non però più belli d'una volta) vedono sorgere a ogni passo le vostre fabbriche; io li ho contati quelli che muoiono là dentro; ma voi non li contate; voi li pagate, al sabato, in ragione di dieci o venti soldi al giorno; e se la settimana appresso mancano quelli, che cosa importa?... ne chiamate degli altri... Viene poi il giorno dell'arenamento de' vostri traffici, e allora è una popolazione di cenciosi che voi rinviate dalle manifatture, svigorita, incapace di tornare a' campi dov'è nata, che istupidisce e muore nelle sue tane».

«Già, le solite esagerazioni dei nemici dell'industria...».

«No, che non sono esagerazioni! Non dico già che non s'abbia ad aumentare, a benedir l'industria delle manifatture: ma non bisogna che diventi una tirannia, non bisogna che uccida la coltura delle terre, che rompa i legami della famiglia, che abbrutisca il popolo coll'ignoranza, col vizio... Non è vero, signor giudice? di che sentimento è lei?».

«Io stimo» disse il brav'uomo «che il punto difficile della gran questione, la quale non finirà così presto, è di mettere insieme, di mettere d'accordo, voglio dire, due fatti che paiono una contraddizione, e pur succedono sotto i nostri occhi; da una parte il crescere della ricchezza nella società, dall'altra il crescere della miseria nel popolo degli operai... Oh! per me, sono cose che mi spaventano.., e per questo, dico di spesso: *Beatus ille qui procul negotiis!*».

«Mi piace però che, in massima, lei convenga con me, signor giudice. Chi legge la storia, sa che in Italia, dal principio delle repubbliche fino al maledetto tempo degli Spagnuoli, non abbiam tirato innanzi che colla guerra e colla bottega, noi i primi a produrre quelle industrie che i forestieri, alla lor volta, ci vengono a insegnare. Ma allora, in casa nostra, non si pativa d'inedia e di fame, come si patisce adesso in casa loro; per noi era vita, per loro è malattia, è morte. Non si deve soltanto lavorare per aver del bene, ma nell'istesso tempo pensare e amare».

«Sì, sì,» riprese il signor assistente «lei ne vorrebbe far delle belle, con queste sue teorie; dico proprio, mi fanno ridere certe cose che si sentono».

«E io dico, mi fan piangere certe altre che si vedono... Non fabbrico delle teorie per aria, io; parlo per pratica. E se a lei, signor assistente, a lei sa? avessi a raccontar tante cose, delle quali noi medici siamo pur troppo testimoni ogni momento, credo che non mi darebbe tutto il torto».

«Già si sa, lor signori fanno presto a dire, a giudicare...».

«Così fosse! Ma... senza andar tanto lontano, quello di cui sono stato testimonio appena ieri, è storia di tutti i giorni. Una povera figliuola, che io aveva conosciuta, vivace, fresca, allegra come un fiore, una montanina delle più belle che siensi viste mai, entrava due anni fa in una delle nostre fabbriche. Or bene, son pochi dì, chiamato in un tugurio, distesa sopra un saccone, sulla nuda terra, trovo quella creatura; scarna, sparuta, malata, senza speranza, un'ombra. Mi raccontò la vita che avea fatto: mi disse, piangendo, che l'avevano cacciata dalla fabbrica! Questa poveretta non ha più di tre mesi da vivere: i suoi piangeranno forse, per averla di nuovo sulle braccia; e fra poco tempo la faranno metter via anche lei, come forse han già fatto metter via qualche altra».

Tutto ad un tratto il signor Costante, che in mezzo al colloquio, con mal nascosta impazienza aveva seguitato a girar gli occhi dal giudice al medico, e da questo a quello, fece con poca disinvoltura una giravolta sulle calcagna, lasciando capire che il discorso prendeva una piega a lui poco gradita. O ch'egli indovinasse dove andassero a ferire le parole del medico, o credesse miglior consiglio far, come si dice, orecchie di mercante, e lasciare che il tempo gli desse ragione, mettendo fuori la scusa di non so qual premura, salutò con molta cortesia i due conoscenti; e lasciandoli faccia a faccia, per discutere la quistione economica, in cui si erano invischiati, se la svignò chetamente dalla bottega.

Partito di là, al rientrar nella fabbrica, l'assistente ebbe la fortuna d'incontrarsi col signor Pietro, il principale, che usciva. Costui, che da parecchi giorni non l'aveva riveduto, si trattenne con amichevole piglio a parlargli dei comuni affari, gli fece confidenza di certe nuove macchine segretamente commesse in Inghilterra, le quali, già arrivate per conto suo nel porto di Genova, dovevano essere spedite quando che fosse alla fabbrica; si raccomandò a lui per farle consegnare prontamente; e lasciatogli intendere, così in nube, come divisasse darne a lui stesso la speciale direzione, gli confidò che ne sperava il risparmio di cinque mila lire buone all'anno sulla mano d'opera, e un aumento di prodotto di forse il doppio; conchiuse dicendo avere deliberato che, dal giorno in cui le nuove macchine fossero in moto, l'onorario del signor assistente sarebbe accresciuto a tre mila franchi all'anno.

Immaginate con quanta dimostrazione di riverenza il signor Costante s'accomiatasse dal principale, in cuor suo benedicendo le nuove macchine e chi le aveva inventate; compatì generosamente al medico e al giudice, poveri matti, che forse là nel caffè gridavano ancora a tutt'uomo contro le industrie e gl'industrianti; dimenticò la Nunziata, e un brulichio di rimorso che cominciava a nascergli in cuore per la povera infelice; né si ricordò più nemmeno che aveva fisso di ricattarsi, in quel dì, colla bella Dolinda dello smacco avuto dalla sua compagna tessitora.

Il don Giovanni della fabbrica di cotone andò a dormire felice come Harkwright, quand'ebbe trovata la sua macchina.

Al Mulino del Buco, in quel giorno stesso, era tornato Vito di Cossogno, dopo fatta una corserella alla sua montagna, per dire alla mamma che presto le avrebbe condotta in casa anche una figliuola; la quale, come gliene voleva lui, le avrebbe voluto bene. Non s'era fermato per via che il tempo di entrare, attraversando Intra, in una bottega di mercante per comperar un bel fazzoletto di mille colori, che voleva portar in regalo alla sua fidanzata, com'è ancora il costume de' nostri buoni campagnuoli quando due innamorati si sono scambiati la promessa. Vito però non aveva sentito a dire dalla Nunziata un bel sì; ond'è che, giunto all'altura d'Antoliva, cominciò a farsi malinconioso, e a pensare.

Alla svolta del cammino, sentì un battito di gioia nel cuore trovando appunto la Nunziata; e bisogna credere che fosse venuta là ad aspettarlo, perché, appena lo vide, gli mosse incontro. Vito la salutò, e vedendola con gli occhi rossi, cominciò a domandarle perché avesse pianto. La fanciulla, invece di rispondere, fattogli cenno di tacere, si mosse per il sentieruolo che radeva il ciglio della costiera; Vito le tenne dietro. Giunti che furono al praticello, ove la Nunziata, appena due settimane innanzi, aveva dato ritrovo al giovine montanaro, ella si fermò a piedi del frassino che sorgeva in mezzo del verde tappeto, e disse a Vito:

«Vi ricordate che l'altra domenica ci siam parlati qui, posso dire per la prima volta?».

«Sì; perché avete voluto tornar qui?».

«Chi sa che quest'altra volta che ci parliamo noi soli non sia l'ultima, Vito!...».

«Non è vero, non dite così... non mi avete data la vostra parola?».

«Io vi ho detto che l'unica consolazione che ho provata è stata quella di potervi dire i miei segreti; io non aveva potuto mai parlare con nessuno di quello che sentiva, di quello che ho patito... Ma voi avete avuto compassione di me; voi avete fatto anche troppo per la povera Nunziata; non ci avete pensato su ad arrischiare anche la vita...».

«E sono la causa io, intanto, se v'hanno mandata via dalla fabbrica, per vendetta... Oh! ma non è finita, e gliela farò veder io. Adesso non pensiamo a questo».

«Cosa importa? Se anche non m'avessero cacciato via, sarebbe stato lo stesso. Vito, voi siete buono; voi mi avete domandata a mio padre, alla mamma; voi avete voluto la mia promessa; ma, credete, è inutile che vi dica di sì».

«Oh perché, perché, Nunziata, non volete più adesso? Vi rincresce forse di lasciare i vostri? non vi piace di venire sulla mia montagna? Sono povero, ma ho del cuore, ho buone bracca, e volontà di lavorare; e per voi...».

«Se potessi spiegarlo quello che provo, o Vito, se sapessi trovarle le parole, vi direi la mia mente; ma così, non so altro dirvi se non che il solo che sappia quel che è stata la mia povera vita siete voi, che dopo la mia mamma, io non ho e non avrò nessun altro che voi... Ma sentite bene, Vito: cosa vuol dire che, quando m'avete domandata a' miei di casa, quella consolazione che avrei dovuto provare, io non l'ho provata?».

«Forse avrete sperato miglior pane, come si dice; e io, Nunziata...».

«No, Vito, non è così: è perché sento che potrò durar poco! Ve l'avevo detto ch'io doveva morirgli dietro al mio telaio: adesso, vedete, ho qualche cosa qui dentro che m'avverte che ho da morire, intanto che è ancora mattina per me...».

«Gli è che, adesso, il male vi fa parlare, e date mente alla malinconia...».

«Non mi rincresce di morire, sapete? ne ho vedute già parecchie delle mie compagne, con le quali si faceva la strada insieme, si cantava, si lavorava, le ho vedute andar via come la neve. Cosa mi farebbe di tirar innanzi tre, quattro anni, quando sento che l'aria mi manca, che non son più quella di prima? che non tornerei mai più, mai più, ad essere allegra, a cantare, a sperare come una volta? Il Signore ha voluto così Lui, sarà certo per bene...».

«Voi mi stringete il cuore, Nunziata! Ma adesso è un'altra cosa; siete qui insieme a' vostri, non tornerete più a quell'inferno della fabbrica... e poi...».

La Nunziata stava intanto tutta in pensieri.

«Vito!» ripigliò dopo un momento di silenzio «e se, quando che sia, non ci fossi più, vi ricorderete ancora della povera Nunziata?...».

Egli non ebbe cuor di rispondere; s'appoggiò al tronco della pianta, per nascondere la faccia. Il buon montanaro si sentiva nell'anima un gelo, un dolore che non aveva provato mai. Poco di poi, senza dirsi altra cosa, ritornarono insieme al Mulino del Buco.

VIII.

Quel giorno il padre e la madre della sposa dovettero andare a un paesello vicino, ov'era la parrocchia di Antoliva e degli sparsi suoi casolari, per presentare i due promessi al signor curato, e per raccomandarsi a lui, affinché, ottenuta la dispensa canonica per la stretta loro parentela, si facessero le nozze.

Il vecchio Giovannandrea, fino allora così aspro e quasi crudele colla figliuola, aveva fatto un gran mutamento; fosse un po' di compassione, fosse l'idea di essere riuscito ad accasar la figliuola proprio in quel punto che credeva di trovarsi addosso un'altra volta quel carico disutile, si mostrava non discontento di queste nozze improvvisate; e, senza farsi pregare, aveva dato parola a Vito, che secondo il costume, per il letto della sposa ci avrebbe pensato lui.

Ma quando Vito, tutto umile e sconfortato, dopo le cose udite dalla fanciulla quella mattina, gli venne innanzi, tenendo in mano quel regalo del fazzoletto, da lui inutilmente comperato; quando gli disse ch'era inutile andarne quel dì dal signor curato, il mugnaio montato in collera, rispose che la figliuola era matta, ma che lui le avrebbe fatto passar le ubbie a quella malandata; insomma, che la cosa doveva essere, e sarebbe fatta.

La mamma Margherita invece, che, pur temendo di confessarlo a se stessa, s'accorgeva del malore, segreto, ond'erano logorati i begli anni della sua Nunziata, avea perduto quella gioia sincera, che sulle prime diede un po' di pace al suo cuore. E Battista s'accontentava al finir della giornata, di prendersi in compagnia il Vito, d'accompagnarlo un tratto fino ad Intra, di vuotar con lui un buon bicchier di quel vecchio, e poi tornarsene zufolando al Mulino.

Ben presto alla Nunziata entrò di nuovo la febbre, che erale cominciata appunto il dì in cui la rinviarono dalla fabbrica, ma che, dopo il suo ritorno alla casuccia paterna, le aveva almeno lasciato un po' di tregua. Dimagriva di giorno in giorno, mangiava a stento qualche cucchiaiata di minestra, e senza lasciarsi scorgere scambiava la sua scodella ancor piena con quella dell'uno o dell'altro de' suoi fratelli minori, che in un momento la mettevan lì vuota e netta. Eppure, non ristava d'aiutar la madre nelle faccende casalinghe, si dava attorno tutta la mattinata; e le umili stanze e le poche stoviglie della cucina non erano state mai così in assetto, così forbite come in que' giorni da che la fanciulla era tornata a casa.

Vito si lasciava vedere ancora di tempo in tempo, non avendo potuto rassegnarsi, né avendo perduta ancora tutta la speranza. E se mai trovava il coraggio di parlare ancora di quel pensiero che non poteva mandar via, non era già colla Nunziata, ma solamente colla zia Margherita; il che era per la povera donna un tormento di più.

Le ricordava le sue montagne, quelle case un giorno tanto amate e ora rimpiante, quella chiesa che coll'alto suo campanile spiccava nella bella lontananza fra i declivi delle Alpi vicine, e all'ombra solenne delle creste nevose che spuntavano dietro a quelle. Le nominava ad una ad una le comari del paese, un tempo da lei conosciute, e che non avevano mai abbandonata la terra dei loro vecchi; le raccontava la vita semplice e uguale della madre sua; e al nome della sorella, al pensiero che da otto o dieci anni più non s'erano rivedute, che non dovevano forse incontrarsi più su questa terra, benché lontane l'una dall'altra appena poche ore di cammino, la buona donna si sentiva tutta accorata, e col rovescio della mano si rasciugava gli occhi.

Pure, fino allora, il padre, la madre e il promesso si tenevano certi che, un dì o l'altro, quel matrimonio si sarebbe fatto. È vero che la Nunziata, dopo ch'ebbe detto il suo cuore a Vito, non ne aveva più messo innanzi parola; ma tacitamente pareva convenuto fra loro che la cosa, benché la si lasciasse andare in lungo oltre quanto è l'usanza villereccia, non di manco la dovesse succedere. Parve ancora che la Provvidenza volesse compensare quell'innocente del lungo o sconosciuto suo patimento, invidiandole di nuovo il sorriso della salute e della contentezza.

La stagione primaverile era così florida, così bella che, risvegliando tutta la natura, sembrava ridonare un po' di vita anche alla povera figlia del mugnaio. Il passare un dì appresso l'altro in libertà e in pace, nella famiglia povera sì, ma non oppressa dalla ferrea mano di chi misura il pane alla fatica del povero, vedendo in mezzo al verde, nascere e tramontare il sole e scintillar sullo specchio del lago, bevendo l'aria vivida e fresca della mattina, alternando colla mamma la cura delle bisogne domestiche, aiutando il padre e i fratelli nell'attendere al mulino; codesta vita, tutta diversa da quella menata per due lunghi anni, più somigliante a' suoi modesti desiderii, più facile, più solitaria, era per la Nunziata una medicina benedetta, il solo conforto possibile al male che la consumava.

Ella aveva perduto quel color terreo del viso, e quella malinconica lucidezza degli occhi cerchiati di livido, che sono i segni pur troppo fatali d'una condanna pronunziata innanzi tempo sui figliuoli del povero, sull'artigianello affaticato, sullo schiavo operaio. Ne' primi giorni dopo tornata al casolare de' suoi, ella poteva a stento far pochi passi sull'erba, e il più del tempo lo aveva passato assisa presso la finestrella della stanza a terreno; dalla quale poteva almeno contemplare un lembo del cielo, e scorrere collo sguardo giù per il vallone, e dimenticare il passato; pensando al giovine montanaro, a quel cuore così onesto, così buono, al quale, s'ella avesse voluto, poteva ancora affidare il resto dell'umile sua vita.

Da due settimane, la mamma Margherita non aveva veduto ricomparire il suo nipote di Cossogno, né sapeva che pensare; pure la Nunziata non aveva ancora aperto bocca per osservare la lontananza di lui. Quando, una mattina, lo scorsero venir dal Sasso, entrar nella cucina, sedersi senza dir nulla; poi, intanto che madre e figlia si guardavano incerte, stupite, uscir fuori con queste parole:

«Pur troppo avevate ragione, Nunziata, di dire che non siamo destinati l'uno per l'altro... Ecco, vostro padre, solamente pochi dì fa, mi aveva rimesso un po' il cuore, dicendomi che, finita la quaresima, ci saremmo sposati; e adesso invece... han mandato fuori la leva: e tra due mesi, al più tardi, a me tocca di partir soldato!...».

Come si rimanessero le due donne a quest'annunzio non si può dire.

Parve però che il colpo fosse più doloroso per la vecchia Margherita; ché ella, fra il cruccio e le lagrime, non si tenne dal maledire quel continuo tormento delle madri, la coscrizione, e le armi e la guerra e la cattiveria degli uomini. La fanciulla invece, sostando dal lavoro che aveva tra mano, volse il capo e guardò fuori della aperta finestra, per non lasciar vedere una lagrima, né udire un sommesso gemito che le venne dal cuore.

Ma Vito, indi a poco:

«Quanto a me,» disse «non è già che mi rincresca o che mi faccia paura il mestiere del soldato, tanto più che si va dicendo attorno che, un dì o l'altro, si farà la guerra per qualche cosa... ma vedete, in un momento come questo, lasciarvi qui né promessa né sposata, non mi par giusto... Oh! Nunziata, ditemelo voi almanco, che se torno indietro, non mi direte più di no».

La fanciulla aspettò un poco a rispondere, poi:

«Cosa pensate mai, o Vito? Appena è nostro il minuto che passa: quel che viene è del Signore: lasciamo fare a Lui».

Nondimeno, in quel dì medesimo, quando tornò a casa Giovannandrea, e tutta la famiglia fu raccolta, si tornò a parlare del tempo in cui la Nunziata e il Vito dovevano sposarsi; e come tutti, anche nel paese, da qualche tempo, non facevano altro che discorrere di guerra, e si sperava che la campagna avesse a durar poco, e potessero i giovani soldati essere presto restituiti a' loro focolari, così fu convenuto che, appena Vito ritornasse a casa, si sarebbe fatto il matrimonio.

«Mi aspetterete, Nunziata?» dimandò egli, intanto che nessuno poneva attenzione a loro.

La povera giovine, fissandolo con un'occhiata mesta e riconoscente:

«Oh, Vito,» rispose «se ci sarò ancora... o sarò vostra, o di nessuno!».

In breve, la stagione, fino allora avvicendata di giorni uno più dell'altro allegri e sereni, cominciò a imperversare. Le cime delle Alpi tornarono a coprirsi di neve, si irrigidì l'aria; la fecondità della natura fu d'improvviso assopita, come se il verno ricominciasse; e dopo alcuni dì, in cui le due stagioni parevano tra loro in guerra, piovve per due lunghe settimane alla dirotta e senza tregua alcuna. Questo strano e subito mutamento del tempo quasi sempre cagiona funesti influssi, e toglie al povero che soffre il miglior medico a lui concesso dalla Provvidenza, un'aria vigorosa e pura: questo mutamento, e forse la stessa uggiosa situazione della casipola, condussero in pochi dì la Nunziata a nuovi patimenti, e più dolorosi di prima. Ella non diceva alcuna cosa; ma a stento riusciva a sorgere dal letto la mattina, dopo notti insonni, estenuata di forze, e talvolta appena capace di reggersi in piedi. Ai mali che prima soffriva, alle improvvise vertigini e ai sussulti del cuore s'era aggiunta anche una tosserella intensa, asciutta, che del pari la travagliava al mattino e alla sera; poi venne una febbre sottile, interpolata, ricorrente; con questa, s'erano fatti più vividi e contornati i rossori delle sue gote. Eppure la Nunziata, appunto in quei giorni, più che non avesse fatto fino allora, pensava al suo Vito, pensava a ciò che ancora non aveva osato di confessare a lui, quasi a sé medesima: che forse, un dì, avrebbe potuto esser sua.

Un mese passò; e come una pianticella che a poco a poco appassita, s'inchini sulla terra che non la nutre, la figliuola di Giovannandrea e della Margherita andava languendo; ella stessa, che prima ne aveva avuto il presentimento, ora più non se n'accorgeva. Intorno a lei il padre e i fratelli, non che sperar bene, non sospettavano neppure il male; la madre anch'essa riconfortavasi. Solo una volta, a caso, capitò il medico da quella parte, e calò fino al Mulino: era lo stesso che già aveva veduta la Nunziata ad Intra, nel tugurio della vedova. L'occhio di quell'uomo, uso a interrogare i dolori degli oppressi, non poteva ingannarsi: egli indovinò, ma non ebbe il cuore di dire la verità; raccomandò alla Margherita che facesse prendere alla figliuola una decozione fatta con non so qual erba medicinale allignante per quelle rive; ma persuaso che non l'avrebbero obbedito, perché al male non ci credevano, se n'andò con un mesto pensiero, fra sé dicendo: «Peccato! un'altra poveretta che non vedrà l'autunno!».

Cominciava allora l'estate. Una mattina, era appunto uno de' consueti giorni del mercato d'Intra, Vito partiva, innanzi al nascere del sole, dall'alpestre villaggio; e schivando a studio il paese per non trovarsi fra la gente, attraversò dalla parte di Santino e d'Unchio il fiume di san Bernardino, poi quello di san Giovanni per il ponte di Possaccio; e tenendo sempre la via a mezza costa, arrivò ad Antoliva sulle due ore di mattina, e si mise per il noto sentiero del Mulino. Egli era venuto per salutare un'altra volta la sua promessa, innanzi di mettersi in cammino per il reggimento. Mentr'egli giungeva da quel lato, tutta la famiglia del mugnaio, fuor della Nunziata, per la via più bassa s'incamminava al mercato d'Intra; anche i tre ragazzetti s'erano attaccati a' passi della loro mamma; e la Nunziata aveva ella stessa pregato che con sé li conducesse, dicendo che lei intanto avrebbe badato alla casa e al mulino.

Giunto che fu Vito sul piccol dosso che guardava nel precipizio, mentre stava cercando coll'occhio il comignolo della casuccia, a traverso gli alberi fra loro allacciati che ingombravano quel pendio, un tuono improvviso, profondo, spaventevole, scoppiò sotto a' suoi piedi.

Mise un urlo disperato, e si precipitò per l'angusto sentiero; ma, fatti appena pochi passi, non poté andare innanzi, per una larga frana che gli si aperse davanti... Quel tuono, e lo scotimento del suolo che l'accompagnava non erano finiti ancora, il rimbombo si propagava giù giù per la valle, un tonfo orrendo lo seguitò. Era lo scoglio pendente sopra l'angusto spianato, ove s'annidavano la casuccia e il mulino, che staccatosi con impeto subitaneo rovinava nella voragine, portando seco a precipizio alberi e massi e il povero edificio.

Vito, a quello spettacolo, non ebbe nemmen tempo di pensare; spiccò un salto oltre lo scoscendimento del terreno che gli faceva intoppo; e, tenendosi aggrappato alle snudate radici degli alberi e ai massi mal fermi, giunse in un momento, senza saper come, sullo spianato. La casa non v'era più; alcune macerie, qualche brano di rozza suppellettile segnavano appena il sito ove fu; del Mulino più basso non si scorgeva più traccia nessuna. Il turbinìo destato dalla caduta del dirupo aveva sollevato un vortice di polvere e di terra; ma le acque del torrente s'erano già aperte nuove vie a traverso la rovina; nuovi zampilli gorgogliavano tra i sassi, e la cascata più libera e più vasta perdevasi nel fondo del burrone.

Mentre da Antoliva e dalle sparse cascine del contorno accorreva gente in furia verso il luogo della sciagura, giacché lo spaventoso rimbombo fu udito a parecchie miglia in giro e l'eco n'era giunto fino alle opposte montagne del lago, il giovine di Cossogno, brancolando tra lo sfasciume della povera casa, aveva trovato per il primo, già morta, la sua Nunziata.

Il cadavere della fanciulla non era ancor freddo; non

isfigurata, né pesta, ella giaceva supina sul margine dello scheggione, fra i rami d'un albero sradicato che l'urto dello scoglio non avea riuscito a strappare del tutto dal fianco della montagna. Si vedeva che la fanciulla, sul punto dell'orribile rovinio, era uscita dalla casetta, forse per salire all'aperto: così non fu colta dal sasso, che schiacciò e menò seco il casolare, ma percossa dal cader di quell'albero, giacque là, onde la trasse fuori il povero Vito.

Così il Signore aveva consentito che, innanzi tempo, ella finisse di patire; così forse Egli volle sottrarla a più vivi dolori, a prove amarissime. Chi può interrogare la sua misteriosa e provvidente volontà? Se a quell'uomo pieno di tristizia, che aveva cercato di perder per sempre l'innocente figliuola del mugnaio, si fosse potuto strappare la verità ch'egli cercava di soffocare insieme al rimorso, forse avrebbe detto che, in quel giorno appunto, egli volgeva nell'animo pensieri d'inferno. Chi sa che Dio, permettendo la morte della innocente, non l'abbia salvata da un precipizio peggiore, per tirarla con Lui bella e incontaminata?

Quando altri discesero al luogo ove sorse il Mulino, trovarono Vito, che, in ginocchione sullo spianato, sosteneva colle braccia il capo arrovesciato della fanciulla, e la guardava immoto, inconsapevole affatto di ciò che succedeva.

Poco di poi, fu inteso un grido acutissimo: era la madre, che prima degli altri, nel tornare da Intra con uno dei fanciulletti, appena fu ad Antoliva e vide correr gente verso il sentiero del Buco, proruppe disperatamente:

«Ah! la mia figliuola!».

E come forsennata si aperse la via fra gli accorrenti, che inutilmente volevano tenerla indietro. Appena giunta sul dosso, vide una frotta d'uomini e donne che salivano; in mezzo al gruppo, due di quei d'Antoliva reggevano sulle spalle una scala a piuoli, e su quella scala era distesa la morta Nunziata. La madre venne innanzi; e dovettero fermarsi, posarla sul terreno, e lasciare che la poveretta si accertasse da sé medesima dell'orribile sciagura.

Cominciò a piangere, a parlar sommesso; ma lagrime e parole uscivano rade e interrotte. Alla fine il dolore le annebbiò la mente; e quando coloro che portavano il cadavere si rimisero in via, essa tenne loro dietro, muta e trasognata, come non sapesse più nulla di questo mondo. Il vecchio mugnaio conobbe, di lì a poco, la perdita della figliuola e la fatale rovina di tutto ciò ch'egli aveva. I buoni contadini del contorno si proffersero a dargli ricovero finché avesse raccolto nel precipizio quel che potesse ancora trovarsi; ma tutto era stato sfracellato, distrutto, sepolto per sempre. La Margherita, accompagnata dal Vito, andò co' suoi figliuoli a Cossogno, e vi stette per alcun tempo, nella casipola della sorella. In che doloroso momento si rivedevano le due misere donne!

Qualche anno di poi, il Mulino del Buco fu ricostrutto da un altro compare della montagna, nello stesso luogo. Vito doveva partire soldato; e benedisse quel giorno quando venne. Un anno dopo, al paese, tutti l'aspettavano, ma non tornò più: egli era rimasto tra i morti della prima battaglia.

L'Ameda

[1851]

....
Mai che odio né rancor sulla pacata
Fronte le fosse de' suoi dì veduto:
Ella tutti ama, ed è in ricambio amata.
Chi quel viso scorgendo, il mento acuto,
Quel piglio amico, se la scontra in via,
Per lei non ha un festevole saluto?
Né di servigio avara a chicchessia,
Né mai povera è sì, che del suo pane,
Ove stringe il bisogno, altrui non dia.
TORTI

Tramontava il sole. Io saliva una viottola, ombreggiata di vecchi e ramosi castagni, la quale dall'amena terricciuola di Crevenna conduce verso l'antico camposanto del paese, a mezzo di un'altura. La chiesetta mezzo cadente, che sorge in quel solitario sito, è venerata con singolare affetto dai terrieri; i quali raccontano come là fosse la parrocchia antica; e van pensando dovere anch'essi un giorno andare colà, insieme a' padri loro, ad aspettare che, dopo i giorni della povertà e dell'aspettazione, venga il tempo del Signore.

Io conduceva lassù la compagna del mio cuore e della mia vita; i nostri sguardi, rapiti dallo stesso incanto, erravano insieme su quell'orizzonte di montagne, di laghetti, di paeselli, di vigneti e di pianure, che sotto la cortina de' vapori autunnali or si velavano, ora splendidi spiccavano sull'azzurro del cielo; senza perdere quel non so che d'aereo e di nebuloso, ond'è così poetica e cara la contrada subalpina - questo bel paese che diè vita al Parini, il nostro poeta cittadino, e che gl'inspirò i versi immortali.

Le nostre parole erano rade e malinconiche. Passando dinanzi alla porta d'un casale, ch'è l'ultimo e il più alto del villaggio, la nostra attenzione fermossi sovra un gruppo di donne e di fanciulli sparsi sull'aia e sotto il pergolato del cortile. Cinque o sei bambini giuocavano carponi sul terreno, raccogliendo le pannocchie del *quarantino* ch'era stato quella stessa mattina sfogliato dalle donne: e queste, sedute poco stante da' figliuoli, quale agucchiando, quale rimendando pannilini, quale annaspando, attendevano a quel fanciullesco tramestio, discorrevan fra loro, o cantavano. Alla porta dell'oscura cucina della famiglia, se ne stava una bella vecchia, sul trespolo, intenta a filare; e dietro a lei, appoggiato a una spalla della porta, un contadino d'alta statura e di forme robuste occupavasi nell'arrotare una falce.

Questa scena campagnuola, che pur somiglia a tant'altre le quali ci passan sott'occhio nelle feconde contrade di questa nostra troppo bella e troppo invidiata parte d'Italia, sarebbe stata degna del pennello di un Londonio, d'un Cannella. Peccato che i più de' nostri pittori d'adesso, mentre il vero e il bello par loro affacciarsi, qui in casa, a ogni piè sospinto, vadano in cerca dell'ammanierato e del falso, copiando la natura dai giornali pittoreschi e dalle litografie parigine.

Al nostro passare, la vecchia ci riconobbe e salutò. Noi ci appressammo a lei; e in un momento, la famiglia tutta, grandi e piccini, le fu d'attorno. Ella non cessò per questo dal filare; e ne riguardava con volto sereno, amorevole. E, come usata ell'era con noi, ricominciò a parlare de' suoi cari, ch'eran tanti, del suo tempo passato, degli anni suoi, de' quali più non ricordava il numero. Al vederla, così ritta e composta com'era, coi bianchi capegli spartiti sulla fronte, colla vecchia sottana di panno bruno alla foggia montanara, povera sì, ma non lacera né rattoppata; all'udire quella sua voce lenta e chiara rispondere a ogni nostra dimanda, con idee semplici, aperte, e quel ch'è più, amorevoli sempre e buone; all'intenzione de' suoi occhi, appannati sì, ma non senza luce, che abbracciavano coll'espressione dell'affetto tutta la famiglia raccolta vicino a lei, era impossibile che il nostro cuore non fosse commosso da un senso di venerazione e di dolcezza.

Quella vecchia era veramente l'immagine della povertà tranquilla e giusta. - E come noi, di que' dì più che mai, avevamo in cuore l'amarezza di memorie dolorose, presenti ancora, può dirsi, e tutte nostre, non potemmo stare dal vedere in essa, come per involontario consentimento, quasi un simbolo. E pensammo a un'antica infelice, alla quale gli uomini han rapito tutto, ma non la coscienza di se stessa, non la speranza. L'animo travagliato così fa sempre; in ogni oggetto vuol riconoscere un'immagine di ciò che soffre, un presagio di ciò che aspetta. Ed essa era là, con la rassegnazione dell'anima buona, la quale mai non si crede inutile agli altri, ad aspettare, a desiderare che il suo ultimo giorno venisse; quel giorno, in cui, dopo il còmpito d'una vita travagliosa ed oscura, potesse anch'ella salire alla patria della vera speranza, alla patria di tutti.

La vecchia Anna (così aveva nome) contava quasi un secolo. Era l'ultima di sette sorelle, l'una dopo l'altra morte da un pezzo; le quali s'erano amate di quell'amore che le durezze della vita e la vicenda d'ogni mortal condizione lasciano ben di rado vivere intemerato quaggiù. Benché condotte dal povero loro destino in diverse e lontane terre della nostra contrada, avevano quelle sette sorelle serbata con religiosa fede una promessa da loro fatta alla madre quando morì; ch'esse cioè, come un lascito di fede amata sempre, avrebbero fatto passare dall'una all'altra, a mano a mano che il Signore le chiamasse, un rosario benedetto, l'unico dono che l'umile montanara potesse lasciare alle sue figliuole. L'Anna, la quale era l'ultima di loro, pregava da tanto tempo con quella modesta corona per l'anime de' buoni ch'essa aveva amato, e che già l'avevano preceduta nel viaggio della vita!

Giovane ancora, da molti era stata in quella lieta stagione richiesta d'amore; ché l'Anna era bellissima allora. E qualche volta l'udimmo ricordar tuttavia le serate invernali, quando i garzoni, dopo averla seguita per le stradicciuole del villaggio, cercavano alcun pretesto per venire a tenerle un po' di compagnia nell'umile cucina o nella stalla, mentr'essa filava colle sue maggiori sorelle, sotto gli occhi della madre. E anch'ella, una volta, amò in silenzio e in segreto: ché non aveva mai osato dire la passione viva del suo cuore! Così le anime più belle ed elette muoiono d'amore piuttosto che far sacrifizio di quel mistero pudico, che, dove non sia indovinato, non deve mai tradire se stesso.

E la povera Anna cominciò fin d'allora ad imparare la virtù del sacrificio. Dopo ch'essa ebbe rifiutato, con maraviglia di tutti nel paese, molti che la domandavano i fratelli suoi, non volendosi più intorno per casa il fastidio d'una zitella, la costrinsero a far come tutte le altre, accettando il primo galantuomo che fosse capitato. Quel marito non era quello desiderato da lei, pure tacque e obbedì.

Andò alla nuova casa, nella famiglia dell'uomo ch'ella accettò come a lei destinato dal Signore. Ma, per tutto un anno, non osò levar gli occhi sul volto di quell'uomo, né rispondere alla volontà di lui: poi assunse di buon grado la parte che le era stata fatta; e a poco a poco, la persuasione di compiere un dovere, un sentimento doloroso, ma non amaro, d'essere qui a soffrire anch'essa con tant'altri che vedeva soffrire, le mitigarono l'acerbità di que' giorni, che però mai non seppe dimenticare del tutto.

Dio non le volle dare nemmeno nella sua povertà, nella

solitudine dell'anima sua, la consolazione di essere madre. Essa raccolse e versò tutta la pienezza della sua affezione sul capo de' molti figliuoli de' cognati suoi, e fu per essi madre sollecita, vigile, innamorata. La famiglia a poco a poco crebbe numerosa e si tenne sempre unita. E l'Anna, la quale ormai vedeva sfiorita dall'età e dall'abitudine del patimento la sua bellezza un tempo così lodata, non ebbe più pensieri che per que' fanciulletti che le crescevano sani e vispi dintorno, e che soleva chiamare, come per farsi una cara illusione, i figliuoli de' suoi figliuoli.

Le cognate, le nipoti e gli altri tutti di quelle tre case che formavano una sola famiglia, la veneravano più che sorella e zia, e la chiamavano l'*Ameda*, nome antico, venuto dal latino *Amita* (che vuol dir zia), e tuttora vivo nel contado della Brianza.

E veramente l'Anna era la madre di tutti loro. Gli uomini le davano ascolto, perché ad essi parlava poche e giuste parole, come il cuore semplice ma diritto le suggeriva; da lei pigliavan consiglio le donne in tutte le faccende della casa, perché il bene degli altri la sollecitava, né essa aveva altro desiderio che la concordia e la pace de' suoi. Negli anni calamitosi, quando scarso era stato il ricolto per l'arida stagione, o quando venivano le gragnuole a portar via la piccola speranza del contadino, era lei la prima che tutti incuorava a sostenere con buon animo la mala ventura, la quale non mostra sempre il viso arcigno a chi non la tema: era lei che intanto mandava gli uomini a lavorare altre terre più fortunate della vicinanza, come giornalieri, per camparla alla meglio, fin che la trist'annata fosse caduta. E n'andava ella stessa a cercar lavoro per le donne nei palazzi de' buoni signori che conosceva, ne' filatoi poco lontani, alle botteghe del borgo ove si tiene il mercato. Per sé poi teneva la cura di tutto il bisognevole nella casa; metteva ordine rigoroso al poco avere comune, prendendosi più che mai pensiero dei fanciulli, de' quali a ogni poco vedevasi pargoleggiare intorno qualcheduno di più. Così ell'era, in certa guisa, proprio la provvidenza della famiglia.

E tutti a lei obbedivano volentieri, perché non aveva predilezioni, non domestici raggiri, né rancori, né misteri di sorta. Dove appena vedesse nascere qualche cosa di sinistro, di torbido in casa, non lasciava che la mala erba crescesse, parlava subito, diceva il cuor suo, senza acerbità, senza dispetto; medicava la piaga appena scoperta per non vederla incancrenire. E tutto ciò faceva per una persuasione del cuore, per una ispirazione di bene, diventata in lei cosa abituale, naturale. Il suo uomo, a cui, dopo quel primo anno di contegno restio, ella s'era fiduciosamente abbandonata, non sapeva far nulla senz'averne prima parlato colla reggitora (così egli pure la chiamava) : e sì che tutto il paese considerava l'Andrea un messere di proposito, un uom di pareri, come dicono. Alla fine, la generazione ch'essa aveva veduto crescere, soffrire, amare intorno a lei, era quasi tutta sparita. Ella trovossi ormai sola. Era tanto tempo che aspettava la sua ora: e soleva dire al giovane curato del paese, ogni volta ch'e' si fermasse alla soglia del cascinale, che la prima campana avrebbe suonato per lei. Da forse dieci anni anche il suo uomo era morto; la famiglia s'era disseminata qua e là, per le cose nuove, per la coscrizione, per qualche utile allogamento che aveva disviato parecchi figliuoli. E gli ultimi tempi erano stati i più fatali anche per essa. L'avevano veduta molte volte camminare alla casa del curato, l'avevano udita chiedergli novella di due de' figli suoi che da molti mesi non tornavano più; e quando seppe che uno di loro era morto in guerra, e che l'altro viveva, misero ma onorato, del proprio sudore, in un lontano paese, ella non pianse, ma ringraziò Dio dal fondo dell'anima, che li avesse aiutati. Pure ormai, quando appena uno le mancasse, sentivasi come perduta; dal giorno che le sue mani indebolite cominciarono a sentire il peso della conocchia e del fuso, immalinconì, e credè di non essere più necessaria a' suoi su questa terra.

Un anno, e fu degli ultimi di sua vita, il proprietario delle terre su cui, da forse secoli, campava poveramente contenta quella patriarcale famiglia, trovò modo di far annoverare l'Anna fra le dodici povere vecchie le quali erano destinate a figurare nello spettacolo della lavanda de' piedi, alla Corte del vicerè, la mattina del giovedì santo. La buona vecchierella, che mai non era uscita dal giro de' suoi monti, che una volta appena era ita fino a Como, al tempo di Napoleone, quando volle accompagnare nel febbraio del 1812 il più giovane de' suoi nipoti, il Beniamino della famiglia, destinato a partire col fiore de' nostri valorosi per la campagna di Russia; la buona vecchierella non voleva lasciare il suo antico nido, per comparire in pubblico, a Milano, dove non era stata mai, in quella funzione di cui non sapeva proprio spiegarsi il perché. Ma quando le dissero che avrebbe così potuto metter via un gruzzoletto di cento lire almeno; essa riflettendo che in quell'anno l'asciutta aveva mandato a male i grani, pensò che codesto sagrificio avrebbe fruttato a' suoi; né potendo fare altro bene per loro, se ne venne fino a Milano, e s'accontentò di far la parte sua in quella festa per lei curiosa e strana, d'una corte, d'una gala, d'una città così abitata di signori, così romorosa e superba. Ma quando, dopo la lontananza d'una settimana, rivide le colme de' suoi monti, e le lontane calve creste della Vallassina, pianse di gioia fanciullescamente, e rese grazie al Signore di poter tornare a nascondersi nella sua casipola.

I tumulti del mondo non erano mai giunti a turbare la sua solitudine, e la sua vita era sempre stata press'a poco la stessa: aveva veduto venire e sparire Tedeschi e Francesi, tornar questi, e tornar quelli; avea lagrimato i molti figliuoli che sui vent'anni, l'un dopo l'altro, le erano staccati dal fianco, aveva attraversato un secolo di guerre, di paci, di rivoluzioni, senza pure accorgersi di quanto avessero guadagnato, o perduto le generazioni nate e cresciute con lei, e passate prima di lei.

Al principio dell'ultimo inverno, la povera Anna morì. Circondata da' suoi, consolata dall'amore di tutti, che la compensava di quello da lei versato su di loro nella lunga sua vita, essa finì lentamente, come lampada che a poco a poco si spenga, finì quieta, serena, benedetta. Un bambino di poco più d'un anno, l'ultimo nato in casa, e che nascendo era stato inconsapevole cagione della morte della più giovane sposa entrata nella famiglia, si tenne sempre al letto della sua *Ameda* per tutto il tempo che durò la malattia di lei. La povera Anna, colle cure del suo affetto miracoloso aveva salvo quel bambino, il quale, miserello e gramo al nascere, pareva non avesse che un sottil soffio di vita. E il fanciulletto aveva già imparato ad amarla sì fortemente che nessuno poté distaccarlo da quel letto, né stornarlo dalle carezze ch'ei prodigava alla moribonda vecchia.

E dopo ch'essa morì, e fu portata al camposanto sulla

collina, quell'innocente aspetta ancora la sua *Ameda*, domanda dove sia, e si pone ogni dì sulla porta del casolare a guardare s'ella ritorni.

Selmo e Fiorenza

[1853]

I villan vispi e sciolti
Sparsi per li ricolti:
E i membri non mai stanchi
Dietro il crescente pane;
E i baldanzosi fianchi
De le ardite villane;
E il bel volto giocondo
Fra il bruno e il rubicondo.

PARINI, *La salubrità dell'aria*

I.
Il fazzoletto della sposa

Uno de' più benedetti angoli di Lombardia, di questa nostra cara parte di patria, così bella e per questo appunto così desiata e così infelice, è quel tratto della superiore Brianza che, dispiegandosi quasi in magico anfiteatro al di qua de' monti di Lecco, fino ai primi rialti della Vallassina, irrigato di pittoreschi laghetti, e tutto gremito di villaggi, di ville, di casali, forma quello che chiamiamo il *Pian d'Erba*, dal nome della terra più considerevole della contrada. Fu in quell'aere, tra que' colli dai dolcissimi pendii, da lui prediletti e salutati col suo verso immortale, che il più povero e forse il più grande de' nostri poeti civili, il Parini, ebbe la cuna. E quante volte io ritorno a respirare quell'aria, a contemplare quei monti, quell'acque, quel cielo, là dove albergano già tant'altre memorie del mio cuore, mi par come di sentire, nel bello semplice e maestoso della natura, nell'armonia solenne delle linee alpine, mano mano digradanti fino all'ampia e ubertosa pianura, una voce misteriosa di speranza e di pace, un amore più vero della vita e del bene. Gli anni miei fanciulleschi corsero per la maggior parte nella serena e aperta campagna; e ora, negli anni delle deluse aspettazioni e della ferrea necessità umana che ride e trionfa, l'anima mia ritorna a quell'asilo dimenticato, col malinconico e sincero voto del mio vecchio poeta. Non è inerzia di cuore, né vile amor proprio che ravviva così fatte speranze: il vecchio Parini, dopo di avere indirizzato

L'italo verso, a render saggi e buoni

i cittadini suoi, sospirava la famiglia e le meste piante della sua pendice; eppure moriva dimenticato, in mezzo alla città popolosa, al romore d'una rivoluzione.

Da nessun luogo, meglio che dalle belle e pittoresche alture sorgenti grado grado dietro alla lenta costiera, su cui si distende, a somiglianza di una piccola città, la terra di Erba, s'apre all'occhio la vasta e tranquilla prospettiva di quella incantata parte di Lombardia. Là, più che nella colta e signorile Brianza (ov'è, diresti quasi, penetrato già l'acre profumo dell'aria cittadina) si respira in libertà e in pace; là il contadino, nel suo rozzo stampo nativo, sembra essere più indipendente, più schietto: e s'incontrano più frequenti che altrove di que' vecchi coloni, che i campagnuoli tra loro sogliono ancora chiamare i reggitori, fedeli a' costumi de' padri loro, e tenaci a non smettere i calzoni corti, il giubbone di mezzolano, gli alti e acuminati cappelli contadineschi: le famiglie durano da parecchie generazioni sullo stesso podere; poveri ancora, perché i terreni vi sono men pingui, più restia la coltura; ma amano di più il loro focolare, e il campanile della parrocchia; come in generale, puoi scorgere tra il popolo campagnuolo, quanto più t'avvicini alla montagna. Che se alcuno vuol dire non essere più così al momento ch'io scrivo, certamente quella vaghissima porzione del paese nostro conservava ancora, se non tutta, in gran parte la sua ingenua particolar fisonomia pochi anni fa, al tempo in cui avvennero gli oscuri fatti ch'io voglio ricordare.

Sovra uno di que' poggi, da cui le montagne a manca, e, più sotto, Erba, i laghi e tutto il piano si possono coll'occhio abbracciare come in un gran quadro, si vede ancora, alquanto fuor di via, un cascinale, che col suo nome di *Mirabello* indica abbastanza l'ameno sito ove fu alla buona, e forse già da un secolo, fabbricato, aggiungendo pilastri e tettoie a una vecchia casipola, da più lontano tempo sorgente su quell'ameno poggio. Una stradicciuola campestre, svoltando all'angolo del giardino di una superba villa del contorno, saliva alla solitaria dimora; da una parte, un bel bosco di castagni e di querce attinenti alla villa; dall'altra, prati in pendio, sparsi qua e là di piante fruttifere; e, listato di qualche filare di viti, il sentiero si perdeva su per l'alturato s'intrecciava colle incerte viottole del monte superiore.

La cascina, somigliante a tutte l'altre che popolano i dossi da quelle parti, bastava appena all'abitazione d'una famiglia di coloni: un'aia sul davanti, e, appoggiate ai pilastri, zappe, ronche, badili in fascio; da un canto la carriuola a stanghe, e un altro veicolo di forma particolare, che chiamano *dara*, onde si servono a trasportar grossi carichi dall'alpe: un loggiato superiore, sotto il pendente tetto, era all'infuori tappezzato, dall'alto al basso, di sfogliate pannocchie luccicanti e dorate al raggio del bel sole: e il basso portico di sotto vedevasi da un de' lati ingombro di legne accatastate; lungo la muraglia, appesi all'impalcato, vaglio, ventilabri e battitoi. Ma quello che faceva notar fra l'altre del contorno l'umile cascina della quale io parlo, quello in che avevano messa i suoi poveri abitatori una specie d'orgoglio, era un'antica immagine della Madonna, ultima reliquia d'una montana cappella colà edificata in tempi caduti dalla memoria; una di quelle madonne dipinte sull'intonaco, nel rozzo stile di quattrocent'anni fa, coll'aureola a raggi screziati, e due teste di santi che guardano all'insù e lasciano scorgere mezzo piviale e un bordone da pellegrino, o una croce. In quell'angolo, quasi nel domestico rifugio, si raccoglievano a piè dell'imagine santa, per dire il rosario, e pregare in comune, quando, dai calvi cocuzzoli della Mandellasca, vedevano sorgere nugoloni neri; quando da val Mara o da val di Caslino, il rovaio menava la gragnuola, accendevano divotamente un lumicino dinnanzi alla Madonna, alla consolatrice di tutti i dolori.

    La famiglia che colà dimorava, di generazione in generazione, aveva continuato sempre a lavorare quei terreni, fin da quando durarono in possesso del vicino convento, e passarono di poi, sul finir dell'ultimo secolo, nelle mani d'un ricco signore, dal quale fu trasmutato il convento in agiata e splendida villa, e gli orti de' cappuccini in vasto giardino maestoso. Le terre non erano, per dir vero, molto fruttuose, ma il padron nuovo avea tirato sempre innanzi sul piede antico: non angariati i coloni per la pigione; dove il raccolto riuscisse troppo scarso in qualche annata, il pane almeno non mancava mai; più d'una volta, quando alcuna delle bestie era venuta a dare il crollo, quella buona gente non avea durato fatica per ottenere l'anticipazione di qualche piccola somma a rimedio della disgrazia. E, fra loro, ricordavano, ancora più d'un figliuolo sui vent'anni, scampato per le buone pratiche e col danaro de' padroni, dalla coscrizione, onde lo straniero strappava all'Italia i suoi figliuoli.

    Ma, intorno al tempo che comincia questa storia - da tutti dimenticata fuor che da me, che vorrei poterla raccontare alla buona, così come l'intesi, in una bella serata d'autunno, da un vecchio compare del paese, il quale vi aveva avuto la sua parte -

la povera famiglia del Mirabello sentiva tuttavia il peso d'una sventura ben più funesta, una delle più grandi che sopravvengono in una casa di contadini. La donna del reggitore era morta.

È questa una di quelle disgrazie che, nelle povere famiglie di campagna, troppo spesso si mena dietro, l'un dopo l'altro, tutti i domestici guai: manca a un tratto il centro de' pensieri, degli affetti, delle bisogne comuni; non c'è più chi tenga uniti d'accordo figliuoli, fanciulle, nuore; nessuno pensa più come prima all'economia della casa, allo sparagno delle poche biancherie, a cui provvedevano i bruni scampoli di tela grossa e serrata, tessuta in famiglia: le chioccie e i pulcini nella corte e per l'orticello sono divenuti più radi; e quello ch'è più tristo a dire, il vecchio messere ha perduto il gaio umore, la volontà e il coraggio: siede soletto per lunghe ore sulla rustica panca, ov'era uso a parlar dei figliuoli e delle cose sue coll'annosa compagna de' suoi giorni intenta alla conocchia; quel tempo è passato, le faccende vanno come Dio vuole; né egli vuota più il suo bicchiere della domenica, né parla con nessuno: non è più lui. Così anche il vecchio Bernardo, il buon colono della cascina di Mirabello, divenne tutt'altr'uomo da quello ch'e' fu, dopo aver perduta la sua Marianna, che contava al par di lui sessantacinque anni, de' quali la più gran parte avevano passata insieme, contenti della loro povera sorte e di quella corona di robusti e bei figliuoli che loro aveva dato il Signore.

La primogenita della famiglia, ed era la prediletta del vedovo Bernardo, aveva un bel nome; e, a dir vero, le stava bene; ché in tutto quel contado difficilmente si sarebbe trovata una fanciulla, alla quale meglio convenisse che a lei d'esser nomata Fiorenza. Aveva essa di poco oltrepassato quel felice tempo della vita, in cui gli anni si dimenticano o non si contano ancora, perché il cammino, che si apre appena dinanzi, pare così lungo e così bello. Avresti anzi detto che non li toccasse ancora que' lieti vent'anni! Era alta della persona, di forme spiccate, rigogliose; l'andar suo pronto; ma il gesto e ogni atto serbavano ancora non so quale ingenuità e leggiadria che rispondeva pur bene alla giovinezza, e in uno alla gioia e povertà della sua vita. Ma ciò che in lei più rapiva gli sguardi era il gentile contorno della testa e del volto; que' lineamenti soavi insieme e severi, che ricordano le

Madonne del nostro Luino. Bruno anziché no il suo viso; ma il sottile e bruno sopracciglio, e due neri occhioni lampeggianti, e il naturale sorriso che sempre appariva sulle brevi sue labbra color di rosa, un sorriso ch'era proprio un riflesso dell'animo buono e allegro, davano alla Fiorenza quel segreto incanto che è tanto più possente e più vero, perché viene dalla misteriosa bellezza del cuore; quella magia che si rivela sotto qualunque apparenza, per umile o negletta che sia, e ha sempre in sé medesima qualche cosa di divino.

In quasi tutti i paesi del piano, nel giro di forse dieci o quindici miglia, era nota e lodata la bellezza di Fiorenza. Quando la scorgevano calare dalla stradicciuola della cascina, alla domenica, per venire alla chiesa di Santa Maria, tenendosi per mano la Linda, sua minore sorella, di quindici anni appena; quando passava, franco il passo, ma dimesso lo sguardo, attraverso i crocchi dei giovani contadini raccolti ad aspettare sul verdeggiante sagrato; quando, per certe provviste della famiglia (e non era di rado, poi che morta le fu la mamma), s'arrischiava sola, a lasciarsi vedere nelle vie di Erba, e di là a scendere nel piano di Vill'Incino ove si tiene ogni settimana un grosso mercato, non mancavano mai alla fanciulla del Mirabello saluti e sorrisi, né quell'ammirazione un po' franca, a cui sono use le belle figliuole del contado; né talora certe ricise cortesie all'alpigiana, troppo ardite, ond'esse però sanno schermirsi meglio che con parole.

E non erano mancati in quell'anno, fra i tanti che le venivano dietro cogli occhi e col cuore, alcuni che, meglio avvisati, sapendo com'ella fosse sempre stata una savia fanciulla, e non avesse mai dato mente a ciance o promesse di chicchessia, eran venuti colla scusa di qualche negozio al Mirabello, per iscavar terreno e indovinare l'intenzione del vecchio Bernardo sul conto della figliuola. E ben aveva potuto addarsene la Fiorenza, alla quale non era dispiaciuto mai il sentirsi dir bella, e il vedersi cercata da più d'uno di que' garzoni ch'erano, a detta di tutti, il fior del paese.

Ma il padre, dopo la disgrazia, non si sentiva più d'animo di distaccarsi dalla sua creatura; e i due fratelli di Fiorenza, Costante e Andrea, i quali vedevano il vecchio messere ogni giorno farsi più tristo e camminar male, e dare addietro anche gl'interessi, mettevan fuori or questa or quella ragione per iscontentare i pretendenti; sperando così che, per qualche anno almeno, la sorella maggiore continuasse a restare nella famiglia, e smettendo quella benedetta voglia di marito, tenesse, bene o male, il maneggio di casa. E alla Fiorenza, per dir vero, fino allora non era nato ancora il serio pensiero di farsi sposa alla sua volta; ella, se ne togli un po' di malinconia che le s'era fatta compagna dopo la morte della madre, non aveva, può dirsi, avuto mai altro che gioia e sereno nella sua vita.

Pure, da un mese, nella famiglia del Mirabello, le cose avevan mutato sembianza; e forse il cuore della Fiorenza non era più quello di prima. Appena si trovava sola, quando i due fratelli suoi si dilungassero fuori pei campi, e mentre il padre, non sapendo più di che occuparsi, consumava l'ore a tormentare gli stecchiti tralci di certe grame viti da lui piantate tre anni innanzi nell'attiguo orticello, per compiacere al desiderio della sua povera Marianna, l'avresti veduta uscir pensosa di sotto il portico, andar a sedere presso la fontana, dov'era la siepe di biancospino che serviva di recinto alla cascina; e colà lasciar cadere sul grembo le mani, colla grossa calza di filaccio a cui stava lavorando, e starsene immobile, pieni gli occhi di lagrime, finché la piccola Linda, non trovatala più in casa, le corresse d'accanto, e accoccolata ai suoi piedi sull'erba, levasse a lei la bionda testina, che Fiorenza accarezzava con tenerezza quasi materna. Chiunque, al vederla così, di subito si sarebbe accorto che nuovi pensieri le si erano svegliati nel cuore, che la sua anima si era accorta di una vita fino allora sconosciuta, eppure già cara; la quale le rapiva tutto il passato, né ancora le prometteva l'avvenire.

Anselmo o, come il chiamavan tutti, Selmo, era l'ultimo di quattro figli d'un vecchio falegname di Alserio, terricciuola melanconica situata in riva d'uno de' laghetti del Piano, a poca distanza dai colli. In quel paese abitano più scarse le famiglie di coltivatori, non vedendosi ne' contorni del lago d'Alserio che solitari canneti, praticelli pantanosi e terre sorgive: là presso, ci son luoghi opportuni a mulini; e parecchi ne scopri sparsi lungo i rigagnoli, a breve tratto dal paesetto. Il falegname d'Alserio, conosciuto nel villaggio e fuori per uomo dabbene e destro nell'arte sua, teneva pratiche bene avviate in tutto il piano, e aveva veduto prosperare i suoi negozi d'anno in anno; sollecito, e invecchiato nel mestiere, aveva saputo a tempo allevare in quello i tre maggiori figliuoli, tre gagliardi che la Provvidenza gli aveva concesso di buon'ora, perché gli dessero saldo aiuto nella bottega, senza bisogno d'altri giovani marangoni, per quanto venisse a crescere la pressa del lavoro.

Ma l'ultimo de' figliuoli, Selmo, aveva da natura sortita un'indole taciturna, meno robusta di quella de' fratelli suoi, direi quasi delicata; agile e spigliato di forme, egli era però, al confronto della sua statura, troppo mingherlino: si piaceva della solitudine de' campi, e della vita all'aria libera; onde il lavoro nella bottega gli riusciva penoso e quasi insopportabile. Per questo, egli preferse al mestiere del padre e de' fratelli quello del manovale, contuttoché i suoi gli dicessero che voleva mangiare un pan più duro: né gli tornava a male la sua predilezione per quell'umile vita e vagabonda, nella quale pareva a lui come d'aver rinvenuto maggiore libertà e indipendenza. Ben di rado egli rimaneva per un'intera settimana presso la famiglia; il più dell'anno, errando di paese in paese, dove lo chiamasse il lavoro, già aveva percorsa tutta la Brianza e quel di Lecco, s'era addentrato nelle vallate del Bergamasco, e più d'una volta era anche venuto fino a Milano. In queste sue peregrinazioni, dietro un po' di ben di Dio, il giovine manovale aveva saputo conservare il suo cuor buono e franco, tenendo sempre la dritta via, non mettendo mai troppa fede in coloro che volevano dargli de' pareri: ricordandosi sopra tutto della sua povera casupola e della promessa che da un pezzo aveva fatta a sé medesimo, di non chiedere a nessuno, fuor che alle braccia sue, la vita; e ringraziando ogni giorno il Signore che gli mandasse buona volontà e lavoro. Come poi Selmo tornavasene a casa (e vi capitava regolarmente tre o quattro volte l'anno) non aveva mancato mai di porre nelle mani del vecchio messere qualche cinquantina di lire, il risparmio sul suo pane di tutti i giorni: gli si allargava il cuore quando la ruvida mano del vecchio stringeva la sua, e lo vedeva guardar su, verso il cielo, come per ringraziare

Colui che gli aveva dato del bene.

L'ultima volta che Selmo era venuto ad Alserio, gli occorse un'avventura, la quale doveva in breve tempo cangiar del tutto il suo destino.

Sul far della sera, tornando, per una delle stradicciuole fiancheggianti la via maestra di Como, verso il suo paesello, giunto a poca distanza d'Erba, sulla verde spianata, la quale si stende dinanzi ad una delle ville che dominano quelle alture, si abbatté in una schiera di giovani compagnoni, di cui parecchi gli eran noti, altri no, vegnenti alla sua volta, stretti al braccio l'un dell'altro e strillando in coro una stonata cantafera: per buona ventura le parole ne sfuggivano perdute in certe bizzarre cadenze e nelle incondite note onde alcuni infioravano il canto. Erano costoro tra i più ribaldi di quel contado; parecchi avevan gittato in un canto la marra e la zappa per acconciarsi come operai nelle fabbriche e filatoi che mano mano sorgono anche da quelle parti: tirannia e miseria della campagna. Era la domenica, e uscivano in frotta dalla taverna, leggera la testa e i cervelli ballonzolanti per i fumi del vino. Poco prima che Selmo li avesse raggiunti, vide quella insolente brigata farsi attorno a due fanciulle, le quali ne venivano per la stessa via: gli parve scorgere come se levassero le mani sovr'esse, con matte risa e strilli, per far loro forse un po' di spavento e nulla più; ma, poiché le due poverette ritrose, impaurite da cotali atti, cominciarono a gridare e tentarono fuggir loro di mano, Selmo sentì ribollirsi tutto il sangue, non ci vide più: avventandosi co' pugni serrati contro que' briachi arroganti, gridò: «Lasciate stare, o ne fo freddo qualcuno io...». E alla minaccia volle far seguire l'effetto; giacché al primo che gli venne tra' piedi assestò tra costa e costa un pugno siffatto che gli tolse il fiato e lo rovesciò voltoloni a due passi, attraverso il fossatello della via. Ma, fatto appena quel colpo, mal gliene incolse; tutti quanti gli altri gli furono sopra in un baleno, né riuscì più a schermirsi; erano grida, bestemmie, percosse da ogni parte. Se non che, la stretta durò poco; il povero Selmo vacillò, cadde, non sentì più nulla. Rinvenuto, si trovò là solo, abbandonato, senza lena di pur levarsi da terra; e già era notte fatta. Lacero, malconcio, ma almeno non ferito (e parve miracolo, essendoché ogni ardito tra quei giovani contadini non si faccia mai scrupolo a maneggiar falcetto o coltello), Selmo si trascinò fino a casa; non fe' motto con nessuno; e il giorno dopo, quantunque si sentisse nelle vene il ribrezzo della febbre, innanzi che fosse l'alba, era scomparso.

Quelle due fanciulle, da lui scampate a rischio della vita, erano la Fiorenza e una sua compagna, bella quasi al par di lei, del non lontano paesello di Crevenna: nel tafferuglio, tra l'angoscia e lo sgomento, le due giovinette non avevano riconosiuto il buon garzone che per salvarle s'era messo a disperato cimento; forse neppur sapevano chi fosse. Ma quando l'avventura fu raccontata, quando fe' il giro d'ogni casa e d'ogni cascina, e chi a un modo la disse e chi a un altro, tutti però narrandola come cosa molto più seria e più terribile di quello che la fosse stata, alla Fiorenza venne in cuore un gran desiderio di rivedere il giovine, a cui le pareva già di dover qualche cosa di più che un po' di riconoscenza. E passato un mese, quando nessuno parlò più di quel caso - il quale d'altronde non di rado incontra, in quell'aria tra il monte e piano, ove amore tenzona in libertà, e non ispasima alla moda, - la fanciulla del Mirabello se ne ricordava più che mai; e un giorno che vide di lontano il giovine, subito lo riconobbe, e arrossì tutta. E Selmo non mostrò d'essersi accorto di lei, sebbene in quel momento il suo cuore non battesse forse men rapido del cuore della fanciulla: capì d'improvviso che qualcosa di nuovo succedeva dentro di lui: si sentì come impacciato, confuso, arrabbiato quasi contro sé medesimo; e volgendosi d'improvviso a due de' suoi fratelli che venivano con lui, disse fra i denti che doveva tornare indietro. Così diè loro le spalle: né essi sapevano che sorte di mattia girasse in capo al fratello; si guardarono in faccia; ma usi al suo umore strano spesso e selvatico, senza farne maraviglia, gli diedero commiato con due grosse risate. Da quell'ora, il pensiero della Fiorenza, benché talvolta anche a dispetto suo, non si scompagnò più dal povero Selmo.

Così erano passati tre o quattro mesi. Fu in allora che

Ignazio, il falegname d'Alserio, vedendo avvicinarsi per l'ultimo de' suoi figliuoli quel tristo momento della coscrizione, quella stessa sorte che gli altri di mano in mano avevano potuto sani e salvi passare, per il capriccio d'un numero, o piuttosto, come diceva il vecchio, per le orazioni della buon'anima della sua Martina, pensò di suggerire a Selmo che prendesse moglie; dicendogli come per i poveri non ci sia altra scappatoia che questa, né bisogni aspettare che la Provvidenza abbia proprio a far tutto lei quello che vogliono di buono gli uomini a questo mondo. Il giovine a cosiffatta profferta non rispose sulle prime né sì, né no; volle pensarci su, e non ebbe animo di confessare, poveretto! che ci pensava da un pezzo. Quando il padre gliene riparlò, disse che gli premeva sentire, prima di risolversi, un buon parere del signor curato.

E il buon parere non s'era fatto aspettare. Quando il curato, uom semplice e savio, o per dir come tutti i contadini di quelle terre, un vero prete del Signore, ebbe penetrato col dolce e sereno suo sguardo l'animo di Selmo; e appena si fu persuaso che, per la bella figlia di Bernardo, sarebbe stata una grazia piovuta dal cielo un marito onesto e buono come Selmo d'Alserio, seppe acquietare con miti consigli il turbato cuore del giovine, dicendogli che prendeva sopra di sé di far in maniera che tutto riuscisse a bene. Senza lasciar freddare la cosa, venne il dì seguente al Mirabello, con un libro fra mano; come se, passeggiando e leggendo, i passi l'avessero condotto per caso su quel sentiero: e lasciato sfogare alquanto il vecchio messere su' troppi fastidi che lo intorniavano, riuscì a cavar di bocca alla Fiorenza poche parole interrotte, vergognose, che bastarono a fargli capire come l'intento suo potesse tornar più facile di quanto egli pensava nel dirizzare il passeggio verso quell'altura. Se n'andò pago il curato, non senza lasciar indovinare alla fanciulla, con certe parole buttate all'aria, come lui ne sapesse di più di quanto aveva detto. E la Fiorenza, dopo quel giorno, fu a quando a quando più pensosa di prima; talvolta anche più allegra, più folleggiante di quello che l'avessero vista mai. E pareva che, in cuore, le si fosse raddoppiato l'amore che portava alla piccola Linda; sempre la teneva seco, le parlava come mai non aveva fatto; forse né l'una né l'altra sapeva il perché di quell'affetto così vivo, così puro, così pieno di dolcezza e di gaudio.

Non andò una settimana, e al signor curato venne fatto di conseguire più che non avesse promesso. Il messere del Mirabello e il buon falegname d'Alserio s'erano abboccati, e in un buon punto; giacché si accomiatarono, contentoni l'un l'altro. Poi Ignazio s'era aperto alla schietta, come sempre usava, col figliuolo; e così in poco d'ora vennero d'accordo; né tra loro, di quello che avea ad essere, si parlò più, come di cosa fatta.

Era in quel momento che la Fiorenza, con la timida preoccupazione del cuore che, desto per la prima volta da qualche cosa che dice di dentro, in confuso, non essere l'amore solo desiderio e speranza, ma timore e dovere; era a quel momento, io diceva, ch'essa, aspettando di giorno in giorno che la sua sorte fosse decisa, sospirava che Selmo, secondo che le avevan fatto sapere, venisse al cascinale in compagnia del padre, per tutto quanto ancora restava a farsi prima del matrimonio, e anche per fissare quel benedetto giorno e portarle, com'è costume, il regalo di sposa.

Mentre, un'ora prima che il sole dicesse addio a quei monti, tornati i fratelli e il padre da' campi, la famiglia del Mirabello se ne stava raccolta sull'aia, videro salire alla loro volta Ignazio d'Alserio. Al suo fianco camminava uno de' figliuoli, e dietro a loro, quasi studioso di nascondersi, l'altro, - cioè Selmo; il quale s'avanzava a rilento e chino il capo, come se nulla v'avesse egli a fare.

Non è a dire la festa con che si accolsero quegli aspettati: i due messeri, fatte poche parole sul buon ricolto dell'annata e sul lungo sereno di quell'autunno, s'appartarono a discorrere della cosa che più importava; intanto che i due giovani restarono in faccia l'uno dell'altra, mutoli, impacciati come non li aveano mai visti al mondo; però che gli altri, curiosi di spassarsela di quel loro impaccio, li lasciavano sempre lì, discorrendo a parte, e ridendosela di sottecchi. Tutto s'era intanto combinato dai parenti. La sposa avrebbe portato, oltre un piccolo corredo di biancherie, ch'era parte e reliquia di quelle della sua povera mamma, sei camicie nuove, l'arcolaio, la croce per raddoppiar la seta, la zangola, e un paiuolo; i fratelli del promesso le avrebbero donato farsetto e sottanella di lana. Selmo poi si riserbava di pensare a tutto il restante per allestir la casa; e, per il regalo alla sposa, una bella guarnitura di spilli d'argento.

I due vecchi si toccarono la mano; e più che mai contenti vennero in mezzo de' figliuoli, a due de' quali batteva più forte il cuore che a tutti gli altri.

«Viva dunque!» disse primo il padre di Selmo.

«Viva pure!» gridarono tutti insieme i garzoni: «Viva la sposa!».

Selmo taceva, ma negli occhi gli lampeggiava la gioia secreta dell'animo; e Fiorenza se n'accorse, poiché lo guardò un poco e sorrise; poi, traendosi più vicina la cara sua Linda, chinato il capo sopra di lei, si coperse colle mani la faccia.

Per quel giorno tutti avevano troppi pensieri in mente, perché la sicura espressione de' cuori trovasse la sua via; ond'è che, passata mezz'ora, i due promessi si salutarono con un saluto fatuo, asciutto, che non voleva significar nulla. Ma, al momento d'andarsene, Selmo tolse fuori un bel fazzoletto colle frangie, di mille colori, e senz'altro dire lo mise nelle mani della Fiorenza; poi subito andò via, dietro a' suoi. Era quello il primo dono che si sogliono fare i contadini, quando sono promessi: dal momento che una fanciulla riceve alcuna cosa da colui che l'ha cercata, si tiene come legata per sempre; e, ben di rado, ridomanda un cuore che non è più suo.

Passato qualche tempo, Selmo si lasciò vedere di nuovo al Mirabello: era a mezzo il settembre, e le nozze dovevano farsi al principio del novembre, verso il san Martino; giacché il figliuolo d'Ignazio, una volta ch'ebbe in pensiero di domandare la Fiorenza, determinò pure di rinunziare alla vita errante del manovale. E fortuna gli offerse la buona occasione di tramutarsi in una piccola masseria sopra un bel tenere, al di là del laghetto d'Alserio, ove sperava trovar da vivere, abbastanza sicuro e quieto colla sua nuova famigliuola. Avrebbe voluto il padre a ogni costo tenerselo in casa, sapendo come Selmo, con tutte le malinconie che aveva, fosse ancora il più giudizioso e il più buono de' figli suoi: ma egli, di tempra solitaria, libera, e, se volete, un po' selvaggia, scelse di far vita separata, e di sedere al focolare colla sola compagnia della donna sua e delle creature che Dio avrebbe loro mandato.

La domenica appresso, fra i drappelletti delle fanciulle che venivano d'ogni parte alla chiesa di Santa Maria, fu veduta la Fiorenza, più serena insieme e più contegnosa dell'usato, attraversare con presti passi il sagrato e nascondersi tra le amiche, non senza lasciarsi cadere per un momento, in fallo o a studio, la pezzuola ond'era coperta, forse perché si vedesse quella graziosa sua testa, incoronata d'un bel cerchio di spilloni nuovi che svegliarono un brulichìo d'invidia in ogni cuor di diciott'anni, intanto ch'ella passava.

Non piccola briga in que' giorni si doveva dar Selmo apparecchiando il bisognevole nella nuova vita che stava per cominciare: non di meno, sapeva spesso trovare il tempo di far quel sentieruolo già conosciuto; né gli pareva di finir bene quella giornata, in cui non potesse venire a salutare il rustico recinto del Mirabello. Colà, egli sedeva sopra una rozza panca, presso al vecchio Bernardo; il quale, una volta acconciato quel negozio della figliuola, era tornato serio e inerte come prima: colà il giovane era lieto di seguire collo sguardo la sua bella fidanzata, mentr'ella andava e veniva, occupata nelle faccende della famiglia; e alternavano intanto care parole fra loro, e molti disegni per lo avvenire.

Il povero Selmo non era stato mai così felice come in allora. Ma succede nelle cose di quaggiù come vediamo nel cielo: dopo un lungo sereno, ecco che spicca sull'orizzonte una nuvoletta, simile a un fumo sottile, la quale a poco si avanza, s'ingrossa, e prepara il mal tempo.

II.
Incauta prova

La villa superba che, a breve distanza dell'umile cascina di Bernardo, sorgeva in mezzo a una delizia di fiori e d'ombre, era quasi sempre deserta e tutta chiusa; giacché gl'illustri padroni poco diletto si prendevano di quella maestosa e troppo alpestre solitudine. Pure, se non tutti gli anni, a quando a quando, ne' bei mesi d'autunno, in quei vasti cortili echeggiavano gli squilli delle cornette de' postiglioni, lo scalpito dei cavalli, un abbaiar di mute, un confuso clamore di servi e palafrenieri, il che voleva dire che i signori del luogo erano venuti a cercar nelle noie della campagna la dimenticanza delle noie cittadinesche. Così, per parecchie settimane era festa e romore nella villa, come nel dintorno: i piccoli bottegai de' vicini paeselli si ringalluzzivano al vedere spalancati i balconi del palazzo; correvano sulla soglia, al passar delle carrozze, per far le sberrettate di dovere. E, per tutto quel tempo, nella villa si succedeano lieti conviti, diporti, scampagnate, e s'alternavano baldanzose, eleganti comitive: bisogna però dire che, passata qualche settimana, tutti quei felici oziosi erano, o dovevano essere, qual più qual meno, annoiati: così voleva in allora, come presso a poco vuol sempre, il dispotismo della moda.

Già sapete che la cascina dei Mirabello era situata sur un poggetto sorgente dietro i giardini della villa, dalla quale dipendeva. Durava ancora costume, fin dal tempo de' vecchi padroni, che da quella cascina si recasse ogni mattina alla villa il latte che poteva bisognare al credenziere della casa; anzi, per ciò appunto (ché lo si stimava quasi un singolar privilegio) al mezzaiuolo del Mirabello era stato imposto il patto di tenersi in istalla due giovenche, per tutto il durar dell'autunno almeno. E, ogni mattina, avresti veduto la bella figliuola di Bernardo scendere per le viottole dell'orto, ancora bagnate di rugiada, recando in due puliti secchielli la consueta provvigione di latte da lei appena munto. Veniva la Fiorenza per il cortile rustico alle cucine; né, di là passando, le mancavano mai certi complimenti di soverchio arrischiati, o qualche troppo gagliarda stretta di mano, ch'ella dal canto suo sapeva rintuzzare risolutamente. Tutto il servidorame conosceva e ammirava quella bellezza schietta e proprio brianzuola della nostra Fiorenza; e più d'uno non avrebbe veduto di mal occhio ch'ella si mostrasse non tanto ritrosa, o fosse manco *barbara* e *tiranna* - come soleva dire il cuoco, il letterato del tinello.

Alla Fiorenza, quantunque per naturale vivezza di sentire, e per quella intima persuasione di sé che va di rado scompagnata dalla leggiadria delle forme, non fosse mai riuscito discaro l'udirsi salutata come la più bella del paese, nondimeno spiacevano le affettate parole, le equivoche lodi onde si vedeva bersagliata ogni giorno, al suo primo apparir nella villa. Sì, ella non dava orecchio, bisogna dirlo, a nessuno di quegli smaccati, non d'altro volenterosi che di ridere, a somiglianza dei loro padroni; non credeva alle loro maraviglie, nel segreto dell'animo li disprezzava, e provava un bisogno di tornar col pensiero al suo Selmo; eppure, ogni volta ch'ella udiva ripeterselo, sentiva d'esser bella; e un involontario palpito del cuore le permetteva di perdonare a chiunque accarezzasse per un momento quella sua voluttà segreta e ingenua ancora.

Fu in que' giorni appunto, mentre i signori della villa passavano, più lietamente che per loro si poteva, il tempo autunnale, e il gentame di casa faceva a sua posta di seguitarne l'esempio, fu in que' giorni che il curato di Santa Maria, incontrandosi a caso col promesso della Fiorenza, sulla via di Como, là dove sboccava la callaia del Mirabello:

«Selmo,» gli disse «pensavo giusto a voi; mi capitate tra' piedi a proposito».

«Oh, signor curato, è la bontà sua...».

«Non c'entra la bontà qui,» riprese il curato, fattosi a guardarlo con attenzione: «ho bisogno che mi diate ascolto, e che facciate poi quello che vi dirò io...».

«C'è qualcosa di nuovo, forse?».

E il povero Selmo, senza sapere il perché, divenne pallido in viso, e si fermò.

«Non vi spaventate, per carità, ho a dirvi di cose allegre; voglio un po' parlarvi d'una persona che conoscete anche voi, d'una che ha nome Fiorenza...».

«Di quella?... Signor curato, senta...».

«Quieto voi! e lasciate dire a me. So che siete un buon figliuolo, benché abbiate anche voi il cervello un po' strampalato. Il vostro cuore l'ho conosciuto dal primo momento che veniste a parlarmi, ed è al vostro cuore che io vo' parlare adesso. Sentite dunque: la Fiorenza... non vi spaventate, torno a dire, di questa domanda... vi vuol proprio bene, sinceramente, come ne volete a lei, Selmo?... Non mi guardate così; dite pur su, col cuore in mano».

«Ma, signor curato, vorrei prima capire almeno perché mo lei...».

«Non cercate dei sogni, e abbiate confidenza in me, che voglio il ben vostro... di voi, e di quella che ha da essere la vostra donna».

«Quand'è così, mi metto nelle sue mani. A quella creatura, lo dico di cuore, le voglio bene: ma è un bene da galantuomo, e che non ho vergogna di confessare; nella grama vita che ho sempre fatto fino a questo momento, ho avuto ben pochi giorni di contentezza: ma quello che li val tutti è stato il giorno in cui mi è parso di capire che volevo bene a qualcun altro, più che a me».

«Buon Selmo! Tu vedi che, anche poveri, il Signore non ci dimentica: e questa consolazione ch'Egli ti ha data, perché cerchi di esser da bene, la rifiuta a mille altri, che son mille volte più grandi, più fortunati di te, ma pure non hanno un sentimento che somiglia al tuo!... Ora, va bene: con te, in quanto hai ad esser sposo, non c'è altro conto a fare. Ma, dimmi un po'... E la Fiorenza, a te vuol proprio bene?».

«Che domanda, signor curato? se la non mi volesse bene, la torrei io?».

«Non dico ch'ella ti veda di mal occhio; ma sibbene, se tu credi ch'ella senta, o press'a poco, per te, quel che tu per lei?...».

«A lei lo posso confessare, non è vero?... Ebbene, più d'una volta me l'ha detto lei stessa che mi vuol bene, e l'ha detto con quelle parole del cuore, che non possono mica darla ad intendere. Ma quel ch'ella forse pensa, signor curato...».

«Basta così; se tu sei persuaso di lei, e lo devi essere, niente di meglio. Senti dunque; posto che vi vogliate bene tutt'e due, e che andiate sicuri un dell'altro, dà ascolto a un mio parere... sposala presto...».

«Oh! per me la sposo domani. Veda se son del suo parere... ma, capisco bene... quando s'ha da aver la donna, e si pensi al domani, al pane di tutti i giorni, un letto almanco bisogna trovarlo; e fino al san Martino, che ho da farci io?... non potrò essere a luogo».

«Lo so, ma in casa di vostro padre può esserci intanto un cantuccio anche per voi due; non è il vostro nido quello, alla fine?».

«Sì, dice bene; ma io sono come il falco dei nostri monti che, preso il volo, non si ricorda più della pianta su cui è nato; e poi, mi pareva come più giusto, in un momento della vita come questo, non dipendere da nessuno, e trovarmi sul mio».

«Son ragioni belle e buone, ma so quel che dico, Selmo. La Fiorenza, vedi, se vuoi che ti parli senza misteri, è una buona e savia giovine, e ti vuol bene sinceramente, onestamente; ma il suo cuore, sappilo, batte più presto del tuo; le piace l'allegria, non va in collera se le dicono ch'è bella! a lei lo dicono, ve'!».

«E che cosa m'importa, purché la pensi a me? nessuno alla fine le vuol bene come me... E non lo dice anche lei, signor curato, ch'essa è buona?».

«Sì; e per questo, se fossi in te, non vorrei che le volassero intorno i disutili; pensa a questi mosconi, il mio Selmo, e poich'ella è savia, conservala sempre qual è».

«Ma ci sarebbe mai qualcuno?... Che lo sappia io!...».

E fece il pugno, e sbarrò gli occhi, mordendosi le labbra, con un gemito d'ira.

«No, no, acquietati; dico per bene, e perché mi preme che tu sia fortunato».

In quella, erano giunti dinanzi al cancello della villa.

«Vedi!» ripigliò il curato, additando il palazzo. «Là dentro c'è troppa gente per te; padroni e servitori, gli uni valgono gli altri. E una sposa, in mezzo a costoro, una sposa come la tua... sola in casa, senza la sua gente, non istà troppo bene... Alle cose, figliuolo, bisogna pensarci prima, quando s'è a tempo».

«Sarà, lei avrà ragione; ma io conosco la Fiorenza, e so che lei dice la verità, quando dice che è savia... Se poi ci fosse qualcuno, porti pur frustagno o panno, non importa nulla, qualcuno che avesse cuore di toccarle un dito... o di dirle mezza parola... o di guardarla più del dovere... non voglio bestemmiare, ma prometto che so io quello che va fatto».

«Per carità, Selmo, non prendertela a male!...».

«Mi lasci dire. Saprò strigarla da me. Ma non per questo, Selmo sarà ostinato contro un suo consiglio, signor curato. Farò di tutto, per finir presto il negozio, e, anche prima del tempo fissato, se si può, menarmi in casa la mia donna. Intanto, la ringrazio, signor curato...».

«Va là, va là, buon Selmo, siamo dunque intesi così; sta pur di buon animo, fa le cose con giudizio; e, nei giorni della tua contentezza, non dimenticarti del Signore!».

Selmo rimase solo, su due piedi; il curato riaperse un libro che teneva sotto il braccio, e continuò la sua via.

Selmo dunque stette pensoso alcun poco, e bisogna dire che il discorso del signor curato gli avesse desta una brutta nebbia ne' pensieri; poiché di tanto in tanto con una mano si stropicciava gli occhi, come si fa per discacciare qualche cupa preoccupazione dell'animo, o per rasciugarsi qualche lagrima. Ma poi, come avesse a un tratto preso con sé un partito, e sgombra la mente di ogni importuno fantasma, s'avviò con franco passo verso il Mirabello. E non era giunto a mezzo della salita, che Fiorenza, dallo spianato, l'intese venir zufolando l'aria di un'allegra canzone, che da lei stessa, pochi giorni prima, aveva udito cantare.

Era lieto, mentre s'intratteneva con lei e col messere, discorrendo di cento cose, fino al ritorno degli altri della famiglia: né lasciò fuggir motto del suo incontro col curato, o del pensiero d'anticipare il matrimonio. Era lieto, sicuro, quando al venir della notte - guardando scintillare di sopra i loro capi le prime stelle, poi, di là de' colli d'Alserio, spuntar la luna, e una sottile striscia di fumo da quella parte del cielo vagare e disperdersi tra i vapori della sera - prese per mano la Fiorenza, e: «Vedete laggiù,» le disse «quel fumo è d'una casetta che, di qui a poco tempo, sarà la nostra! Non sareste più contenta d'esserci fin d'adesso, con quel Selmo che vi vuol bene?».

«Il san Martino verrà presto, Selmo,» gli rispondeva la fanciulla «e allora...».

«Allora nessuno vi guarderà, come tutti vi guardano adesso; allora sarete proprio mia!».

Se la Fiorenza, fra l'ombra serale, avesse potuto scorgere gli atti del viso e gli occhi di Selmo, mentre pronunziò queste parole, non avrebbe taciuto e chinata la faccia sul seno, come fece.

«Intanto, buona notte!» riprese egli subito, con voce mutata, «buona notte anche a voi, Bernardo».

E, a passi più rapidi di quando era venuto, disparve per il sentiero.

Ma il seguente mattino, levato appena il sole, quando la fanciulla sollecita uscì dal campestre recinto, col secchiello del latte, per avviarsi come all'usato verso la villa, Selmo era là, al crocicchio del sentiero, appoggiato al tronco d'un vecchio castagno, in atto d'aspettarla.

«Voi Selmo? a quest'ora? che cos'avete?».

E la Fiorenza si fermò, come dubitante e sospettosa. Ma poiché Selmo, senza pur muoversi e senza rispondere, la contemplava, ella soggiunse subito:

«Via, che cosa pensate? perché mi guardate così?».

«C'è del male,» diss'egli allora «se uno che dev'essere vostro marito vi viene incontro per la via, a salutarvi prima degli altri?».

«Io ho il cuor contento, Selmo, di vedervi per il primo...».

«Sì?» con pronta gioia ripres'egli; «siete sempre l'istessa, non è vero, Fiorenza?».

La giovine, a queste parole, fece un passo verso di lui, guardandolo fisso; poi scrollò il capo, con un so qual suo vezzo, e si mise a ridere d'un riso così schietto e sereno, che a Selmo troncò il dire a mezzo; e stette anch'egli un istante per far lo stesso.

Allora si avviarono ambedue, camminando a fianco uno dell'altro; e, dopo la prima svolta del cammino, rappiccò Selmo il discorso.

«Vi par dunque, Fiorenza, che la farem bene la vita insieme?».

«Ma non avete altra solfa? che storie sono? Non è già la prima volta che mi parlate; e così... Ma lasciatemi andar lesta adesso; il sole è alto, e dovrei già tornare indietro dalla villa col secchio vuoto. Non le sentite voi laggiù quelle che mi diranno per aver tardato questi quattro minuti!».

«In quella casa maledetta, volete proprio andarci voi?...».

Così Selmo: e con voce più mesta che severa continuò:

«Sentite, Fiorenza! Voi sapete com'è venuto che io cominciassi a pensare a voi, e che, senza neppur parlarci, come usano fare, noi siamo già presso al momento d'esser marito e moglie. Io non v'ho fatto promessa né di fortuna né d'altra cosa, ma di un cuor di galantuomo: bella come siete, avreste potuto trovar di meglio... Ma io, vedete, non vi lascierò sola a lavorare giorno e notte, tra la miseria e i figliuoli; quello che Dio ne manderà, ventura o disgrazia, ne prenderò la mia parte con voi: e per voi avrò coraggio, troverò la forza e troverò la speranza! Solo d'una cosa vi prego... ed è la prima volta questa... Non lasciate il mio cuore mai stretto da un pensiero, da un brutto pensiero, che so io!... E fin d'adesso, benché non siate ancora la mia donna, fatemi contento d'una cosa. A quel palazzo non ci andate più voi!... C'è bisogno che tutte le mattine abbiate a strisciarvi là dentro, tra quei leccapiatti in livrea?... Mandateci la Linda, o piuttosto uno dei vostri fratelli, che sarà meglio; per voi, date mente a me, non c'è proprio niente da guadagnare... E io intanto, volete che ve lo dica? ci patisco».

Non può dirsi come si rimanesse la Fiorenza a cosiffatte parole. Tra sorpresa e turbata, si corrucciò dapprima dentro di sé, pensando come mai l'uomo, a cui sentiva di aver posto l'affetto, si fosse lasciato tirare a quella diffidenza; la credé un'offesa alla sua sincerità; si pentì quasi delle buone parole allor allora dette a Selmo; ma poi, mutando consiglio, volle riderne e cacciar via dal suo animo e da quello dell'amico ogni ombra, ogni sospetto.

«Non pensate male di me, Selmo; se ci vo in quel palazzo, gli è perché sento di non fare a voi nessun torto; e credete forse ch'io mi lasci cantar delle baie? Siete voi piuttosto che mi cacciate in mente delle malinconie... Oh! che non si potrà voler bene, e avere il cuor leggero? Io sono contenta, e vo via cantando perché vi ho trovato voi; e non vi do ascolto, e seguiterò a pensare a voi, e a fare quello che mi piace».

«Fiorenza, per carità, non tornarci...».

«Ecco qui, siete bell'e buono di andare in collera voi!».

«Sì, Fiorenza, datemi ascolto... Voi dovete essere mia, e me lo fate questo piacere; è la prima cosa che vi domando...».

«Ma sarebbe proprio confessare che c'è del male».

«Non dico questo; però, qualche cosa posso volere anch'io».

«È una pretensione! E voi, Selmo, voi non siete più quello!...».

«Voi non andrete!».

«Siete mio padre, da comandarmi, voi?».

«Fermatevi!».

«Oh lasciatemi un po' stare! che se vi batte la luna di così buon'ora, ve la godete voi! e torneremo d'accordo quando la vi sia passata».

E se n'andò, presta presta, non credendo aver fatto a Selmo quel dolore che pur gli faceva; e ne venne fino al bosco senza pur volgersi addietro.

Non v'era mai stata fra loro né la più lieve amarezza né l'ombra d'un dispiacere; benché tutti conoscessero Selmo come poco dimestico e paturnioso, pareva che la sua fidanzata del Mirabello l'avesse fatto docile, amorevole, tutt'altro da quello che fu: onde s'era finito, - come si suol sempre quando si tratta di sposi - a dirli fatti l'uno per l'altra. Ma i pochi acerbi detti che corsero quasi involontariamente tra loro quella mattina, doveano appunto riuscire ad ambedue più sensibili, quasi direi crudeli. Era la prima volta che si dipartivano malcontenti. Oh, se avessero potuto antivedere di quanto dolore doveva essere per loro sorgente quell'incauto e passeggero disgusto!

Selmo, quando non la vide più, si tolse dal luogo ove erano rimasti a parlarsi, e lento ritornò verso il suo paesello. Pensava, ma non sapeva indovinare, perché mai la Fiorenza si fosse cotanto ostinata a negargli ciò che egli le aveva chiesto e che a lui pareva ancora così necessario, così giusto. Ma la bontà del cuor suo, e una voce interna, la quale dicevagli di non far oltraggio, col sospettare e col geloso adombrarsi di tutto, alla donna da lui amata, pur ieri, come una cosa del cielo, poterono in esso più forte del dispetto di vedersi umiliato e lasciato in un canto. Prima d'aver tocca la soglia di casa sua, le aveva già perdonato.

Ben più commossa usciva la Fiorenza dalla sua piccola vittoria: e quando mise il piede nel cortile della villa, il suo turbamento non era cheto ancora. Si vedevano tutti i servi in faccende per qualche scarrozzata che i padroni divisavano di fare la medesima mattina; onde nessuno pose mente alla figliuola di Bernardo. Il che forse, senza ch'ella riuscisse a capir com'era, valse a farla pentire più presto del niego da lei fatto al povero Selmo.

Nell'uscir del tinello, tutta pensosa ancora di quello ch'era avvenuto, si trovò in faccia ad una giovine, la quale, alla freschezza degli atti, all'aria del viso e ad una cotal pretensione dell'azzimata cuffietta e del vestito serrato alla persona e saldato ne' lembi, avresti di subito detto essere una delle cameriere. Era costei infatti una favorita della vecchia padrona: e sapeva in casa obbedire a tempo, per comandare alla sua volta. E guai al servo che con lei usasse soverchia dimestichezza, guai al credenziere che, all'ora prescritta, non le mandasse il caffè col latte, guai a quello che avesse dato del tu alla signora Cleofe!

La giovine cameriera aveva preso a proteggere la Fiorenza, vedendola così bella, così schietta e pulita negli abiti, onde mostrava d'avere un po' dell'aria cittadina; s'era degnata più volte di proteggerla colla sua autorità contro gli sguaiati scherzi de' servitori; e trattenendola a ciarle, non aveva mancato di prometterle che andrebbe a ritrovarla al Mirabello. Quella mattina però la signora Cleofe era di umore più gaio del consueto: e scoperto non so qual mesto imbarazzo nella giovine fidanzata, la pigliò per mano, con una certa baldanza, poi uscendo in uno scroscio di risa:

«Poverina!» le disse «non te l'aveva io detto, che sarebbe venuto il tempo delle malinconie? Adesso l'hai fatta, l'hai voluto quel tuo rustico gaglioffo, e mangi il pan pentito, non è vero?».

«No, signora Cleofe; non mi dica di queste cose!».

«Via, via, sei proprio stata una grama baggiana. Vuoi far la contentona, ma ti si legge negli occhi un miglio lontano, che daresti qual cosa di buono per disfare l'impegno. Se tu avessi dato ascolto alla Cleofe, l'avresti già mandato a quel paese il tristo lumacone».

«Ma che cosa vuole ch'io trovassi di meglio?... Selmo, alla fine, è un galantuomo...».

«A pensarlo, un visino come il tuo, con quegli occhi traditori, e quelle mani, belle quasi come le mie, e non fatte per cucire stracci, e zappare, potevi riuscire a ben altro, te lo prometto io. In men d'un anno, credi, saresti venuta su di nulla, io t'avrei raccomandata in qualche buona casa; e quei del Mirabello non t'avrebbero più veduta in zoccoli e sottanella!».

«Ma lei, non lo conosce il mio Selmo?».

«Il tuo Selmo!». E la Cleofina rise più forte. «Che cosa ti pensi d'insegnare a me? Tutti i vostri tangheri lo so bene quello che vagliono... Basta, Fiorenza, non andiamo innanzi con questo discorso, che tu non pensi ch'io ti voglia metter su. Ma ci vedremo ancora; appena posso, verrò a trovarti; e se mai...».

E qui la Cleofe, con una smorfia ch'ella credette un vezzo, e con una pronta giravolta, lasciò la fanciulla; poi, studiando il passo, coll'andar di un'anitrella, entrò negli appartamenti. E la Fiorenza uscì dalla villa, più mesta ancora che non vi fosse venuta.

Quel dì, lo sposo non fu più veduto al Mirabello: onde Bernardo ne dimostrò qualche sorpresa: e la figliuola, la quale ben ne pensava il perché, più ferita ancora che no'l fosse la mattina a' rimproveri di Selmo, ne pianse di dispiacere; ma senza lasciare ch'altri la vedesse. Il giorno seguente, essa non andò alla villa: colla scusa di altra premura che aveva, vi mandò il vecchio Bernardo. Pure, nemmeno in tutto quel giorno, Selmo era comparso. Già altre volte egli aveva lasciato passar due giorni senza venire alla cascina; ma allora la Fiorenza ne concepì subito tale cruccio che le crebbe il dispetto contro di lui, E l'altro mattino, senza nulla dire, scese come all'usato alla villa.

Appena vi pose il piede, udì rumore di carrozze e di cavalli, voci diverse, e comandi ripetuti, e scoppiettar di fruste. Un bel calesse, tirato da una coppia bigia pomellata, aspettava sotto l'atrio; tre o quattro cavalli insellati, erano tenuti a mano per il cortile da servi e garzoni di stalla. Alcuni giovinotti, in elegante *negligé* campagnuolo, armati di scudiscio e di sproni, giravano qua e là per dar gli ultimi ordini della partenza: un d'essi, appena veduta apparir la Fiorenza, corse a lei, e benché avesse la mano inguantata, pure vezzeggiandola sotto il mento, le domandò il suo nome. Non rispos'ella, ma facendosi scudo col gomito, volle rintuzzare l'attacco dell'insolente cavaliere, e riuscì a fuggire; intanto ch'egli, volgendosi ai compagni, diceva loro, con un'affettata sbadataggine: *Very pretty girl, indeed!*

Alla Fiorenza non piacque l'incontro di quella giornata; e ripensando a Selmo e a que' due giorni passati senz'averlo veduto, capì veramente come ella gli avesse fatto torto.

E la prima volta che lo rivide, facendo forza al proprio cuore, non fu restio a domandargli scusa di quello ch'era stato. Selmo, che già tutto aveva dimenticato, non si fe' pregare: in breve, tutti e due ripigliarono la mutua confidenza e l'allegrezza di prima, né più si parlò di quella nebbietta passeggera, che loro avea rapita la pace di due giorni.

Ma intanto la signora Cleofe, come n'aveva fatto promessa, era venuta una volta al Mirabello, e vi si era trattenuta non poco, cianciando e ridendo colla figliuola di Bernardo. Dipoi, ritornò e si fermò alla cascina parecchie ore: né la Fiorenza avea ancora saputo trovare il buon punto di parlare con Selmo di quella sua conoscenza. Ben presto, non passò giorno che la Cleofina non vi salisse a trovar l'amica sua, com'ella già soleva chiamar la Fiorenza.

Sul finir d'ottobre, a Selmo convenne stare lontano dal paese per una settimana; si trattava di riscuotere certi danari dalle parti del bergamasco, i quali erano destinati a provvedere ciò che bisognasse ancora in quella casetta ch'esser doveva di tutt'e due. Già il curato di Santa Maria li aveva detti in chiesa, e non mancavano più che altri sei o sette giorni a quel benedetto san Martino da loro tanto aspettato.

Selmo, appena tornato a casa, senza fermarsi a rompere un pezzo di pane co' fratelli suoi, aveva presa la via del Mirabello. Era il tre di novembre: le prime nebbie dell'inverno melanconicamente coprivano tutto il cielo, e l'aria dei monti aggirava su per le rive le foglie inaridite de' castagni e delle querce. Quando Selmo passò dinanzi alla villa, vide chiuso il cancello, chiuse le finestre e i balconi; l'aspetto del palazzo deserto conveniva a quella mestizia della natura stanca. Un sussulto di segreta gioia gli fe' tremare il cuore a tal vista:

finalmente i signori eran partiti, avevano reso quei luoghi alla consueta lor solitudine e pace. Involontariamente Selmo sorrise, passando per di là, e mentre n'andava lungo il muro del giardino, i pensieri gli venivano in folla; e, primo degli altri, quello che un anno è lungo e vede di molte cose.

Egli è già sull'aia del Mirabello; ma nessuno a lui viene incontro.

Sebbene la stagione sia fredda prima del tempo, vede il vecchio Bernardo seduto al suo posto presso la porta, e tra le gambe del vecchio raggomitolata sul terreno la Linda, che pareva piangere. Il vecchio non si mosse, non fece pur vista d'accorgersi di Selmo che veniva: gli occhi di lui parevano insensati, morti. Ma la Linda, levando la testa al romor de' suoi passi, si alzò; e tutta in lagrime corse a lui con infantile tenerezza, dicendogli fra i singhiozzi:

«O Selmo! lo sapete? la nostra Fiorenza non c'è più; è andata via, è a Milano...».

Selmo si fermò, nulla disse... Guardò il vecchio, guardò quella figliuola, e non ebbe il cuore di maledir quell'altra che l'aveva abbandonato.

III.
A mal passo

Come mai s'erano mutati, e forse per sempre, i giorni di Selmo e della Fiorenza, quasi nell'ora medesima che i due promessi dovevano essere uniti e benedetti dal Signore? - Una illusione, una parola, un caso impensato dilungano dalla sua via le tante volte la nostra povera vita; e un'altra ne tentiamo opposta a quella infino allora seguita coll'affetto del dovere, colla fidanza del bene. E però succede che chi più presto s'abbandoni a nuove lusinghe, chi voglia a ogni costo far paga la indocile volontà del meglio, presto discerna l'inganno e se ne penta. Ma, troppe volte, non si torna più indietro dal fallito sentiero; e il pentimento vien tardivo; è come il gemito della speranza che muore.

In un tetro, appartato stanzone del palazzo che avevano in

Milano i signori della villa ***, sedute accanto di un'ampia finestra, onde la scarsa luce d'un cortilaccio ov'erano le scuderie penetrava insieme alle voci, alle bestemmie, agli scalpiti de' cavalli, si vedevano tre donne, intese a spartire, a ripassare il bucato della famiglia. Una d'esse era vecchia, arcigna, brontolona; dietro gli occhiali che teneva inforcati sul naso, luccicavano due occhi bigi, irrequieti, sotto ciglia folte e nere; e un viso crespo spuntava dal contorno della piovente cuffia l'ingiallito merletto: era costei l'annosa governante di quella gran casa, e nell'interno della famiglia aveva saputo serbare da cinquant'anni un'autorità meno apparente, ma più salda del potere della vecchia padrona. L'altre due sono nostre conoscenze: questa che, azzimata e smorfiosa, sta cucendo sbadatamente, e con istudiato sorriso si rimira, storcendo il collo di gru, entro un'antica specchiera, pendente dalla parete, è la Cleofina, quella stessa che già incontrammo là nella villa, quando con gli scherzi e le inzuccherate promesse, s'era fitto in capo di togliere la Fiorenza al suo rustico Gianfaldoni: così essa diceva, memore di quel noto vecchio romanzo, sua unica lettura, che fedele le riposava dentro il tombolo, piccolo arsenale di stringhe, gomitoli e agorai. - E, non appena vide paga codesta sua voglia, non appena la credula contadina del Mirabello, venuta a Milano insieme alla famiglia dei signori, fu accolta in quella casa, per singolar favore della padrona, affinché desse mano all'altre cameriere, la Cleofe si stancò di lei, anzi la pigliò sinceramente in avversione, senza che la disgraziata fanciulla riuscisse a ritrovarne un perché.

E per questo la Fiorenza, costretta a rimanersi tutto quanto il giorno in compagnia delle due donne, che usavano con lei stando sulla vita in sussiego, né risparmiandole mai spregi e rimbrotti, solo che n'avessero un appicco, divenne già tutt'altra da quella che fu due mesi prima; quando, là sull'aia della sua cascina, o lungo le viottole del dosso canticchiava senza crucci né pensieri, o vagava coll'occhio sereno intorno al piede delle colline, inconsapevole quasi d'aspettare alcuno a cui, allora, essa voleva bene.

Pochi avrebbero riconosciuta ancora la bella sposa del Mirabello; quel giocondo colore, che facea più vivace e ardente il bruno del suo volto, l'ha perduto; non ha più i suoi bei capegli intrecciati, né gli argentei spilli, all'usanza brianzola; mutò il corto e rozzo vestito di cotonina cilestre in un altro di spiccati colori, alla foggia delle cittadine, che mal si adatta alla sua rigogliosa e non doma persona. Volle, come poteva meglio, dimenticar quello ch'era; e, benché sia la stessa ancora, non è più bella.

Dalla seggioletta su cui sedeva, occupata in un lavoro assiduo, per lei del tutto nuovo e divenutole già tedioso, lasciava errare di quando in quando una mesta occhiata fuor de' vetri appannati della finestra; ma non era più quel suo cielo vasto, imponente, così bello anche nel verno, quando le nubi lo percorrono, portate dal vento della montagna, e sul laghetto siedono larghe zone di nebbia trasparente, poi dispersa dal sole; era il cielo malinconico, tutto eguale, che copre Milano e la diffusa pianura per lunghi mesi; dietro l'alta muraglia di fronte, vedeva tremolar le brulle cime di pochi platani in fila; e più lontano, la croce d'un alto campanile spiccar sul grigio cielo. Pure, quel breve spazio d'aria mesta essa lo amava già: e quando ritornava a guardar da quella parte, i pensieri le volavano involontari a' luoghi un tempo cari, alla passata sua vita.

C'erano de' giorni, in cui si sarebbero potuti contare, da quella stanza, l'un dopo l'altro i rintocchi di tutte l'ore della mattina, senza che fra le donne si facesse più di qualche parola rada, stizzosa, necessaria: era quando, con geloso puntiglio, parevano guatarsi tra loro in cagnesco que' tre poteri della guardaroba: poiché, s'egli è lecito (com'ebbe a dire il buon Virgilio) *parvis componere magna*, un politico avrebbe ben potuto, in quelle tre donne, raffigurarsi la burbanza della aristocrazia feudale, la calcolatrice audacia della borghesia, e l'umile rassegnazione del terzo stato. E quel giorno, bisogna dire che il sospetto e i malumori, covati a lungo, fossero lì lì per turbar l'equilibrio politico e l'armonia de' tre poteri, di che io parlo; giacché, contro il solito, già s'erano alternate amare allusioni, aperte rampogne; lo scontento della signora Dorotea, la vecchia governante, traboccava; e non potendo più tenerli a briglia, essa lasciava scappar di bocca, a posta loro, i suoi più segreti rancori.

«Se n'hanno proprio a vedere ancora, in questa casa, di novità e di scandali?...» diceva, levando il volto grinzoso, e ficcando i suoi piccoli occhi negli occhi dell'una o dell'altra di quelle che considerava come le sue subalterne. «Che sorte di Babilonia!... Al tempo del conte vecchio, le cose non camminavan di questo passo... Allora sì, c'era buon ordine, armonia, il ben di tutti... Adesso, padroni o servitori, non si sa più chi comandi e chi obbedisca... è un andare e venire, un badalucco, una pretensione di tutti quanti... E nessuno più che mi dia mente a me, come nemmeno ci fossi; e sì che tutto dovrebbe passare per le mie mani!... No, non si può più reggere... son cose che mi fanno proprio inghiottire tossico... e, per quanto se n'abbia della carità cristiana...».

«L'ha forse con noi, signora Dorotea?» la interruppe ardita la Cleofe; «se crede d'avere qual cosa a spartire con me, dica pur su chiaro: o, se gli è invece che oggi la non sia tagliata a buona luna...».

«Chi dice di lei? Io parlo perché so, e vedo tutto andar di male in peggio... Come qui, per esempio, cresce il lavoro ch'è uno spavento... nessuno ci pensa, e tutto cade addosso a me».

«È un pezzo che le so queste ragioni... E non ho io fatto per bene, proprio per servizio, come si dice, persuadendo la signora contessa, che per bontà sua, qualche volta mi dà ascolto anche a me, a lasciarci tirar con noi a Milano questa figliuola?».

«Per me, non l'ho cercata; né ho bisogno di lei, né di nessuno. Ma, non è questo che dico... Quello che mi fa piangere il cuore, che mi fa proprio groppo alla gola, è vedere di giorno in giorno andar tutto a precipizio qui dentro... non c'è più religione, principii nella gente di casa!... Che cosa dico mai? Su per le scale, negli appartamenti, ne' luoghi di servizio si sentono cose d'inferno... E anche a me si è perduto il rispetto, anche a me...».

«Via, non si riscaldi troppo, signora Dorotea... avrà capito male... Alla fine, son buoni figliuoli... o l'avran fatto per ridere».

«Per ridere!...».

«Siamo in carnevale, adesso. Un'ora di buon tempo non ci ha da essere anche per noi?... Oh, fo conto anch'io di spassarmela un po'!...».

«Faccia come crede... Già, la signora contessa è buona, anche troppo, con quelli che la sanno pigliare. E, se non fosse, avrebbe mai voluto mettersi sulle braccia questa disutile?...».

E così dicendo, alzava il dito verso la Fiorenza; la quale fin allora era stata mutola e angustiata a udire il diverbio.

«Io non ho cercato, io...» si fece ella animo a rispondere.

«Andate là voi, che l'avete fatta bella a credere agli oracoli di chi vi ha messo su... E cosa vi pensate mai? di riuscire a far fortuna, d'aver trovato il pan d'oro? Me lo direte a suo tempo. Intanto bisogna metter giudizio, non aver matte idee per la testa... e far quello che dico io, obbedire e lavorare».

«Quel poco che so fare, non l'ho forse fatto sempre, e di buona volontà?...».

«Sentitela! che si crede già qualcosa... Oh anche voi vi siete avviata per la buona strada. Quanto a me, ringrazio il cielo di non averci avuta mano: ma s'è vero quello che m'han detto, che vi sia bastato il cuore di piantar padre e sorella... e quello che doveva essere il vostro uomo... oh! andate là, che un giorno o l'altro, ve ne accorgerete anche voi...».

«Io sono una povera ragazza, e non so perché se la prenda così con me» rispose allora più francamente la Fiorenza. «Cosa le ho mai fatto di male io?... Lo so bene che avrei potuto restarmene a casa mia, e aver là del bene, appresso a mio padre e a' miei; e qualcuno che mi volesse non l'avrei stentato a trovare. Ma, se ho accettato anch'io di star qui, non ho pensato poi di venirci per sentirmi a rimproverare, a ogni cosa che fo e dico... E bisogna essere cattivi, per trovar del male in tutto quello che fanno gli altri».

«Ecco! ecco il bel frutto che ci cavate anche voi! E questo si chiama obbedire?... Se lo dico io!... Cosa sono qui?... Oh, mi sentirà la signora contessa!».

«Sciocca che sei,» diede allora sulla voce alla Fiorenza la Cleofe, più che mai indispettita dello stizzoso ciarlar della vecchia, «anche tu vuoi venir fuori con delle tue! te l'ho pur cantata di tenerla dentro di te quella tua ignoranza, di non metter male anche tu, alla tua volta! Dovresti ringraziare il cielo d'esser qui, e non avere tante pretensioni... e, perché l'uno o l'altro ti fa la bella cera, crederti qualche cosa... Hai bel dire e bel fare, sarai sempre una trista villana».

Di tal maniera la Fiorenza cominciava a gustar l'amaro della mutata sua vita, ch'ella sognava così facile e lieta. Fin dalla prima settimana, da che ell'era in città, venne in uggia alla governante della casa, la quale, a sua insaputa, si vide a' fianchi una persona nuova; e, per quanto poi si studiasse di mettersele in grazia, non riuscì mai a piacere alla vecchia. Ben fu questa una ragione, per cui la Cleofe, una volta che dal canto suo ebbe vinto il partito di farla entrar nella famiglia, se la prendesse come sotto la propria tutela, adoperando ogni modo per far trionfare la sua secondaria autorità, a discapito di quella della signora Dorotea. Ond'è che, nelle prime settimane, tra la Cleofe e lei, durò un'amicizia premurosa, compagnevole, che potevi credere temprata a tutte prove: era un continuo cicaleccio, un contraccambio di lepidezze e di grasse risa, che volevano parer più sicure, quanto più si accorgevano di far con quelle meglio stizzire la contegnosa governante. E in quel tempo, la novità, lo splendore di una ricca casa, la stessa continua faccenda, i nuovi comodi, il non sentire ancor bisogno di nulla, e lo studio di comparir fra gli altri e fin la vergogna della sua ruvidezza, e povertà di prima, tutto occupò e sedusse l'animo della Fiorenza: la quale già stimavasi anche troppo avventurata; né penò molto a soffocar nel cuore un secreto rodimento, al ricordarsi del nome di Selmo e del torto ch'essa gli avea fatto.

Dacché aveva abbandonata la campagna, nessuno era capitato a Milano a chieder novella di lei: fosse che il vecchio Bernardo, quantunque non del tutto restio alle belle ragioni della figliuola per rompere la promessa data a Selmo, sentisse in cuore che quell'improvviso mutar di parere non poteva maturar niente di buono; fosse che i fratelli, i quali già le avevano rinfacciata come matta superbia quel suo desiderio d'andare a Milano in casa de' padroni, non volessero più saperne di lei, la Fiorenza in tutto quel tempo, non avea più sentito dir nulla de' suoi: e qualche volta, per verità, se n'accorava. Non so che cosa avrebbe dato per riuscire almeno a sapere, senza avere a domandarlo lei, quello che Selmo ne dicesse allora, e come avesse sentito quel colpo, e ciò che pensasse di fare: spesse volte aveva spiato se nel palazzo si fosse veduto venire alcuno dalla villa, o qualche cavallaro del paese;

ma poi, sol che uno ne capitasse, le mancava il cuore, non osava neppur farsi vedere. Dov'ella fosse stata almeno più sincera con sé, avrebbe conosciuto ben presto come una vita così diversa da quella fatta insino allora, tutta chiusa, tutta uguale dovesse in breve stagione rapirle ingenuità, gioia, bellezza; avrebbe ancora desiderato l'aria de' suoi monti, la sua libera povertà. Ma adesso, non è più tempo.

Le abitudini d'una casa signorile hanno pur sempre qualche cosa in se stesse che annebbia e guasta i pensieri di coloro che, venuti da umile stato, una volta che abbiano respirato quella diversa atmosfera, ne sentono gl'influssi perigliosi, e bevono con essi il pregiudizio e l'amor proprio. E la Fiorenza anch'ella, accarezzata dapprima in quello stato, da lei creduto una gran fortuna, osservata in casa e prediletta come persona nuova, giovine e bella, si lasciò sedurre dalle lucide apparenze. La vecchia padrona si piaceva de' suoi modi allegri, ingenui; il giovine conte, educato nella palestra della moda e buongustaio del genere delle ballerine e sartorelle, più volentieri s'intratteneva a frascheggiare colla fanciulla del Mirabello, che non a dare orecchio alle parabole e ai pareri della signora Dorotea; e sull'esempio del padroncino, il resto della gente di casa, dall'anticamera alle cucine, dal tinello alle stalle, circondava delle ammirazioni sue, per vero un po' sospette, la figliuola di Bernardo.

E forse, per coteste passeggere distinzioni, riguardate quasi un anticipato privilegio, la Fiorenza, ritrovandosi coll'altre compagne, che non risparmiavano di pungerla o rampognarla all'occasione, doveva scontar que' brevi trionfi del suo donnesco orgoglio. Il più delle volte, sapeva riderne con se stessa; talora ne sentiva un interno accoramento che non riusciva a sfogare; talora invece, come avvenne quella mattina, voleva dir la sua ragione, e rimbeccar le ingiurie patite; cominciando così a provare in cuore la voluttà di cotali piccole vendette.

Erano i giorni del carnevale: e sebbene tra la schiera de' servi di quella gran famiglia si vedesse tutt'altro che la benevolenza e la concordia, solite a durar nelle case patriarcali dei nostri vecchi signori, non di manco, essendo vicina a cadere la stagione delle cittadinesche allegrie, solevano i padroni concedere qualche volta a tutta la gente di servizio alcune prescritte sere di libertà. E allora si ricattavano del lungo tedio patito nell'essere testimoni a' passatempi de' padroni, senza prendervi altra parte, fuor quella di combattere col sonno e col freddo, aspettando che gl'illustrissimi tornassero dai romorosi teatri o dagli splendidi ritrovi. Appunto, sullo scorcio del carnevale, quando sogliono schiudersi i minori teatri della città agli spassi popolari, allo strepito di certe feste di ballo, nelle quali ci vuol più coraggio a portar la faccia che Dio t'ha dato che non quella di cartone pigliata a nolo dal vicino rigattiere, in quel tempo appunto i servitori e le fantesche della illustre casata di cui parliamo, avevano preso tra loro concerto per andare a passare in allegria, nella festa da ballo del Teatrino (come usano nomare ancora, con popolare antonomasia, il teatro della Canobbiana) la sera del giovedì grasso. E nessuno della casa mancò al convegno; ben inteso che la signora Dorotea, a cui l'età rispettabile, un certo modo di pensare, e il suo grado nella gerarchia, avevano imposta la necessità di mostrarsi affatto straniera a quella che essa chiamava una macchinazione dell'allegra brigata, non mise fuori il capo per tutto il giorno dalla sua cameruccia, ove stette a divorare il dispetto e la bile cresciutale per codesto scandalo straordinario.

Chi non vide, per sollazzo o per curiosità almeno una volta, alcuna di quelle pubbliche, fragorose allegrie del giovedì grasso, nelle quali il popolo spensierato e sincero reca l'indocile bisogno del trambusto, la voglia prepotente di gridar alto e di parer contento, e l'obblio della fame e della miseria, non può immaginare quanto, anche in così fatti ritrovi, ci sia da apprendere e da meditare per chi osservi gli uomini e le strane potenze che quaggiù li trascinano; e come, non solo l'istinto violento, ma quello che dir vorrei lo spensierato esempio di tanti ricchi che sciupano la vita, renda il germe de' vizi fecondo in seno del popolo, e mantenga, al di sotto d'una tronfia e snervata opulenza, una povertà indecorosa e marcita nel lezzo.

Popolo e maschere in folla si riurtavano all'entrata del

teatro; il fruscio, lo schiamazzo, il vociar continuo e confuso, erano rotti dagli strilli più acuti di qualche avvinazzato che si faceva largo tra la folla in cerca de' compagni: gente che veniva e che andava, un'onda serrata, incerta d'uomini e donne, quelli ne' più bizzarri e strani travestimenti, queste acconciate in certe attillature come meglio potevano, pur già peste e sgualcite; e, in mezzo a codesta gazzarra, più d'un vigoroso e tarchiato pulcinella, musi turcheschi sotto l'ampio turbante, insolenti arlecchini, panciuti *puff,* eroi spagnuoli dallo spelato e bisunto mantello; nel fondo, fra le stupide maschere e i volti giulivi, all'ombra dell'appuntato cappello, le cere aggrondate, intente de' gendarmi occhieggianti; e più lontano ancora, il pendulo lanternino che schiariva un uscio socchiuso e la leggenda: *Corpo di guardia*; tal era l'aspetto che, al primo entrare, si presentava a' nuovi accorrenti, nella festa del giovedì grasso.

Venivano, in mezzo a costoro, tre o quattro servi del conte, i quali, gittata in un canto per quella sera la livrea gallonata, accorrevano anch'essi al teatro, coll'abito della moda, col bianco panciotto e il rimberciato cappello, facendo scorta alle due giovani cameriere della casa; erano, com'è facile indovinare, la Cleofe e la Fiorenza. Le quali, sfoggiando a lor modo tutta l'eleganza che avevano saputo, tornate amiche per quella sera, comparivano col più spiccato dei loro vestiti, con certe finte rose di vecchia data ne' capegli, e fra mani ciascuna un ventaglio da trenta soldi, onde sapevano metter soggezione a' più arditi vagheggiatori della loro bellezza. Al momento che le due amiche posero il piede nella vasta platea romorosa, affollata, pregna d'un denso polverio e d'un'afa soffocante, la festa era appunto nel suo fervore, o piuttosto nella sua furia; l'impeto delle maschere e degli sciamannati danzatori era giunto all'apogeo: mal governavano il tumulto del ballo l'echeggiare dell'orchestra sonora, il tempestare de' timpani, e il reboato dei corni e de' serpentoni. Vedevi una frotta, un turbine di maschere d'ogni foggia e colore, che s'avvolgevano, si urtavano per entro alla stipata moltitudine, travolti quasi dalla correntìa prepotente del vals e del galoppo; frammezzo a tanta gente, ostinata per amore e per forza a far baldoria, tra quei cappelli sfondati dalle pugna, e i piumati turbanti, e gli acuti berretti, male avresti saputo discernere qualche viso da galantuomo, che pur c'era; ma facce accese di buontemponi e di scapati, ma sembianze di baggeo, e maschere scialbe e mute, e uno scempio delirio che voleva parere allegria.

Nella calca mano mano crescente, fra lo stordimento e il rombazzo, la Cleofe, più ardita e più esperta della compagna, sapeva farsi varco; e con certi suoi ghigni affettati, e con qualche gomitata a tempo, passava, senza smarrirsi, a traverso ammiratori o indifferenti: intanto la Fiorenza, la quale non ancora aveva perduto quel non so che di peritoso, quella soggezione contadinesca che la facea sembrar più ingenua e forse più bella, si avanzava tutta confusa, col batticore, colta più da paura che da maraviglia. Tutto quello che vedeva, che le sonava agli orecchi, quelle sembianze, quella musica frastornata da risate, da batter di mani, tanta gente scatenata nel vortice de' balli i più strani, quel barbaglio di lumi, quelle facce nere e bianche, incappucciate, sporgenti qua e là dai palchetti, e il vedersi a ogni poco quasi strappata dal braccio della compagna, tutto le cresceva incertezza, terrore; e le somigliava un sogno, una ronda di fantasmi, un delirio. Già parecchi, più sguaiati o più audaci degli altri, facendo dell'incauta Fiorenza più tristo giudizio di quel ch'ella si meritasse, le eran venuti vicini, offrendole il braccio, o tentandola in un cotal gergo da lei non compreso: ma per buona ventura, i tre domestici del conte, entrati con esse in compagnia, si mostrarono in buon punto i paladini delle due donne. In più d'uno scontro, s'era già fatto fra costoro e i mal capitati tentatori contraccambio di garriti, di minacce e di qualche manrovescio: buon per loro che, nel tafferuglio, nessuno avesse dato mente a cotesti minuti episodii della festa. Se non che, quando verso mezzanotte, fatto ch'ebbero un po' di cena nel palchetto del padron di casa, e sbirciato in fondo di alcune bottiglie della sua cantina, ritornarono di conserva ma più allegri di prima, in mezzo al tumulto della platea; il metter piede innanzi piede senza pericolo, e il far che gli altri tenessero le mani a casa, non fu più così agevole impresa. Alla Fiorenza, in quel momento, tornarono in pensiero le rozze e semplici allegrie de' suoi monti, quelle veglie di stalla quand'essa rideva tanto di cuore e cantava con lieta e fresca voce, di qualche «cara tosa innamorata». Sentiva invece la Cleofe non so qual prurito di trovar chi alla sua volta la facesse ballare; e appena guardò intorno, vide parecchi farsele innanzi per contrastarsi il vanto di offrirle la mano. Fu in cotesta gara improvvisa, che la sua compagna si trovò d'un balzo spinta in mezzo alla folla di coloro che alla rinfusa e riurtati si volgevano a onde verso l'entrata della platea, e non vide più né l'amica, né chi le faceva scorta. Incerta a un tempo e irritata, tentava di rompere la moltitudine che la trascinava, ma fu peggio; alcuni badaloni, tra quei che stavano appostati negli atrii esterni, come bracchi che fiutano l'acceggia, l'adocchiarono, e venuti dietro a lei un poco, cominciarono un assalto di complimenti sfacciati e di sconce risa. Ella, per fuggire, senza saper più che farsi, gettossi in un gruppo di maschere che in quel punto rientravano. - Ma costoro, già mezzo briachi, e pieni di quell'allegria chiassona, che per loro è proprio l'eco del carnovale, l'accolsero con uno sghignazzar fragoroso, pigliandosela in mezzo, come buona presa: e uno men brillo e più sfrontato, senza baloccarsi, le cinse con un braccio la persona, e quasi di peso portandola, se la traeva di botto fuor del teatro. Come avvertita del rischio che correva, mise un grido la donna: in quel punto, un tale, da lei sulle prime non ben riconosciuto, si fece sotto all'insolente mascherato, e d'un urto lo rincacciò due passi indietro: colui, scombussolato abbastanza da quello scrollo, si tenne per avvisato; ma gli altri, che lo spalleggiavano, corsero, tutti in uno, addosso all'incauto aiutatore; il quale non ne sarebbe uscito con salve l'ossa, dove non avesse messo mano a un coltello che si teneva in tasca. Bisogna dire che i dannati compagnoni pensassero che non valeva far sangue per quella conquista; poiché, al vedere il coltello, rompendo in una sconcia risata, voltarono le spalle al disperato campione, e uno gli urlò dietro: «Se la è tua, tienla dacconto».

Tutto questo accadeva nella via, a pochi passi dal teatro, sotto l'incerto bagliore de' fanali semispenti che ne schiarivano l'entrata: e fu cosa d'un momento, notata appena fra il rombazzo di quei che andavano e venivano. Ma la Fiorenza, che si credé proprio salvata da quell'animoso, non tardò a riconoscere in lui uno de' camerieri del conte, il più giovane, certo Antonio, il quale già prima d'allora s'era avvisato di buttar là qualche graziosa parolina con lei, ma a cui ella non avea creduto, né quasi posto mente.

«Per carità, mi conduca via di qui... son più morta che viva... per carità, signor Antonio, m'insegni la strada di tornare a casa».

«Quietatevi, Fiorenza! Non abbiate paura... quei dannati poltroni li ho fatti scappar io... e son contento».

«Ah! cos'è stato mai? sono diavoli incarnati.., e se lei non veniva a tempo, signor Antonio...».

«Sì, sì, son contento d'aver potuto far qualcosa per voi, Fiorenza bella... E spero adesso che almeno non me ne vorrete male... non è vero?».

«Cosa dice mai?».

«Ma lo sapete pure che farei l'impossibile per voi! E non mi avreste veduto lì, pronto a dar ragione a tutti quanti, se non era che penso a voi da un pezzo... Ora, lasciatemi dire... già, non è per male che parlo; ché non v'ho mai pur toccato un dito! Oh! ma se sapeste!...».

«Oh Signore! in questo momento... mi lasci stare ch'io non capisco nulla; piuttosto mi conduca via, lontano di qui...».

Il signor Antonio, furbo e sottile com'era, e consumato abbastanza in cotesta sorte d'imprese, capì non essere ancora il momento di ribadire il chiodo, sebbene in cuore si tenesse ormai più che certo del fatto suo; s'infinse bonario, sincero, pronto a far tutto ciò che alla donna piacesse; e, colla premura rispettosa del più onesto galantuomo che fosse mai, l'accompagnò fino al palazzo, senza manco dir più motto di quello ch'era stato. Solo, nel rientrare, ebbe studio che il vecchio portinaio, seduto ancora e dormiglioso a cavalcione del colmo caldano, notasse come il signor Antonio e la Fiorenza venissero a casa, in buon accordo - e soli. Era colui un tristo e maligno soppiattone, che non avrebbe mancato la mattina vegnente di dar per cosa sicura a tutto quanto il servidorame della via, che il signor Antonio e la bella brianzola avevano fatto lega offensiva e difensiva.

Pur troppo, al mondo, nelle grandi e nelle piccole cose, di

rado s'antivede la conseguenza d'un primo passo, e si vuol poi ritrarre il piede, dove non è più tempo: così la credula ignoranza è quasi sempre fatta gioco della menzogna audace, e il più delle volte l'esperienza costa lagrime, e peggio. La Fiorenza, non perduta ancora del tutto la sua pronta e vivace sicurezza d'un tempo, inconsapevole delle segrete corruzioni e della vecchia lordura che ammorba l'aria d'una gran città, si vide, nell'andar di pochi giorni, fatta segno agli sguardi maligni, alle coperte allusioni, alle dicerie di quanti erano nel palazzo: e più d'una volta, certe baie le vennero troppo chiare all'orecchio, perché potesse ancora dubitare di quanto si voleva dire. Da principio, ne fu accorata, ne pianse in segreto, ma non aveva coraggio di ribattere con franca serietà le male insinuazioni, gli scherzi mordaci; poi le pareva come di aver ragione: né si sentiva alcun peso nel cuore. Ma Antonio, il cameriere, faceva suo pro delle ciance de' compagni, e della timidezza della povera forese; lasciava dire, o negava, in modo che peggio era che non dir di sì; ovvero stringevasi nelle spalle, con tal aria di burbanza indifferente che destava l'ilarità degli uni, il dispetto degli altri. Ma a nessuno però bastò il cuore di cozzare aperto col signor Antonio, che tutti sapevano favoreggiato della benevolenza del padrone: anzi quest'era un pungolo segreto di maggior rancore, che tornava poi a' danni della bella campagnuola. Né mancò per fino chi, nel tinello o nell'anticamera, si lasciasse scappare di bocca che, se il signor contino serrava un occhio sul contegno del suo fedele, ci doveva essere la sua seconda ragione.

Pensate ora che mutamento già s'era fatto nella vita della fanciulla del Mirabello. Quel trovarsi di continuo in mezzo a gente che si prendeva il tristo spasso di metterla in canzone, per una parola, per uno sguardo; quel vivere nell'angustia d'ogni giorno, d'ogni momento, e il non avere chi le compatisse, chi almeno le perdonasse il suo povero stato; e il rammaricarsi del passato, senza aver forza in sé per ricominciare i suoi giorni e la sua oscura e stentata vita di prima, le avevano gettato in cuore un sentimento fin allora ignoto e per questo più amaro, l'odio. Dubitava di tutti, s'insospettiva d'ogni occhiata, d'ogni cosa che altri sussurrasse a lei vicino; le sue compagne non si degnavano di parlar con lei; e più che l'altre, la Cleofe, per il dispetto che quella villana le avesse usurpate le buone grazie del galante cameriere, come tutti credevano.

In breve, la vita della Fiorenza, nella illustrissima casa, divenne un inferno. E come, in que' giorni così sciagurati, le pareva che sarebbe morta piuttosto che domandare al vecchio suo padre di tornare a star con lui, ella non seppe trovar altro rifugio, altra difesa che nelle promesse da lei credute sincere, e nella protezione, fino allora disinteressata, del signor Antonio.

Ma le cose vennero a tale che, per ricovrare, come sperava ancora, un po' della perduta pace, e sottrarsi ai disgusti, ai sarcasmi, alle piccole ingiurie d'ogni momento, forse più crudeli e più difficili a sopportare di ogni altra irreparabile sventura, la Fiorenza, consigliata sotto mano dallo stesso suo protettore, domandò d'uscire di quella casa, e cercarsi altrove un pane che sapesse meno d'amaro. Fors'anche, e chi potrebbe dirlo? a tale rimedio del momento non fu straniero lo stesso signor Antonio; il quale sapeva la scrupolosa severità della padrona, attizzata (com'egli diceva) dalle giaculatorie della vecchia Dorotea: e ne balenò un sospetto anche alla Fiorenza, quando, lo stesso mattino che doveva partirsene, il padroncino, uscito del gabinetto in veste da camera, e trovatala che scendea dalle stanze superiori per la scala di servizio, la fermò sul pianerottolo, e le disse, prendendola per una mano, ch'essa non ebbe animo di ritirare: «Dunque, bella Fiorenza, volete proprio andar via? Ma se fossi io il padrone, non andrebbe così; del resto, fidatevi pure del mio Antonio; in quanto a me, farò sempre qualche cosa per voi... addio Fiorenza!».

In quell'istante, le sovvenne involontariamente del suo povero Selmo. Forse per la prima volta essa riusciva a indovinare il cuor severo e onesto da lei perduto; forse si pentì d'essersi lasciata adescare dalle false e scempie promesse di quella donna, che allora l'odiava quanto aveva promesso d'amarla dapprima; forse rimpianse colui che ella abbandonò, mentr'egli stava per chiamare in testimonio il Signore del bene che le voleva.

Pensò a tutto questo; ma il mal passo era fatto, e sentiva che, da sé sola, non avrebbe più potuto tornar indietro.

IV.
La sorella minore

Così una novella sorte doveva cominciare per la figliuola di Bernardo del Mirabello.

Intanto che le fosse riuscito di trovar lavoro, o di entrare in alcun'altra casa signorile (ché non sentiva di potersi adattare a più umile servigio), la Fiorenza andò a stare in compagnia d'una donna dabbene, conoscente del signor Antonio, che a lei l'aveva molto raccomandata. Era costei la vedova di un calzettaio, la quale, venduto un piccolo fondo di bottega, avanzatole alla morte di suo marito, viveva poveramente col frutto dello scarso capitale che n'aveva ricavato. Allorché il signor Antonio, raccontandole una compassionevole storia di sua invenzione, le fece preghiera di tenersi in casa la giovine per breve tempo, la buona donna non poté dirgli di no; stimando, per quel poco ch'ella potesse, di fare un'opera di carità: tanto più che il matricolato cameriere del contino, per indurvela, aveva saputo, con certe mezze parole, darle a intendere che si trattasse di salvare la poverina da qualche poco onesto ghiribizzo del giovine padrone.

Ma non andò molto che la signora Giovanna - così aveva nome la vedova del calzettaio - cominciò a sospettare averle quel furbo cicalone del signor Antonio dato a bere a sua posta, e la pietosa istoria della Fiorenza non essere che una bella panzana, per nascondere a lei un suo brutto viluppo. E, a dir vero, non s'apponeva male la donnicciuola; vedendo come la giovine, venuta da tre settimane in casa sua, a tutt'altro pensasse che a trovar lavoro o nuovo servigio: se ne convinceva poi, quando datasi attorno per cercare di appoggiarla onestamente, la fanciulla sapeva sempre trovar fuori nuove scuse e ragioni per iscansare d'andarsene. Ma ciò che più diede a pensare alla signora Giovanna, ciò che le mise (com'ella s'arrischiava a dire alla signora Ghita, una sua vicina) più che una pulce nell'orecchio, fu l'accorgersi che il giovinotto cameriere, senza modo né riguardo alcuno, aveva ben avviata l'usanza di venire in casa sua, a ogni ora del dì e della notte, secondo che gli tornasse; fu il vederlo, per troppo tempo, intrattenersi colla giovine brianzuola a ridere, a dir cose inutili, a far bisbigli segreti. Capì esserci alcun che di mal coverto; rifletté il suo carattere non permetterle di servir di coperchiella a codesta sorte di negozi; ma, nel tempo stesso, non volendo fare scandali, stette a occhi ben aperti, deliberata di disfarsi di quella sua ospite, alla più pronta occasione.

Né le sembrò difficile il coglierla. Una volta fra l'altre, l'insolentone (così usava la signora Giovanna nominarlo, ma sottovoce, colla signora Ghita, quella sua brava vicina) venne a sera più tarda; e passando per la prima stanza, ov'ella sedeva, al solito occupata a rifar peduli di calze vecchie, non si cavò pure il cappello, ma difilato corse nell'altra cameretta, nella quale in furia tenevagli dietro anche la Fiorenza: quello che tra loro si dicesse o si mulinasse, la buona vedova nol seppe ripetere. Ma da alcune esclamazioni arrabbiate, da frasi tronche, da inchieste che parevano rabbuffi, indovinò, non senza grande paura, ci fossero nuvoli per aria: minaccioso, arrapinato l'uno, l'altra supplichevole, con voce piagnolosa e rotta dai sospiri. Era la prima volta che alla povera signora Giovanna avvenisse di trovarsi, si può dire, presente a simiglianti scene. Dall'uscio socchiuso vedeva il giovine misurare a gran passi la stanza, sbuffando, gettando il cappello a terra; poi lasciarsi cadere, come disfatto, sopra una delle sue seggiole di paglia, a rischio di sghangherarla del tutto; e la Fiorenza venirgli vicino, giunte le mani, pieni gli occhi di lagrime; le parve un istante, da certe parole, si trattasse di qualche serio alterco, di qualche grosso guaio, avuto dall'amoroso per cagione di quella fanciulla. Fatto è che, quantunque poco ci vedesse entro, tremava la buona vedova e sudava, come s'ella medesima ne andasse di mezzo: un momento, per tema che di peggio non succedesse tra i due, e ne venisse una disgrazia, fu per alzarsi e accorrere di là, forte del proprio diritto di padrona di casa; ma come, proprio in quella, gl'intronò l'orecchio una sconcia bestemmia del compare, stimò prudenza prendere, finch'era tempo, l'opposta via; e per l'uscio che metteva al ballatoio uscì, che già si sentiva correre per l'ossa il ribrezzo della febbre.

Quando, passata un'ora e più, s'arrischiò di nuovo oltre il suo limitare, era aperto l'uscio, le due stanzette vuote: più non udì la voce del messere, e la sua trista compagna dalla sottanella era anch'essa sparita. Per buona sorte, negli armadi, ne' cassettoni, quel poco che restava alla vedova era tutto a luogo; anche nella stanza abitata dalla giovine non mancava un filo. Seppe, la sera medesima, dalla signora Liberata come un'altra delle vicine, la maestra di scuola, la quale stava al pian terreno, avesse veduto appunto, al tacer delle campane dell'avemmaria, uscire dal portone, in compagnia di quel tale, la giovine forese, con seco un fardelletto sotto il braccio, e nascosto mezzo il volto dal pannicello oscuro onde si copriva la testa. Né, da quel giorno in poi, per quanto la vedova del calzettaio ne chiedesse intorno alle pettegole e alle curiose ch'erano nel vicinato, e perfino a quel lingualunga del vecchio portinaio del palazzo, altro non si seppe per allora, né del galante cameriere, né della sua fuggitiva compagna.

In quel tempo, mentre la malcauta e disgraziata donna lasciandosi trascinare a poco a poco dall'abbandono e dal bisogno, aveva dimenticato per sempre il vecchio padre, che ancora parlava di lei col mele in bocca, e l'uomo che le aveva promesso un onesto amore di tutta la vita; questi, tradito nella più cara d'ogni sua speranza, cercava alla sua volta di cancellare dall'animo la disgraziata che gli diede così tristo compenso del suo bene, e di scordare i luoghi ove l'avea veduta e incontrata, la casa sua, e l'aria nella quale era nato.

Selmo, come già l'aveva fatto vedere fin dal primo momento che fu così all'impensata tradito dalla Fiorenza, non accolse in cuore né odio né rancore contro di lei. Uno de' primi pensieri che gli si affacciarono, il più naturale, è vero, fu ch'ella non volesse a lui quel bene che egli aveva pur creduto che potesse volergli: onde stimava che, se anche la cosa non fosse andata così a precipizio, dal prendere per sua donna quella fanciulla gliene sarebbe venuto un mal peggiore. Sovente poi gettava un'occhiata in sé medesimo e capiva come quel che c'era di buono in lui fosse tutto dentro nel suo cuore; nel cuore che sentiva ciò che non sapeva, né avrebbe saputo dire. E conchiudeva, tra sé, di essere stato un bel fior di matto, cacciandosi in fantasia di piacere a una giovine come quella; ma, in cambio di trarne ragion di dispetto, e voglia di maledire la sua triste sorte, s'accontentava d'uscir fuori a dire che, povero e solo com'era, la mano del Signore l'avrebbe, non per questo, condotto per la sua via, e ch'egli tanto e tanto sarebbe sempre stato il muratore vagabondo. Gli toccò inoltre, invece di conforto, di trangugiare fin da principio più d'un amaro boccone: i giovani del paese, i più burloni e smargiassi per i primi, se la ridevano di lui e di quella mala ventura: anche fra le donne, parecchie gli guardavan dietro con cert'aria tutt'altro che di compassione: perfino i suoi, meglio che a compatirlo, trovavan gusto a rodergli il cuore con vani rimpianti, e con non so quanti *avresti dovuto, avresti potuto!* E anche il vecchio Ignazio, qualche volta, l'aveva col figliuolo, perché si fosse lasciato impaniare a quel modo e poi piantare su' due piedi, senza più nemmeno curarsi dell'avviamento di quel negozio della masseria: però che Selmo, veduta appena fuggire la sua prima, l'unica speranza, avea risoluto di rinunziare all'accordo già fatto col padrone del terreno; né ciò avrebbe voluto il padre suo a nessun patto, parendogli in cambio più giusto che Selmo, senza trastullarsi in tante ragioni, bravamente trovasse fuori un'altra donna, e facesse vedere a quei del Mirabello che non s'avea bisogno di loro.

Ma altri erano i pensieri e i divisamenti del tradito Selmo. Egli non poteva ora vedersi più a lungo in quei luoghi, ove tutto gli ricordava i cari e solitari sogni fatti per un avvenire creduto così vicino; e sovra ogni altra cosa desiderava la poco invidiata sorte di partir soldato, nella coscrizione di quell'anno, per non tornare al paese mai più. A quanti, per la seconda volta, vennero a ridergli in faccia, o solo a interrogarlo alla lontana di ciò ch'era una ferita sempre aperta nel suo cuore, un giorno, rispose netto avrebbe loro saputo cavare il ruzzo del capo. E l'occhiata e il gesto che fece nel dir queste parole, bastarono.

Nondimeno gli s'era fitta nell'animo una malavoglia, una cotale malinconia non mai provata prima d'allora, che desiderava e pur non sapeva vincere. Parevagli come se tutto fosse per lui già finito al mondo, che non avrebbe potuto amar più nessuno, né credere più a nessuno; si martoriava del pensiero che la improvvisa e quasi disperata risoluzione della Fiorenza fosse stata un effetto delle stesse ruvide e ombrose rampogne ch'egli le avea fatto, quel giorno che le comandò di non più ritornare alla villa. E in simiglianti continue e penose contraddizioni, (come succede a chi veramente ama e soffre) non s'accorgeva d'amare ancor più di prima; non imaginava che se, all'udir quel nome, al vedere quella collina, il tetto di quella casa fra gli alberi, gli si rimescolava il sangue, gli morivano sul labbro le parole, non era perché l'offesa gli avesse versato in cuore ira e veleno, ma piuttosto perché quella, a cui stava per dare il suo nome, la sua casa, la sua vita, egli la credeva buona ancora; perché la sua promessa di bene era stata sincera; e quel bene, passione. La passione buona non muta, non finisce in un momento, come fa ogni altra cosa.

Già era passato più d'un mese e mezzo. Intanto, al pari d'un pellegrino che, perduto il sentiero, perde anche la lena, e messosi a sedere dechina il capo, né si ricorda più della meta del suo viaggio; Selmo, abitando tuttora insieme al padre e a' fratelli, stavasene per tutto il giorno con loro, quasi inerte e sbadato. Lasciandosi di rado vedere nel contorno, dava mano senza gusto alle faccende della bottega; e benché mai non ne fiatasse, gli altri capivano com'egli si sforzasse di soffocar pensieri e memorie. Se non fosse stato così, l'avrebbero detto indifferente a tutto quello ch'era succeduto; anzi, qualche volta men brusco con loro e più arrendevole che non l'avessero visto mai. E Selmo, invece, non sapeva più che farsi della vita.

Fu in quei giorni, che, vagando alla ventura per le rive e pei colli ond'è circondato il malinconico laghetto, si mise, quasi senza accorgersene, per un sentieruolo non battuto che guidava verso quel solitario sito, così noto un tempo e di poi fuggito quasi con terrore. Era una domenica; e mentre i fratelli suoi e gli altri giovani del paese spendeano l'ore giuocando in compagnia alle pallottole sulle piazzetta comunale, o raccolti in gruppo nella fonda cucina dell'osteria, facendo sui deschi ballar tondi e bicchieri, arrischiavano alla mora a cui toccasse pagare il poco vinello bevuto, Selmo si dipartiva da tutti, e con la monotona compagnia de' pensieri suoi, che erano del colore stesso di quel cielo invernale, pigliava attraverso campi e brughiere, non lasciandosi talvolta più vedere sino a fitta notte. Sapevano tale suo costume; e, dopo un agro rabbuffo toccato a uno che gli aveva dato, in guisa di complimento, del matto selvatico, nessuno mostrò di badar più a lui.

Quella domenica adunque, benché il continuo sibilìo della tramontana promettesse una buona nevata, il nostro Selmo, discostandosi più del solito da Alserio, dopo girate tutte le alture vicine fino all'alpestre Caslino, tornava lentamente verso casa sua, allorché il viottolo da lui preso lo condusse a breve distanza dal Mirabello. Appena levati gli occhi, s'accorse dov'era, e piegò a mancina lungo un brullo vigneto del pendio; ma, giunto sulla strada comunale appiè dello stesso colle, s'imbattè in una fanciulla che gli parve di riconoscere. E la riconobbe davvero; ma, fingendo di non essersi pure accorto di lei, tirato il cappello sugli occhi, come per ischermirsi dal freddo acuto, se ne andò a dilungo.

Se non che, alla svolta della via, si volse indietro involontariamente; quella fanciulla era ancor là, ritta, immobile, che guardava lui. Fermossi, tornò indietro due passi, poi si pentì; nel silenzio della campagna, al venir della sera, s'imaginò d'udire la fanciulla singhiozzare: allora, senza por mente ad altro, corse a lei; e prendendola per le mani irrigidite, umide di lagrime:

«Perché piangete?» le comandò «cos'avete, Linda?».

Quella poverina era la sorella della Fiorenza.

«Voi siete passato Selmo, e ho ben capito che avete fatto mostra di non conoscermi: cosa mai potete avere con me?».

«Niente, povera Linda, povera figliuola... ma io...».

«E perché tutti s'hanno a stancare di me, e più nessuno pensa alla Linda?... Della mia Fiorenza, voi lo sapete bene, Selmo, quello ch'è stato» ingenuamente seguitava la giovinetta, mentre a lui quelle parole passavano il cuore. «Costante e Andrea, quasi non mi fossero neanche fratelli, non mi danno mente, o mi ributtano come una grama disutile; mio padre, lui, mi tiene buona a nulla, mi chiama anche me la disgrazia della casa... E voi, Selmo, voi come tutti gli altri, non mi guarderete più, non avrete una parola per la Linda?».

«Buona figliuola! Sei stata sfortunata anche tu! Ma io non avrei, no, pensato che i tuoi ti trattassero così».

«Madonna santa! se n'ho mandati giù in questi pochi mesi,

da che... ve ne ricordate?».

«Sì, me ne ricordo.., e bene!».

«Da che la Fiorenza, che vi voleva bene a voi, e io lo so, vedete! perduta l'idea, s'incocciò di andare laggiù a Milano a far fortuna, per tutte le belle cose che le avevano contate, e che lei credeva, come fossero verità sante... Ma io no, Selmo; fin d'allora, io capiva che non era la strada giusta... E s'io parlava, chi avrebbe dato ascolto a me?... La Fiorenza se n'è andata, e io sono rimasta qui a piangere».

«A piangere?.., ma perché?... Che vita fai, povera Linda?».

«Se non lo so nemmen io! Dal momento che mia sorella m'ha lasciato qui... Oh! se aveste veduto com'ero disperata quella mattina... non voleva che me la togliessero, voleva che mi menasse dietro; e intanto ch'io piangeva, lei mi canzonava, mi faceva tacere, chiamandomi povera martirella. Bene, dal momento che la Fiorenza non c'è più al Mirabello, e son quasi due mesi, io la cerco, e vo per la casa, per i campi, sola, trasognata; di pane e minestra non ho più voglia... e sento che mi manca quella ch'era stata, posso ben dire, la mia mamma».

«Oh! tu dunque sapevi amarla tanto? E come mai ha potuto?...».

«E voi? non le volevate del bene anche voi, e pur v'ha lasciato?...».

A questa semplice interrogazione, colla quale la fanciulla rispose, Selmo, addolorato, e quasi invilito, chinò la testa; e, dentro, soffriva. Ma in quell'istante il suo dolore non era così cupo, così penoso, come di consueto: poteva almeno parlarne, parlarne con una innocente, che ne portava anch'essa qualche parte.

«Vedete, Selmo,» ripigliò la fanciulla «io tante ragioni che sento, non le so dire... Ma se fossi stata io, se avessero cercato di condurmi me via di qui, lontano dai nostri monti, in un luogo dove non avessi più potuto vederli... non sarei stata buona di abbandonare la mia Fiorenza».

«Via, quietati, buona figliuola! se la è stata così, sarà per bene».

«Ma no, che il male non può mai essere per bene... Già lei

ha fatto male a non pensarci più niente, né a me, né a voi... E me lo diceva anche il signor curato, una volta che m'incontrò, vedendomi così trista come sono... Ditemi un po', Selmo: voi non l'avete pensata come me? Non vi siete mai figurato in mente che l'avesse a tornare?...».

Anche qui, il buon garzone non seppe rispondere; perché la cosa era proprio come diceva allora la Linda. Egli l'aveva aspettata per que' due mesi, forse l'aspettava ancora in quel momento, ma non aveva coraggio di confessarlo, neppure alla povera fanciulla. E nondimeno, se avesse potuto, come volentieri avrebbe pianto con lei!

«Via, non istate troppo su questi pensieri» diss'egli invece, come per farsi forza e consolare l'affettuosa fanciulla.

«E non vi fa bene a figurarvi che almeno lei è contenta?... e anch'essa si ricorderà di casa sua, o Linda! e farà qualcosa per voi...».

«Cos'ha mai a fare per me? Oramai so che de' suoi non gliene importa più... Quando vi dirò che, in questi due mesi, ogni sabbato di mattina, son venuta qui, per aspettare quando tornavano da Milano i cavallari del contorno, e saper da qualcuno che Fiorenza mi mandava a salutare; ed essa non domandò mai a nessuno, de' suoi... tanto che, quella volta che ho pensato di farle avere, per mezzo del Dalmazio di Ponte, il vetturino, un mio fazzoletto, un regalo della nostra priora quando feci la cresima, e con quello il rosario della povera mamma, lei, credereste? rimandò indietro il fagottino tal e quale, senza né anche averlo aperto!... Oh! andate là, che a voler bene, pare proprio un peccato!».

Selmo non sapeva spiegarsi come mai a quella fanciulla, da tutti tenuta quasi una povera scema, e ch'egli pure credeva buona appena a guardar le oche lungo il fossatello della ripa, avesse in così breve tempo già tanto insegnato il dolore. E, da quel momento, prese ad amarla ben più di prima; e il veder patire la innocente, per la cagione medesima che faceva patir lui, risvegliò in amendue un muto bisogno di compassione e d'affetto. Egli nello scostarsi, volle dirle, col cuor sincero: «Perdonami, Linda! E, se, un giorno o l'altro, tu potessi mai aver bisogno di alcuno che faccia qualcosa per te, che ti difenda, ricordati pure di Selmo; il cuore di Selmo non è di quelli che mutano e dimenticano!».

Forse la fanciulla non comprese quest'ultime e meste parole: ma il giovane d'Alserio, nel seguitar la sua via, portava seco un'angoscia, una disperazione ben più grande di quanto n'avesse egli lasciato indovinare in quel colloquio. Fin allora Selmo, non so dir come, s'era fisso nel pensiero che la figliuola di Bernardo, pentita e disgustata dell'incauta risoluzione, avrebbe fatto ritorno a casa sua; l'idea che ella potesse a lui mancar di fede era sempre stata così lontana dal suo cuore, che, anche allora, piuttosto che con lui ingiusta, la credeva ingannata e tradita; la compassionava.

Ma, ripensando più pacatamente a quanto aveva udito dalla Linda, cercando di capire come mai, in tutto quel tempo, la Fiorenza non avesse più dato un pensiero a nessuno de' suoi, cominciò a dubitar che fosse vero quanto gli aveva detto, incontrandolo, il signor curato di Santa Maria, appena andò a monte quello ch'era stato da lui medesimo così bene avviato. «Andate là, figliuolo,» gli avea detto «potete farvi il segno di croce... Quella giovine non era affar per voi! e io sono stato troppo buono da principio a pensare che si potesse cavarne del bene». Allora, aveva Selmo imaginato che anche quel brav'uomo dicesse un poco per dispetto; ma poi, vedendo passar giorni e settimane senza più altro intendere di lei, gli tornarono in mente le sue parole. La notte dopo quell'incontro con la Linda, non riuscì a chiuder occhio; ma al giorno appresso, la sua risoluzione era fatta. Voleva abbandonare per sempre que' luoghi, ove non avrebbe più trovato un'ora di pace; e come gli fu detto dall'agente comunale che forse per quell'anno nel suo paesello non c'era a temer la coscrizione, per essere il comune tuttora in credito di mezz'uomo sull'ultimo contingente, deliberò di partirsi senz'altra dimora, come soldato volontario.

E con questa matta decisione in cuore, andò a fare una visita al signor curato, che non aveva più riveduto. Lo trovò nel suo piccolo studio a terreno, a canto d'un focherello, mentre appunto, co' libri parrocchiali de' nati e de' morti fra mano, se ne stava tutto occupato a cavarne tabelle e rubriche, da sottoporre all'oziosa curiosità statistica dell'amministrazione.

Appena vide Selmo, e poté argomentare dal confuso suo dire come avesse trovato fuori a' suoi guai quella sorte di rimedio: «Venite qui, figliuolo!» gli si volse «prendete la seggiola ch'è là, e datemi un po' ascolto anche a me. Posto che questa legge della coscrizione la c'è, e que' che comandano l'hanno fatta, a voi tocca, quand'essa parla, star lì e obbedire! ma a far di più di quello che la legge parla, bisogna, figliuol mio, pensarci su due volte... So che siete stato disgraziato, che il vostro buon cuore un trattamento di questa sorte non lo meritava; ma, e per questo?... abbiamo a buttarci disperati? e non c'è proprio nessun rappezzo migliore di quella vostra pensata? E vi credete esser contento poi di quello che avrete fatto?... Poveri scempi che siete! Ringraziate la Provvidenza che la coscrizione quest'anno abbia, come si crede, a risparmiare, o per dir più giusto, paghi un debito al vostro paese; e non ne andate anche voi a far quello che già fanno tanti, a vivere alle spalle di chi lavora!... E che gusto ci trovate?... Pazienza, se fosse tempo di guerra, che potreste dire! ho voglia di farmi accoppare... Ma adesso, al tempo in che ci tocca di vivere, per chi, e perché volete portare lo schioppo?... Vedete qui questi libracci, ove sono scritti, da cent'anni in qua, tutti coloro che il Signore ha lasciato venire al mondo nel piccolo cantuccio di terra che, bene o male, amiamo come nostra? Oh! se sapeste quanti e quanti furono portati via alla casa, al campo de' loro vecchi, a una terra comune di tanti figliuoli d'una sola madre, senza che al mondo, che fa un gran parlare di giustizia e né manco sa dove la stia di casa, ne venisse un po' di pace, un po' di speranza!... Ma voi non mi potete capire forse come vorrei; né io vi posso dir più chiaro... Questo è certo, però, che per guarirsi il cuore, o Selmo, un buono e sincero figliuolo non prende la via che volete voi...».

Le parole del curato scossero il giovine, che, senza farci sopra tante riflessioni, voleva abbracciare quel partito, come il più pronto che gli era venuto innanzi. Si persuase esserci qualcosa di meglio a tentare che non il mestiere del soldato: nondimeno aveva bisogno di chi gli desse un po' di coraggio.

«Volete andar via di qui? E chi vi tiene?» ripigliò il prete. «Il vostro mestiere onesto non l'avete forse? Prendete con voi il martello e la cazzuola, e potete girare il mondo, come fosse vostro; purché siate galantuomo con tutti, e vi ricordiate in ogni parte e sempre di Chi c'è lassù, potrete ancora esser contento; pensate che Quegli è il solo medico di tutti i guai».

E battendogli amicamente una mano sulla spalla, l'accommiatò,

Quel giorno stesso, Selmo s'incontrava appunto con un giovinotto, suo compaesano e anch'esso muratore: il quale, tornato poco prima al paese, s'era subito ricordato di domandar conto di lui, del fatto suo. Era un buon figliuolo, compagnevole, giovialone; nato per tenere allegro chi avesse tutt'altra voglia che di ridere. Appena costui seppe ciò ch'era avvenuto a quel compagno suo, andò in traccia di lui; e lo trovò malinconioso e solo, che passeggiava per una stradicciuola, dietro al paese.

«È vero quello che ho sentito, Selmo? che hai avuto un tristo boccone a mandar giù, e che non vuoi trovar più pace né ragione?... Eh! malann'aggia! quando s'è un galantuomo par tuo, c'è bisogno di guardar in faccia alla gente, e di cuocersi dentro, per un torto che ci vien fatto? Tanto peggio per gli altri, che non sanno valutare i cuori dello stampo del tuo!... Te lo aveva pur detto io, che la tua ora di buttare in un canto martello e grembiale non era suonata; se tu m'avessi dato ascolto a me, non ti sarebbe venuto il gusto di cercarti questi dolori di capo... Animo, dunque; quello ch'è stato è stato; chi non ti vuole non ti merita! E posdomani vieni via con me; passo passo torniamo nella Svizzera, come nulla sia successo; da buoni fratelli, come siam stati sempre, si rifà da capo la nostra vita dura e contenta... E te ne ho da contar di belle anch'io, sai Selmo?... Ma intanto, è patto fatto, non è vero? di qui a due dì, prima dell'alba, diamo un altro addio al paese per del tempo, e andremo a cantare la nostra canzone di là dei monti... ché qualche gocciola per inaffiar l'asciutto non ci mancherà anche da quella parte... Intanto, sta su vispo e allegro... e birba chi manca!».

Alle molte parole di Carlantonio - così aveva nome il compagno - nulla aveva risposto Selmo; e pensava tra sé. Ma non appena s'accorse della gagliarda stretta di mano che gli diede colui nell'andarsene, lo richiamò indietro, e: «Tu sei sempre quel buon diavolo di una volta,» gli disse «forse è la Provvidenza che ti manda... farò dunque come vuoi: verrò di là di questi maledetti monti... che Dio mi perdoni tutto il male che mi hanno fatto pensare!».

E, al primo rompere dell'alba del terzo giorno, due compagni erano partiti; né per un pezzo, Ignazio d'Alserio ebbe più novella del figliuolo.

V.
Il dì di Santa Croce

A poco a poco, anche fra noi, nel popolo si vanno perdendo le buone memorie antiche, quel costume dei vecchi tempi, que' dì solenni santificati dalla tradizione, dalla riverenza, dalla fede semplice e schietta, ch'erano già tanta parte della nostra vita, del nostro carattere morale, la poesia, per dir così, della povera gente. Avevamo noi pure le nostre feste cittadine e patrie, commemorazioni di una gloria non mai cancellata da' cuori italiani, non mai perduta del tutto; e fra quelle, la più famosa statuita a ricordare la giornata di Legnano e il trionfale Carroccio, salutato dalle tre nunzie dei santi,

Le colombe che uscir dall'altare.

E nutrivano la fede e la virtù popolare, e preparavano una gente rozza e forte ancora, alla coscienza di sé medesima. Ma lo splendore di un'età lontana non è più vivo, fuorché nelle pagine della storia, severa custode del passato, e nell'anima di chi sente che non può tramontare né morire quello che una volta fu grande. Ora delle nostre antiche feste popolari, non abbiamo più che la processione del giorno di Santa Croce, e le baldorie già stanche, e ormai quasi dimenticate, del carnovale.

Nel giorno dedicato alla memoria del ritrovamento della Croce, fin da tempo antichissimo, sogliono i contadini accorrere da ogni parte a Milano, per vedere la festeggiante città, e la solenne processione nella quale si porta in giro dall'arcivescovo il Santo chiodo. Milano non è mai così spesseggiante di una moltitudine che guarda, s'arresta e ammira tutto, come in quel giorno; a gruppi, a famiglie, a brigate intere, vedi andar gironi per le vie quasi una nuova popolazione, che ti fa dire essere la bella e azzimata Milano divenuta il formicolaio di tutti i badaloni del contado: ride di sottecchi e motteggia l'arguto ambrogiano di quella maraviglia a buon mercato; il bottegaio si fa al suo limitare, e sbircia qualche fresca e lieta comare brianzuola, per ispacciare nella buona occasione gli scampoli di vecchia data e l'altre reliquie del fondaco. Intanto il monello e il fattorino si fanno d'attorno a questo o a quel messere campagnuolo, che sia più smemorato e più estatico, levando gli occhi a quel nostro miracolo del Duomo, e, senza che se n'accorga, trovan modo d'appiccicargli dietro le schiene un frastaglio di crocetta bianca, o di improntargliene una col gesso: usanza anche questa d'antica memoria, e che fece battezzare, quasi per giuoco tutti que' che capitano a Milano in quel giorno per la prima volta, col nome di *crositt*. È nondimeno una vaghezza la fisonomia della allegra città; e quando tu incontri, sull'imbrunire, le carrette di quelle buone e povere genti, tirate da uno sfiancato ronzino o dal fedele somarello, stivate quasi tutte da dieci o quindici tra donne e fanciulle che cantano le lor canzoni, e le vedi, avviate per le corsie verso le porte della città, tornare ai loro paeselli; pensi, forse invidiando, alla gaiezza delle oneste creature, a cui un solo giorno di festa sveglia il buon umore e la pace della libertà: intanto esse vanno a nascondersi volontieri nelle umili case, ove ricorderanno insieme a gara quello ch'hanno veduto e di che parleranno ancora nell'invernata, in tempo delle lunghe veglie di stalla.

Fra coloro che quell'anno, al tornar della festa della Santa Croce, vennero dal Piano d'Erba giù a Milano, ci fu uno de' nostri conoscenti, Bernardo del Mirabello, il padre della Fiorenza. Egli s'era indotto a questo viaggio, non tanto breve per lui, in grazie delle premure fattegli da un suo compare di Albese; il quale, per certi negozi dovendo di necessità trovarsi in Milano, vi andò co' suoi, col suo carretto e colla sua bestia. Certo, da dieci anni almeno, il messere non era ito così lontano; e desideroso di veder la Fiorenza, che fino a quel tempo non gli aveva più nulla fatto saper del suo destino, ne veniva più che volontieri; anzi volle perfino condurre con sé anche la Linda, che troppo sovente, a parer suo, piangeva la lontananza della sorella.

Quantunque sia costume che i campagnuoli, calati a nugolo sopra Milano in que' dì, trovino, alla buona, una minestra e un po' di luogo in casa de' padroni delle terre da cui sono venuti, Bernardo e la figliuola, arrivati il giorno precedente a ora tarda, non s'arrischiarono a entrar difilati nel palazzo antico de' signori della villa ove sapevano di ritrovare la Fiorenza. Fosse un po' di soggezione, fosse un resto di cruccio del vedersi dimenticato, il vecchio fece capo a un piccolo mercante di minuterie, il quale teneva, in una via perduta e oscura del quartiere di porta Ticinese, la sua botteguccia: era un tale che, partito povero merciaiuolo di campagna vent'anni innanzi, da non so qual casale vicino al Mirabello, e fatto un po' di quattrini in Isvizzera e in Olanda, n'aveva avanzati quanti bastarono a metter su, com'ei diceva, una trabacca più solida, dove far fruttare a suo tempo quella semenza di un milione. E come i nostri dell'alta Brianza o de' laghi, che, girato per anni il mondo e veduto il buon viso della fortuna, non si scordano però de' loro compagnoni e del cantuccio alpestre che li vide nascere; così anche il signor Baldassarre (era il nome del dabben mercante) accolse a braccia aperte il vecchio compare, e gli fe' cento profferte di buon cuore. Il messere del Mirabello, contentone di aver trovato un amico, là dove temeva quasi di non essere più riconosciuto, a lui confidò il perché venisse; non tacendogli nemmeno ciò di che non si era arrischiato a fiatar con nessuno: il sospetto che la Fiorenza avesse dimenticata la casa di suo padre, o potesse, per avventura, vergognarsi del vecchio giubbone di lui e delle sue brache di mezzolano.

«Fatevi animo,» gli rispondeva il signor Baldassare, con una scrollatina di capo, e con certa pretensione di esperienza consolatrice: «questa figliuola v'ha sempre voluto bene, come mi dite; e nell'andar di pochi mesi non può, così alla lesta, avere mutato cuore, come vestito. È ben vero che, in una casa di signori com'è quella, un po' d'aria diversa dalla sua l'avrà respirata anche lei; ma state sicuro che, appena v'avrà riveduto, troverà il suo cuore di prima... Via, dunque, non istate a tentennarvi così su' due piedi; ma prendetevi in compagnia l'altra vostra figliuola, andate a cercar di lei, ditele su tutto quanto vi par giusto; un padre non ha ragione di far mistero a' figliuoli di quello che dentro patisce per loro».

Persuaso dal compare, Bernardo s'incamminò, insieme colla Linda, verso il palazzo. Non era ancor notte, e le strade si vedevano più che mai frequenti di popolo, e attraversate da lente carrette e da cocchi strascinati da focosi cavalli: confuso e incerto in mezzo alla moltitudine, il vecchio campagnuolo si traeva dietro a stento la sua Linda; la quale, venuta allora per la prima volta a Milano, non sapeva ancora riaversi dal turbamento ond'era presa, e s'attaccava con forza al paterno braccio. Mancò poco che il vecchio non la perdesse nella folla; più di una volta fallirono la via, e si fecero cuculiar da qualche buontempone, a cui domandarono dove fosse il palazzo del *signor conte*, senza più ricordarsi il casato della famiglia.

Alla fine, dopo un andare e tornare di due ore per le stesse vie, riuscirono alla meta: entrati nell'antica e malinconica casa de' suoi padroni, si fece animo Bernardo a chiedere al vecchio portinaio se potesse vedere la Fiorenza del Mirabello, una giovine che da sei mesi stava a servire quei bravi signori. Il portinaio (quel medesimo che, pochi mesi innanzi, aveva reso così tristo servizio alla disgraziata giovine, facendo il susurrone sugli amori di lei col signor Antonio cameriere del contino), indovinasse o no, essere colui padre di quella povera donna, finse di non capire; e secco rispose che fallava, e che lui non sapeva nemmeno chi fosse la giovine della quale venivano a domandare.

«Possibile!» ripeté il messere «ma io son certo che dev'essere qui... ma la casa de' nostri padroni è proprio questa; la mia figliuola è venuta a Milano, in questa casa, e sono già sei mesi che non l'ho potuta vedere...».

La Linda stava ritta, in atto peritoso a fianco del padre, senza dir parola, senza osare di alzar gli occhi; ma nel suo cuore ella tremava: e come un oscuro presentimento le diceva che qualche disgrazia era accaduta alla povera sorella.

«Ah! ah! voi siete adunque il padre di quella...» tornò a dire il vecchio portinaio, con un levar del capo tra il maligno e l'indifferente. E, pensato un poco, soggiunse: «Se ve l'ho proprio a dire, l'ho conosciuta questa vostra figliuola; v'è toccata una bella gioia, il mio uomo: non la si chiama Fiorenza?...».

«Ma sì!... e perché non me lo diceva alla prima? Posso dunque passare innanzi?».

«Un momento... dite un po', da quanto non n'avete più nuova?».

«Veramente, non ne abbiamo più saputo niente da che se n'andò di casa; e per questo...».

«Andate là, che avete proprio ragione d'esser contento di quel fior di virtù della vostra figliuola!».

«Cosa dice? per amor del cielo!... ma perché mi vuol far questo male, parlando così? Io sono vecchio, sono un povero padre...».

«Capisco; ma già voi altri della campagna siete tutti ignoranti, incocciati a un modo: credete far la fortuna delle figliuole, mandandole fuori di paese a mangiar il pane dei signori...».

«Per carità, cosa vogliono dire tutte queste cose...? È succeduto forse?...».

«Cos'ha da succedere? niente... In due parole: quella che siete venuta a cercare, non è più qui».

«Come? non è più qui? Non è possibile. Ma dove dunque dev'essere?».

«Dove? dove? il dove lo so meno di voi».

«E da quando? e perché?...».

E il misero vecchio era divenuto pallido: ficcando le mani nelle tasche del giubbone, stava immoto guardando colui che gli parlava, e facendo di tutto per nascondere lo spavento che gli cresceva nell'animo. La Linda, come avesse compresa tutta la verità, s'era ritirata in un canto, e, coprendosi colle mani il viso, piangeva silenziosamente.

«Non mi state, brav'uomo a domandar tante cose,» riprese colui «io sono qui il portinaio dell'illustrissima signora contessa; impicciarmi colla gente di servizio non è la parte mia; vedo e so; ma se avessi a prendermi fastidio di tutto quello che vedo e che so...».

«Via, non avete un po' di compassione, un po' di carità?... anche voi siete vecchio come me...».

«Non la capite che avete fallato la strada, il mio uomo?».

«Ma io voglio sapere... Ma infine ho bisogno, e ho ragione di sapere...».

«Sentiteli, come sanno rimbeccarla questi villani... Oh, volete che ve la dica netta? dovreste aver vergogna di una figliuola, com'è quella: un'erba di quella sorte non si viene a cercarla qui, in questo palazzo!».

«O Dio mio! dammi la pazienza: io non so più quello che fo, quello che penso; cos'ho fatto di male a questo uomo che m'abbia da parlar così?».

Il burbanzoso portinaio scrollava le spalle, con certi atti di stizza che parevano voler dire: - Andatevene, ché ho ben altro a pensare io! - Ma Bernardo, come avesse ripigliato coraggio dall'angoscia stessa che lo stringeva, si fece innanzi più ardito, e presa per mano la Linda: «Andrò» disse «a parlare io stesso colla signora padrona... è una brava dama, e io non ho fatto del male a nessuno».

E la Linda intanto, soffocando le lacrime: «Dov'è la Fiorenza?» diceva «io la voglio, voglio la nostra Fiorenza!».

Già s'erano fatti innanzi nel cortile del palazzo, e si trovavano appiè dello scalone, mentre il portinaio s'affaccendava inutilmente a richiamarli colla voce e co' gesti; quando un calpestio di cavalli e un rumore di gente che veniva a quella volta li trattenne. Il pomposo cocchiere era salito a cassetta; la carrozza della dama s'avanzava fino al piè dello scalone. Nel momento medesimo, due servi scendevano, col cappello in mano, precedendo la contessa, alla quale dava di braccio, con aria annoiata e un po' dispettosa, il contino figlio. Appena ebbero posto il piede sull'ultimo scalino, s'accorsero del vecchio contadino e della giovinetta, che venivano verso di loro.

«Chi siete, buon uomo?» disse la dama, e si volse a lui con molta degnazione: poi, girando un'occhiata severa verso l'atrio e la porticina invetriata dietro la quale compariva il calvo cucuzzolo del portinaio: «Che cos'è la cagione di quest'insolito rumore?».

«Sono io,» si fece a parlare il vecchio «sono Bernardo del

Mirabello; e lei si ricorderà di me, illustrissima; che i miei vecchi e io siamo da più di cent'anni sulle sue terre... e siamo poveri sì, ma pronti a dar quel poco ch'è nostro per i nostri padroni».

«Sì, me ne ricordo... mi pare... non siete voi, là, di una delle cascine del Piano d'Erba? e questa è una vostra figliuola?».

«Se lo dico io che lei, illustrissima, è una gran donna, e a noi non ha fatto che del bene!... E, vede, nella nostra cascina, noi preghiamo di cuore il Signore per lei».

«Via, che cosa siete venuto a fare a Milano?...».

«Ma, illustrissima, lei può ben capire... la mia Fiorenza, che per sua degnazione, ha fatto venire in casa sua...».

«Che? siete il padre di quella, voi?».

«Per l'appunto; e dopo tutto questo tempo...».

«Brav'uomo,» e qui la severa contessa si rizzò tutta contegnosa; e movendo qualche passo verso la carrozza di cui un de' servi teneva l'aperto sportello, lasciò cadere a una a una le parole che disse: «Mi dispiace proprio per voi; ma la giovine, ch'io aveva preso sotto la mia protezione, rispose molto male alla nostra aspettativa:... per cagion sua ho dovuto deplorare più d'uno scandalo in casa mia... Non mi fate dir di più... vi basti di sapere che, da tre mesi, non si trova più qui, e...».

«Dunque è vero?...» la interruppe con doloroso accento il contadino; e sulle sue guance arse e rugose cadeva qualche grossa lagrima. «Ma io, adesso, cosa farò? e dov'è andata la mia figliuola?... e perché nessuno l'ha fatto sapere a suo padre, quand'era tempo?...».

A queste domande, che il dolore suggeriva al vecchio, non avrebbe la dama saputo far risposta alcuna, benché sentisse compassione di lui: ma in quell'ora aveva più serie cose a pensare; cosicché, strettasi nelle spalle: «Parlatene col maggiordomo,» soggiunse «quanto a me, per ora non posso dirvi altro, se non che m'è dispiaciuto moltissimo ciò ch'è stato». E si mise dentro la carrozza; poi, sporgendo il capo, chiamò un altro de' servi che attendeva al basso dello scalone, e aggiunse: «Battista, fate venire nel tinello quest'uomo con sua figlia, e dite in cucina che si dia loro un boccone: avete capito?». Colui s'inchinò; ed essa, volgendosi all'altro servo ch'era lì pronto a ricevere il cenno per il cocchiere: «Al bastione, come al solito; poi, dalla contessa mia sorella».

E la carrozza, con gran trapestio, uscì del portone. Il contino figlio, che non s'era arrischiato di metter parola in quel colloquio col vecchio Bernardo, ma che prima di lei lo aveva benissimo riconosciuto, appena salì in carrozza appresso la madre sua, ebbe tempo di chiamar con un gesto a sé Battista, per dirgli all'orecchio: «Avvertite il mio cameriere che, questa sera, non esca di casa, prima di aver parlato con me».

Il cameriere del contino era ancora quello stesso signor Antonio, il quale, trascinata in perdizione la povera Fiorenza, aveva, dopo breve lontananza, colla raccomandazione degli amici del suo giovine padrone, trovato modo di rientrare al proprio posto, come nulla fosse accaduto. Però, quand'egli s'ingegnò di dissipare certe nebbie di sospetto nate sopra di lui dopo l'avventura del carnovale, inventando con disinvolta audacia impudenti menzogne sul conto della povera brianzuola, il contino aveva veduto dentro in quella losca faccenda, e capito il vero. Ma s'accontentò, con una palmata su una spalla del fido cameriere, di dirgli: «Va là, che sei un gran birbone: per questa volta te la perdono!».

Ciò che avranno detto tra loro, quella sera, il padroncino e il suo cameriere alla moda, poco importa narrare; noi seguiremo invece i passi di Bernardo, che colla Linda tutta piangente usciva del palazzo, senza pur sapere a qual parte incamminarsi.

Il povero vecchio, perduta la figliuola, che prima era stata tutto il suo amore, la memoria della sua Margherita, la sua unica e fedele speranza, cadde nel torpore d'un'angoscia muta e prepotente; non parlò, non mosse lamento; e questo suo silenzioso dolore aveva fin tocchi di pietà i cuori indifferenti de' servi, che furono testimoni della scena da noi raccontata. Era uscito lentamente, pigliando per mano la figlia che gli restava; e rasciugate col dosso della mano le prime lagrime, mormorò solamente: «Che il Signore adesso conduca i miei passi!». Anche la Linda aveva finito di piangere; e quantunque, nella età ancora innocente e serena, non potesse conoscere che cosa significava veramente il dolore di suo padre, nondimeno comprese che la sorella, da lei creduta contenta e felice, doveva in quel momento invidiare la quiete e la povertà che un tempo avevano fra loro divisa, nell'alpestre loro solitudine. La buona fanciulla, lungo la via, vedendo il padre così taciturno, così oppresso, tentava a quando a quando, con qualche semplice affettuosa parola, di volgerne ad altre cose l'attenzione, ma inutilmente. Allora tacque anch'essa; e per tutto il cammino, dal palazzo fino alla bottega del signor Baldassare, la Fiorenza, a cui l'una e l'altro pensavano, non fu nemmeno da lor menzionata.

Quando poi il compare bottegaio, dagli amari e iracondi lamenti del campagnuolo ebbe raccappezzato qualcosa della sua disgrazia, cominciò a infilzargli di quei pareri che, in simile occorrenza, qualunque amico o conoscente si crede in debito di dare. Ma ciò che al vecchio più stava a cuore era di saper tosto, senza perdere un'ora, un minuto, se fosse possibile, dove mai avrebb'egli ritrovata qualche traccia della sua creatura, di quella che aveva avuto cuore di abbandonarlo. Pure, dopo corse e ricorse le stesse vie, immemore d'ogni altra cosa, e con quella spina fitta sempre in cuore, il pover'uomo non seppe se non che, al cominciare del marzo, ell'era partita dalla casa de' suoi padroni, e nessuno l'aveva veduta più. Ben gli venne fuori il signor Baldassare con tale suggerimento che, a sentirlo, gli poteva di subito dare in mano la chiave di cotesto mistero; e gli apprese dove stanno di casa que' messeri della polizia, i quali hanno per vocazione di tener conto di tutti i fatti e imbratti del prossimo. Bernardo, a un tal parere, si sentì dare un balzo al cuore; e, col sangue rimescolato, rispose che, per lui, questo passo gli era impossibile farlo; e veramente gli sarebbe paruto più che domandare la maledizione sul capo di quella poveretta ch'egli non poteva figurarsi colpevole.

Ma, non sapendo come, né dove trovare indizio della fuggitiva, la mattina appresso, per quanto gliene ripugnasse l'animo, tornato il reggitore all'antico palazzo dei padroni, passò, per buona ventura, senza che il maligno portinaio, già sonnecchiante nel suo covo, si fosse accorto di lui; e, incontrata sotto il portico la signora Dorotea, la vecchia governante, che dopo sentita la prima messa se ne tornava a casa, poté col favore di lei giungere fino al gabinetto della padrona. La dama, fosse colta in buona luna, o avesse fatta più grave riflessione sulla disavventura del vecchio, lo ricevè con modo assai diverso da quello pigliato con lui il giorno prima; e, datogli animo a parlare, a raccontare il suo crepacuore, mostrò di venirne a parte; gli compatì anche con amorevoli parole; e finì a dire che, quantunque non sapesse dargli nessuna contezza certa della figliuola, si prendeva a cuore la disgrazia, e avrebbe, senza perder tempo, fatto quant'era possibile per ricondur la giovine al bene. In sostanza, era la vecchia contessa, come suol dirsi comunemente, una donna di testa e di cuore; e al mal piglio, con che aveva ricevuto la sera precedente quel suo colono, non procedeva, come dicemmo, che da una più grave premeditazione del momento: ell'era crucciata per certa nuova scappatella del contino figlio, il quale, scosse una volta le redini del materno impero, correva ormai franco e spedito per la via degli eleganti trionfi. La dama aveva sempre adoperato a giovare in qualche modo a' suoi coloni del Piano d'Erba, e della Bassa: se quella povera gente languiva talora o stentava, se non riusciva a intascar le partite dei crediti vecchi, non era colpa dell'illustrissima, sibbene di qualche agente, de' castaldi, e più ancora degli affittaiuoli, usi a guardar sempre, e troppo davvicino, la faccia della miseria. Dopo avergli dunque consigliato di tornare a casa e di riposare sulle sue premure, la contessa padrona promise a Bernardo che presto avrebbe scritto fuori al signor curato di Santa Maria quanto le venisse fatto d'indagare sul conto della Fiorenza. Né le tornò difficile (poich'ella stessa così credeva) il persuadere al padre che, senz'altro, la figliuola doveva, per dispetto, essersi collocata in qualche altra famiglia, non curandosi di mandargliene novella: onde stimò presto fatto il venire a capo di ritrovarne le traccie.

Le buone parole e le promesse della padrona restituirono il cuore a Bernardo; che, uscito di là, con non so qual lieta fiducia, né potendo più vedersi dentro le mura della romorosa e malinconica Milano volle, indi a breve ora, ripigliar la via verso i suoi monti. Invano la Linda gli chiese più volte di quel che fosse venuto a sapere della sorella. La povera giovinetta, per lo schianto del cuore, quasi non poteva parlare; e il vecchio, colle mani nel giubbone, se la traeva dietro senza rispondere; nel suo animo, al primo dolore era succeduta un'ira segreta e cupa. Ben aveva potuto la Linda penetrare, come in confuso, la ragione della disgrazia di sua sorella; e non volendo farsi scorgere dal padre, si rasciugava di nascosto gli occhi; ma, per lungo tempo, non si dissero più parola, né l'una né l'altro.

A mezzo del cammino, sostarono in una meschina osteria, dov'era usato fare una fermatina il cavallaro brianzuolo, che, un po' per amicizia vecchia, un po' per carità, li aveva accolti sulla sua carretta, a breve distanza di Milano.

Entrò Bernardo, con la figliuola dietro, nell'oscura e fumosa cucina, la quale si apriva sulla via maestra. Intanto il carrettaio, aspettando che la paffuta comare dell'osteria gli recasse la solita mezzetta, affaccendavasi ad innaffiar d'acqua fresca, dentro una greppia tentennante, quattro pugni di crusca per la sua cavalla, sollecito di codesta compagna di sua vita e d'ogni sua buona o mala ventura, più che di sé medesimo.

Una decina di sfaccendati facevano là dentro crocchietti, discorrendo seduti sulle panche e sui rozzi deschi, sghignazzando, giocando alle carte e alla mora, con certe loro cadenze e con alterni strilli che non sapevi dir se d'allegria o di furore. Era quello un sabbato, in sul vespro, e i buli del contorno, poco fidi all'erpice e alla marra, non mancavano al consueto ritrovo, contenti di finire la magra settimana all'ombra della secca frasca d'alloro, e usati, qual più, qual meno, al rischio di perder l'erre.

Il vecchio del Mirabello e la figlia sua, senza far caso di quei che tenevano in alto il bicchiere o distesa la destra in atto di scaraventar nel viso all'avversario qualche bel punto, s'appartarono non visti a una tavolaccia disoccupata, e chieste due caciuole di Caslino e un pane, il messere se lo spartì con la fanciulla, che da quasi due giorni non s'era più indotta a trangugiare un boccone; e la pregò colla voce e collo sguardo che non gli avesse a dare un cruccio di più, con quella sua ostinata ritrosia a mangiare. E come la vide levare verso di lui due occhi compassionevoli e pieni di muto dolore, s'arrischiò a dire: «Su, Linda, mi devi adesso tener luogo anche di quella tapina che abbiam perduta. Ella, a' suoi non ci pensa più; dovremmo pensarci noi?... Per noi, gli è come se non la ci fosse più al mondo... Bisogna che sia così, mi capisci?... e la vo' veder finita con grugni e malinconie!».

Così, sforzandosi quasi di rampognare la minor figliuola, cercava il vecchio di nascondere sotto le rozze parole il suo accoramento; ma ben altro ci pensava; piangeva di dentro, e lo spasimo segreto era nel più vivo del cuore.

Appunto in quella, all'opposto capo della lunga tavola, vennero a sedere due contadini: i quali, al par di loro, parevano cercare di sottrarsi all'attenzione di chi andava e veniva. Posarono sulle panche due nodosi bastoni, a cui tenevano appesi i loro fardelletti; avevano logore e inzaccherate le uose, e polvere e mota sulle gabbanelle e fino sui larghi cappelli; benché nulla di strano mostrassero nel vestire e nell'aspetto, era facile notare che venissero di lontano. Sedettero a rincontro l'un dell'altro appuntando le gomita sul desco, riguardandosi senza nulla dire. Colui ch'era de' due il più alto della persona, alla magrezza del volto, a quello sguardo mesto e cupo, a cui faceva contrasto l'amaro sogghigno che gli errava sulle labbra, l'avresti detto più sollecito di nascondersi: egli, di tanto in tanto, con un iroso scrollar di capo, dava cenno al compagno di non parlare. Solo due o tre volte, da che era entrato, vibrò un'occhiata rapida a quell'angolo, ove stavano seduti, sbocconcellando senza fame, Bernardo e la Linda, senza pur sognare che alcuno ponesse mente a loro.

Mentre la spensierata comitiva faceva dall'altro lato un trambusto crescente, que' due ultimi venuti, chiesta, quasi a disimpegno, una boccia di birra, presero ad alternare poche sommesse parole. Ma erano discorsi scusciti, rotti, comunque dalla espressione del volto e dagli atti onde li accompagnavano, si potessero argomentare sinceri e profondi gli affetti tumultuanti allora in quei due cuori, di cui l'uno batteva più forte che mai: ed era il cuore di quello che non voleva rispondere al compagno, e mostrava adirarsi con sé medesimo del suo mal nascosto turbamento. Egli era tutto in un pensiero; in un pensiero, che gli aveva già fatto dimenticare il disagio della lunga via, le disgrazie sofferte e tutta la sua vita passata, fuor d'un momento solo.

«Su via,» gli diceva il compagno «non farmi più il testardo e il matto: adesso siamo, può dirsi, in casa nostra; e poiché ho finito col fare a tuo modo, ho almeno il diritto di vederti serenare la cera... Eh! che diavolo! un quarto d'ora di pace non l'hanno proprio ad avere, a questo mondo, i galantuomini?...».

«Lasciami stare, Carlantonio! se vuoi farmi un regalo, il più grande che mi possa far mai... lasciami stare».

«Eh via! con un amico come me...».

«Sì, sì! amico fin che vuoi... ma ho tutt'altro per il capo, in questo momento, io...».

«E tira via!... Ma, te lo dico io, a farmi andare in collera non ci trovi il verso... Che! non sono forse stato in tutto questo tempo, per te, come un fratello? Bisogna pure che mi faccia valere da per me; e sono de' mesi e de' mesi che meniamo la vita insieme; come Dio ha voluto... non è forse vero, Selmo?... E t'ho mai fatto un torto io? non ho sempre voltato a dritta e a sinistra, com'è piaciuto a te, e dove ti tirava quella tua sciocca malinconia del passato, che avresti dovuto lasciar al paese?».

«Non dico di no, Carlantonio; ma tu non sai...».

«Cosa non so?... So che, al far de' gruppi, noi abbiamo allato di grosso i nostri conti: credevamo d'aver salutato per un bel pezzo le nostre cime di Carella e di Caslino, di girare anche noi il mondo e fare un po' di fortuna col martello e la mestola, come tanti han fatto, e poi... Ma eccoci tornati ancor qui, come le marmotte alla loro vecchia tana, e con le idee più ingarbugliate, con la scarsella più leggiera di prima... Ma di chi è la colpa, perdinci, se non del tuo dannato gusto di rinfrescare i fastidi? E sì, che quest'aria,» e parlò a voce più sommessa, e facendosi della mano cappello alla bocca, perché neppur l'aria l'udisse, «non è per adesso la migliore per te...».

«Oh! cos'importa a me? E se ci trovassi il mio conto a finirla con questa vita maledetta, e volessi cavarmi la voglia d'essere fatto soldato tra i primi, come refrattario e disertore - come dicono loro - e così sbrigarmi di ogni impiccio per via di quattro schioppettate? Tanto e tanto, avrei contato per un altro povero diavolo, a cui toccherà marciare in vece mia!».

«Selmo, tu sei proprio matto da legare: e forse arrischio di diventarlo anch'io, seguitando così a darti ascolto, e non piantandoti qui subito, a biascicare e strologare a tuo modo. Che malanno t'ho fatto da trattarmi così?».

«Perdonami, Carlantonio; e non lasciar di volermi bene, se anche io sia matto... Ora, bada a me... vorrei dirti... ma no, gli è inutile...».

«Tu hai qualcosa di novo e di nascosto... vai guardando a ogni poco da quella parte, e l'hai con qualcuno! via, c'è bisogno di mistero con me?».

«È vero, ti fo torto... Senti dunque... Lo vedi là quel vecchio, nell'angolo più scuro, vicino a quella giovine?... guardali bene, e dimmi se li conosci».

In quell'istante, il messere, stanco forse del lungo aspettare, si levò; e venuto sulla via per raccomandare al carrettaio che troppo non indugiasse a rimettersi in cammino, essendo già vicino il tramonto, fe' cenno alla figliuola di venirgli appresso. La Linda, bramosa anch'ella d'uscir di quel luogo, subito lo seguì; ma, nell'atto che passava vicino ai due viandanti, Selmo si rizzò, e fattole inciampo al passare, con voce bassa e tremante:

«Linda, mi conoscete ancora?» le disse.

«Voi, Selmo? Ah, Madonna santa, in che momento siete tornato!».

«Perché parlate così?... e perché vi trovo qui?... dite, per amor del cielo!».

«Siamo stati laggiù a Milano, Selmo... e non so s'io devo parlare con voi...».

«Dite su, per carità... Ché voi non sapete tutto quello che ho saputo io in questo tempo... Dite su!».

«Povero Selmo! anche voi, non è vero? ci patirete... Là, in quel Milano, dove non avrei voluto mettere i piedi mai... in quella città della perdizione, la nostra povera Fiorenza... Siamo andati laggiù per trovarla, ché da un bel pezzo non ne avevamo più nuova, né ambasciata... Ma, la non c'è più in quel palazzo dei nostri padroni, e nessuno sa dove sia andata a finire!... Oh, Signore, aiutatela voi!».

A queste parole dolorose, rapide, della giovinetta, Selmo si fe' pallido: coll'occhio fisso, quasi vitreo, pareva voler leggere in fondo di quel cuore innocente; i pensieri gli si mischiavano; di tante cose che davangli angoscia tutte in un punto, non sapeva quale domandare: non l'avrebbe nemmeno potuto, né altro mormorò che un «Dunque?...».

«Via!» rispose la fanciulla, guardandosi intorno timida e confusa, «lasciatemi andare... e che mio padre non s'accorga di voi... E fate quello che vi dico, Selmo, tornate via più presto che potete...».

«Linda, vi ricordate di quello che un giorno, tanti mesi fa, vi ho promesso?... Ma non ve n'andate, aspettate... un momento, una parola sola... Là nel palazzo dei vostri padroni... quella poveretta... vostro padre...».

Il giovine si confondeva; e qual guerra fosse nel suo animo sincero e lacerato lo dicevano certi moti affannosi, concitati, e gli sguardi furtivi, profondi con cui seguitava a interrogare la smarrita fanciulla. Ma in quel punto Bernardo, fatte due parole col carrettaio, s'era volto per cercar la sua Linda; e questa si affrettò a raggiungerlo subitamente; cosicché il vecchio non poté neppur sospettare ch'ella si fosse intrattenuta con alcuno in que' brevi momenti.

Carlantonio, anch'esso, non aveva avuto tempo di accorgersi, quando sorse improvviso il compagno, e quando s'avvicinò a quella fanciulla da lui non conosciuta: e strabiliava, non sapendo capacitarsi perché quel buon galantuomo di Selmo tornasse d'un tratto a dar nella mattia, onde lo credeva per sempre guarito. Però, quando si mosse un po' arrabbiato dalla panca, vide la contadina staccarsi dal fianco dell'amico, e lui stesso tutto smorto nel viso e disfatto così, che si sentì morire in cuore quel primo dispetto, e nascere pronta la compassione.

Come lo vide rivolgere indietro la testa, fu colpito dalla strana significazione del suo sguardo, e stese la mano verso di lui; ma già Selmo s'era discostato, e senz'altro dire, uscito nella via, disparve.

Carlantonio, sul limitare dell'osteria, guardava di su, di giù, fin dove l'occhio poteva, sulla via maestra, se nei rari passeggieri discernesse l'amico; né imaginava come mai così di subito avesse potuto uscir di vista. Di lontano, vide la lunga fila delle carrette che, ripigliato il cammino, salivano lente verso il primo pendio della Valsorda; e in coda all'altre, quella in cui si erano appostati come prima la Linda e Bernardo. All'amico di Selmo venne in pensiero che fossero quei due appunto, i quali poco stante sedevano con loro; e come avea notato la giovine contadina, colla quale il suo compagno partì, raddoppiò i passi, pensando che là forse, tra gli uomini e le carrette, avrebbe trovato anche lui. Ma fece inutilmente un buon miglio; e tornossene più incerto e arrabbiato di prima, che già la comare, dal banco dell'osteria, andava cogli occhi cercando intorno quel troppo sollecito avventore.

S'avvicinò Carlantonio alla tavola, e ingollata di un fiato la colma tazza che il compagno non avea pure assaporata, fece saltar sul banco quattro soldi per pagar l'agra bevanda, uscì di nuovo, senza sapere da qual parte incamminarsi, e colla ruggine in cuore contro quel selvaticone di Selmo, che in così fatto modo lo piantava, appena tornati a casa.

VI.
Cuore onesto

L'aria pura e sottile della nostra montagna, che viene ancor libera dalle Alpi vicine, donò sempre a chi è nato in quella contrada più alta una tal quale indipendenza di carattere, e una buona gagliardia di volontà; le quali, aiutate da naturale sagacia di pensiero e da un forte desiderio d'esser pur qualche cosa (desiderio, per altro, che mai non si scompagna dal santissimo amore del luogo natio) spingono quei più fortunati abitatori, meglio di quanto succeda nell'altre provincie, a stanarsi di casa loro, a passare i monti, in cerca di vita e di fortuna, sott'altro sole, che non parrà loro sì bello mai come quello che hanno lasciato. Non è la povertà che loro faccia necessaria una simigliante vita alla ventura; né il disamore della fatica, o l'obblio de' fratelli e del campo santo ove i lor vecchi dormono; ma non s'adattano a marcir sempre su quella pertica di terra ov'ebbero il nido; non vogliono essere nient'altro che i funghi del bosco - come diceva un amico mio.

Veder Francia, Inghilterra, diventò oramai, per molti di loro, il medesimo che un tempo fu d'inviarsi fino a Milano, o fino alle conche del Ticino a Pavia; non si contano sulle dita quei che partirono per lontani paesi, con la cassetta del merciaiuolo sulle spalle, franchi e confidenti come Dio vuole, e di lì a pochi anni ne tornarono con buone cambiali e tratte sui banchi di Marsiglia, di Parigi, di Londra: e codesti polizzini, di cui prima non sapevano nemmeno il nome, valsero per essi una bella bottega nel paese, ovvero un poderetto, una casa, una famiglia che campa del suo. Adesso quei del comasco, e, tra loro, non pochi delle vallate che fanno corona ai nostri minori laghi, si danno moto colla speranza di far bene dove il coraggio conta qualche cosa ancora; e traversano l'Oceano, se ne vanno in America, o anche più in là nell'Australia, tal quale n'andavano prima in Isvizzera e in Francia: così, dove appena si sappiano spoltrire e serbar netto il cuore e il cervello a segno, fanno un po' di roba, o se non altro imparano a vivere da uomini.

E io so di più d'uno che, dopo un bel giro d'anni, tornarono ricchi di forse mezzo milione; e uno d'essi fu la provvidenza de' suoi che avea lasciati a casa, e che ritrovò poveri come prima; un altro, non restandogli più nessuno del suo nome, istituì un piccolo ospedale, una scuola, fece rifare la chiesa, e volle riposare e invecchiare, benedetto e contento, nel villaggio che per tant'anni non avea più veduto, se non in sogno.

Ma il povero Selmo, il buon galantuomo che non poteva in nessun modo cacciarsi dal cuore la sua prima speranza, non trovò così facile la via, né così liete le promesse della fortuna. I due giovani muratori, Carlantonio e lui, s'erano di soverchio indugiati ne' luoghi ove, al levarsi del vento meridiano, potevano sentire tuttavia il fiato, e direi il profumo dell'aria di quei monti che amavano tanto, e di cui troppo sovente, fra i vapori del mattino, avevano cercato di scoprire le cime lontane. Non appena ebbero di buona voglia intrapreso quel po' di lavoro che sulle prime venne ad essi allogato, Selmo mise, o parve mettere il cuore in pace, e Carlantonio non trovò modo di tirarlo con sé più lontano:

l'uno cantava alla sbadata, o stuzzicava il compagno co' suoi motti piacevoli e gai; taceva l'altro o appena sorrideva, e pensava. Dopo due o tre mesi, la pazienza di Carlantonio fu, per dir vero, vicina a scappargli via dallo schietto cuore; ché l'amico non rifiniva di sollecitarlo, con questa o quella scusa, a ritornare a casa per poco tempo, per un giorno almeno; ma a Selmo ci voleva un ben dell'anima, e gli era impossibile di lasciarlo addietro, e di dare così un calcio a tutte le belle speranze sognate insieme. Perdettero, in coteste loro continue titubanze, più d'una buona occasione di migliore fortuna; alla fine, quando il maggio venne, Carlantonio si lasciò piegare da cento ragioni del compagno, ch'erano sempre le stesse e a cui non potea dar troppa fede. E un bel giorno, più presto di quel che avessero creduto, rifecero la via battuta sei mesi innanzi, e tornarono: già vedemmo in che tristo momento.

Mentre Carlantonio, rodendosi tuttavia fra sé, per il dispetto provato di vedersi canzonato in quel modo da un amico, camminava di buon passo verso l'alture di Brianza, e si teneva certo che colui fosse ito innanzi per arrivar più presto a quella sua «acqua marcia d'Alserio», come egli nomava, per farlo stizzire, il laghetto melanconico; Selmo, invece, pigliando certe scorciatoie da lui in altro tempo seguite, s'era già per molte miglia dilungato verso Milano. Sulle prime non avrebbe saputo dire ben chiaro il perché, così in un subito, prendesse fra sé e sé quella risoluzione; ma capiva che, una volta arrivato laggiù, qualche cosa ci sarebbe stato a fare, qualche cosa non del tutto inutile. E il suo cuore, sopra tutto, lo chiamava là.

Né tardò a scoprir di lontano, sebbene fosse la sera, l'alta guglia del Duomo, e i campanili del sobborgo di porta Comasina. La notte era bella, il cielo tutto stellato, e la frescura dell'aria rintegrava, dopo quella non breve camminata, le forze del povero giovine, che già s'era scordata la fatica del più lungo viaggio fatto il giorno innanzi, in compagnia di Carlantonio. Mentre s'avvicinava ai luoghi che, da parecchi anni, più non aveva riveduti, mille pensieri l'occupavano; e andava cercando inutilmente al suo cuore un consiglio deciso, una ragione per essere almen certo di non far male, cercando d'immischiarsi un'altra volta nel destino di quella che pure aveva così tristamente pagate la sincerità e la fede di lui. Ma qualche altra cosa poteva succedere - pensava - e forse, tra lui e la figliuola di Bernardo, tutto non era finito ancora.

Cercò uno stramazzo, nel primo bugigattolo del sobborgo ove si fermò; poiché a quell'ora le porte di Milano erano chiuse; né a lui, per ogni buon fine, conveniva di farsi conoscere. La mattina di poi, entrato appena nella città, il suo primo pensiero fu d'andare in traccia di un antico capomastro di fabbrica, da lui conosciuto fin dalla prima volta che venne a Milano; brav'uomo e accorto, uso da gran tempo a dar lavoro e parere agli onesti figliuoli del contado, che hanno buona volontà e buone braccia per fare il duro noviziato del muratore. Né gli fu difficile ritrovarlo e farsi ravvisare; ma colui, come venne a sapere un po' della storia del giovine, si fece serio e gli disse a dirittura che conveniva operar con giudizio: forse aveva capito, più in là di Selmo, quel ch'era o poteva esser vero. Però, innanzi tutto, volendogli bene, di cuore, l'avvertì che badasse di non farsi notare né scoprire; ché, in un modo o nell'altro, gliene sarebbe accaduto male.

E Selmo diede ascolto a cotesti avvisi, persuaso già per se stesso che, quantunque lontano dal paese e non osservato, come ogni povero diavolo, l'aver fuggita la coscrizione di quell'anno lo poteva anche tirare in un serio garbuglio: e, in quel momento più che mai, gli premeva d'essere libero e sicuro di sé. Pensava e ripensava alle ragioni perché la Fiorenza avesse abbandonata la casa di que' ricchi signori, al cui servizio con tanto desiderio si era acconciata; e parecchie n'andava mulinando, senza fermarsi mai su quella ch'era stata la vera.

«E perché dunque,» seguitava a dire fra sé «non volle tornare a casa de' suoi? e perché almeno non fece loro sapere dove fosse?».

Capiva che al padre della povera ingannata (giacché tale a ogni modo egli la credette) doveva pesare una simile disgrazia, ben diversamente da quello che pesava sul cuore a lui; e per questo, quando lo vide là nell'osteria insieme alla Linda, non s'era sentito il coraggio di farsegli conoscere, di domandargli della figliuola... E nondimeno, il povero vecchio gli faceva una compassione da non dire; avrebbe data la sua vita per recargli conforto, ma non di parole, in quel dolore, del quale pensava nessun altro potess'essere più grande per lui.

E con siffatto intento, essendo egli corso difilato fino a Milano, non volle perdere tempo: e si mise, senza che alcuno prendesse sospetto di lui, a cercare la figliuola di Bernardo: avrebbe giurato che ciò ch'egli sentiva dentro di sé, doveva pure, in una o in altra guisa, aprirgli una via a far qualche bene; onde, un giorno il vecchio almeno l'avesse a benedire.

La prima volta che si trovò dinanzi al palazzo severo, antico, dalla fronte oscura, ove sapeva ch'ella era andata ad abitare, Selmo si sentì tutto turbare; un senso che non era rabbia, né dolore, ma l'una e l'altro insieme, gli rimescolò il sangue nelle vene: ed egli che, sebbene poco amico della gente, non era stato capace mai di odiar nessuno a questo mondo, odiava in quel momento tutti coloro che là abitavano. Voleva entrare, tentar di parlare con alcuno che l'avesse conosciuta, per avere in mano un filo che lo guidasse poi: ma, quella prima volta, non poté.

Pure, ne' giorni seguenti, girando alla sbadata, vi ripassava con maggiore attenzione, poneva l'occhio a quanti svoltassero nel portone, o n'uscissero; persuaso che non gli sarebbe stato impossibile di ravvisare tra quelli della famiglia alcuno ch'egli avesse già incontrato per via, là nelle campagne del Piano o nei contorni della villa. Una volta fra l'altre adocchiò il portinaio che, fregandosi le mani e trascinando il passo, camminava innanzi e indietro per l'atrio del cortile, col suo far di gatto mammone: ma quell'aria d'ipocrita bonomia, che poteva ingannare ogni altro più matricolato di lui, non piacque a Selmo, e fatto solo un passo per tentarlo, e levata appena la mano per cavarsi il cappello, sentì morirsi la parola sulla bocca, e tirò dritto. Ma fu una buona ispirazione; ché, per certo, il vecchio non avrebbe pur titubato, con quattro parole d'inferno, a mettere un coltello avvelenato nel cuore del povero campagnuolo.

Più di Selmo, nelle sue ricerche, poté operar qualcosa di positivo l'accorto capomastro, col quale egli s'aperse fin dal suo primo venire a Milano. Colui, come più esperto di simili accidenti, aveva avuto mano, per necessità e per bene, in altri viluppi della stessa fatta; e sebbene, fin da principio, non vedendo chiaro il caso di quella figliuola, non sapesse come augurarne, nondimeno venne a capo di potergli dire positivamente il luogo e la persona a cui s'era indirizzata la fanciulla, appena licenziata da quella casa di signori. Ma non era che il primo passo. Lo conoscevano da un pezzo nel quartiere, e aveva saputo far ciarlare la lattaia che serviva la casa, il fruttaiuolo che piantava la sua nomade botteguccia all'angolo della corsia, e, meglio di tutti, la donnicciuola che sedeva da mane a sera, portinaia di preti e devoti, sulla porta falsa della chiesa parrocchiale.

A nulla però doveva giovare questa prima scoperta. La vedova, presso la quale s'era nascosta la Fiorenza in que' mesi (ben lo comprese alla prima), non la conosceva quant'egli avrebbe voluto, e la storia di questa giovine senza giudizio, come egli l'aveva, per bontà, battezzata, continuava ad essere un mistero per lui. Dopo ch'ella si trafugò da quel suo primo nascondiglio, nessuno s'era più imbattuto a vederla; nessuno poté dargli lume, per indovinare dove fosse andata a finire. Ond'è che il buon capomastro aspettò di riveder Selmo; e ciò era, del consueto, al cader della settimana; poiché l'onesto garzone, a cui non sarebbe stato possibile di starsene un pezzo a baloccare per Milano come un disutilaccio, adoperava la poca voglia lasciatagli da' suoi crucci, lavorando per opera o come soprastante di fabbrica, dove ne lo inviasse il principale. Egli dunque l'aspettò; e non appena lo vide capitare, gli dié contezza di quanto aveva scoperto; ma conchiuse col prudente parere che non essendoci da sperare buona riuscita in quella loro ricerca, il meglio era che Selmo tornasse a casa sua: là, forse più facilmente che in Milano, potrebbe un giorno o l'altro trovare il bandolo da troppo tempo inutilmente cercato.

Ma Selmo non si persuase così subito a rinunciare alla sua fidata idea: forse (benché egli non pensasse di confessarlo, né vi avesse pur fatta riflessione in sé medesimo) la ragione segreta che lo moveva, e la stessa inquietudine, e la ostinazione melanconica a riuscire in una cosa che, alla fine, doveva tornare per lui indifferente dopo quello che passò fra loro, tutto ciò non era che un antico e confuso desiderio di rivederla. Quello ch'egli avrebbe fatto, dopo esser riuscito a ritrovarla, quello che detto le avrebbe no 'l sapeva; il Signore, pensava, gli manderebbe qualche buona ispirazione.

Fu appunto di que' giorni che Selmo, a capo chino, e impaniato in così fatti pensieri, andando per mezzo alla gente, per una via poco lontana dal fatale palazzo, si trovò faccia a faccia con un tale che non gli parve figura nuova; attillato, lisciato, coi ciondoli al farsetto e il cigarro in bocca, ciascuno doveva crederlo un signore, se un cotal suo camminare a sbilenco, e il cappello sghembo sull'orecchio non l'avessero tradito. Costui, vedendosi il villano tra' piedi: «Fatti in là,» disse asciutto «ché la mano è mia!...». E non era. Ma Selmo, buon figliuolo, e non uso, a tener duro in simiglianti puntigli, alzate le spalle, cedé il passo; l'altro, sguardato con trionfale compiacenza il contadino, passò oltre. Ma Selmo intanto s'andava convincendo d'avere veduto altra volta colui; rifece il breve tratto di via che li separava, e pigliando animo a parlare del buon sentimento che aveva in cuore, gli venne franco dinanzi, nel momento stesso che colui stava per dare la svolta nel palazzo.
«Non ho fallato... lei dev'essere della casa di questi signori...» disse, con certo rispetto, a modo di prima entratura.
Si fermò l'altro, e lo squadrò da capo a piedi, con occhio sospettoso, e ritirandosi d'un passo.
«Voglio dire,» aggiunse Selmo, avvicinandosegli, «che mi può fare la cortesia di dirmi se al servizio di questi signori... ci sia ancora una forese... una giovine, che...».
«Eh! cosa mi contate a me?...» lo interruppe colui.
«È una giovine della cascina del Mirabello, sopra d'Erba... una che ha nome Fiorenza...».
«Quella?...» e, stato un momento sopra pensiero, sogghignò: «Siete forse uno de' suoi?...».
«De' suoi... no; ma sono di là, di quelle parti; e sarei contento...».
«Vi manda il messere?».
«Sì, lui pover'uomo... che da un pezzo non ne ebbe più

nuove».

«Eh! galantuomo... nessuna nuova, buona nuova...».

«Ma... sarebbe a dire, la sta ancora qui, con questi signori, o?...».

«Eh! eh! fallate, se volete cercarla qui; non so da quanti mesi ha preso il volo... e dove la possa essere a quest'ora, se non lo sapete voi, né il messere, manco lo so io... Ma vi so dire che la è una buona spesa quella vostra... come la chiamate?...».

«Ma perché dice così?...».

«Cosa volete ch'io ne sappia? Però, se ne sono dette di belle... e da un pezzo l'è svignata di qui, per cercare altr'aria e far fortuna».

«E come?... dove?...».

«Di questo non vi posso contentare... Chi ha supposto che ha trovati altri padroni qui in Milano; chi invece che la sia andata fuor di paese con una casata di forestieri... questa, se ho a dirla, mi par la più vera. Intanto il vecchio compare può viver sicuro della figliuola, perché vi so accertar io che la è una... la quale non dà più in male per via».

Se non che colui disse quest'ultime parole con tale titubanza, tra sardonica e indifferente, che il povero Selmo si sentì come un buio improvviso nella mente, e il cuore gli gelò. Voleva dire ancora, ma non trovò altro. Colui, con evidente compiacenza d'essere così bene uscito d'impegno, voltando le spalle al poveraccio, entrò zufolando nel palazzo.

Era desso il signor Antonio, il fido cameriere, o piuttosto il favorito del contino; e sogghignando lasciava indovinare la sciagura della donna da lui perduta, a quel medesimo che un giorno volle ad essa dare il cuor suo e la sua vita. Selmo restò mutolo, trasognato; e sentì dentro una trafittura improvvisa, come se in quel momento un aspide gli avesse morso il cuore.

Ma, nei nuovi confusi pensieri che lo assalirono, la sua mente si perdeva; e da prima volle correre sulle tracce di colui, minacciarlo, fargli forza che aperto parlasse: essendogli impossibile di creder vero ciò che pur troppo significavano le reticenze e le poche infami parole udite. Ma subito dopo mutò consiglio, giurò che colui mentiva: e allora, con un sogghigno d'incredula compassione, volte le spalle a quel luogo, tornò alla sua via. Invano però ebbe a sperar pace in cuore; mille volte, dentro di sé, si pentiva d'aver pensato, d'aver creduto a quella donna; voleva e spergiurava non pensarci mai più; né più si poteva vedere in quelle vie, né respirar l'aria maledetta di quel Milano, che oramai gli somigliava una gran prigione.

E gli risovvenne di Carlantonio, del suo dabben compagno, sempre così allegro, così sincero, col quale avea spartito il pane e la fatica, quando raminghi dietro una migliore speranza, là nei poveri casolari del Canton Ticino, facevano insieme la vita come fratelli, e credevano che l'avesse a durar sempre così. Rimpianse di non avergli dato ascolto, quando cercava, un giorno colla sua usata burlevole indifferenza, un altro con certi suoi ragionare franchi e recisi, di tirarselo dietro, lontano dai luoghi che non erano più buoni per loro; e voleva persuaderlo a fare una volta il mestiere da galantuomo, a non vivere dì per dì, senza nessun gusto che di rodersi per niente, e consumarsi il fegato. Così gli avesse creduto, così si fosse lasciato trascinare da lui in Francia, in America, in capo al mondo, piuttosto che tornare a casa, e sentire ciò che aveva sentito, di quella a cui prima avrebbe dato il sangue del proprio cuore!

In questi crucciosi rimpianti passò tutto il giorno; e la mattina appresso, prima del levar del sole, senza nemmen lasciarsi vedere dal vecchio capomastro, che pure aveva fatto per lui quanto aveva potuto, uscì della città e prese la via verso il Piano d'Erba; ma non gli premeva di saper cosa avrebbe fatto, una volta che fosse al paese. Camminava di buon passo, quantunque si sentisse greve il capo, la vista appannata e un frangimento d'ossa; onde talvolta credette quasi di basire per via: non aveva, in tutta la notte passata, chiuso occhio mai; fra i sogni e le fantasie e le angosce, aveva fatto cento risoluzioni, tosto mutate o dimenticate, ma non poteva rassegnarsi; e capiva che, qualunque fosse la sorte della Fiorenza, qualunque idea potessero gli altri avere di lei, il suo cuore era ancor quello, e non si sarebbe potuto cangiar mai più.

Allorché, a mezza mattina, salite le prime alture su cui siede il ridente villaggio di Fabbrica, gli si aperse allo sguardo la varia e bellissima scena della sottoposta Brianza, del Piano e dei laghetti, ov'era il suo povero paese natale, e di là, nel sereno orizzonte, il dorso di Mombarro e quella maestosa giogaia del *Resegone* e de' monti di Mandello, il cuore gli balzò ancora, come per l'impeto di nuova passione: fu una gioia malinconica, che non avrebbe saputo dire a nessuno, un pensiero di quiete e di desiderio soave, che, per la prima volta, dopo tanto tempo, gli rinasceva nell'animo profondo. Oh! quanti sogni erano svaniti, al pari delle nebbie leggiere di quel mattino d'in su i laghetti, che allora scintillavano come tersi specchi davanti a lui! Con quanta amarezza di memorie rivedeva quel cielo, quelle montagne, quelle acque, dopo quasi un anno di lontananza!

Erano quelli i primi giorni dell'autunno. Nella nostra Lombardia, il cielo e la terra non sono mai così belli, come in questa stagione ch'è, direi, il riposo dell'anno. Povero e quasi ancor servo della gleba, qual fu l'antico, è il popolo di campagna, nella maggior parte della Brianza, del pari che nell'altre nostre più fiorenti contrade: siede in terreno non suo, spartisce a mala pena col ricco padrone il frutto di sua lunga fatica; vede ogni anno tornare, fedeli come l'esattore comunale, la gragnuola e la coscrizione: eppure è lieto, e passa cantando, eppure saluta, nella balda sua confidenza, l'autunno che viene e la state che va. È quell'aria sana e vitale che tira dalle spalle de' monti, è il zaffiro di quel sereno cielo, son le dovizie di quella campagna che pare un immenso giardino, che a lui danno la speranza, la pazienza, il compenso della sua fatica e della sua povertà.

Quando Selmo, per una scorciatoia, si trovò di là del luogo di Carcano, guardò in sull'ameno colle, ove sorge Castelnuovo, senza pensare - ché nol sapeva, o se lo avesse saputo, a tutt'altro avrebbe pensato in quel momento - essere famoso quel sito nelle storie dei nostri padri, perché, tanto tempo fa, quando quel castello era vecchio, i Milanesi ivi percossero il loro più potente nemico, il Barbarossa. Prese la via più bassa, che rade i mulini di Campolasso e di là mena al suo paesello; e ne scoperse i primi tetti, quando il campanile della chiesa d'Alserio s'udiva ancora suonare il sacro saluto del mezzogiorno. Deserto era il villaggio, poiché tutti in quell'ora stavano raccolti nelle case intorno al pentolo o al paiuolo; e Selmo giunse fin sull'entrata della bottega di suo padre, senza incontrare né salutare alcuno. Al vecchio Ignazio non parve nemmen vero di vederlo comparire così all'insaputa; i fratelli gli furono subito intorno, con saluti e richieste curiose, interrotte: ché tutti lo amavano, sebbene, in causa di quella sua malinconica e solitaria inclinazione, egli non fosse mai stato, si può quasi dire, un della famiglia. Ma il padre corse subito col pensiero al pericolo in cui si poneva per l'imprudente ritorno, e certe visite brusche fattegli in casa dai gendarmi, e al rabuffo più serio che gli toccò in una chiamata del signor commissario, quando il figliuolo aveva svignato per iscampar dalla coscrizione. E però lo assediò con cento raccomandazioni e premure: che stesse cogli occhi bene aperti, e non si fidasse di nessuno, né quasi di sé. I tre fratelli suoi, nel dargli il benvenuto, andavano tra loro pescando in pensiero donde e perché mai tornasse; e, vedendolo così ombroso e mal andato, argomentavano che ci dovesse essere qualcosa di nuovo, e di poco allegro.

Intanto Selmo, nel salutare i suoi, aveva notato in mezzo a loro una persona nuova: una giovine donna non del tutto ignota, con un bel giro di spadine d'argento ne' capegli; era china sul focolare, nel momento ch'egli entrò: appena il padre e i fratelli gli si strinsero d'attorno, la donna levossi anch'ella, e con non so quale peritanza si trasse dietro all'un dei giovani quasi per tema pudica del nuovo venuto. Era la sposa di Silvestro, il terzo de' suoi fratelli, entrata a crescere la famiglia pochi mesi innanzi, senza ch'egli n'avesse mai udita novella. Si ricordò allora dove avesse veduta quella donna; ne sapeva il nome e il paese; ma appena Silvestro gli ebbe detto: «Vedi, Selmo, ho pensato io di far quello che volevi tu, e questa è la mia donna!» il povero giovine volse indietro la faccia; e soffocando un involontario sussulto del cuore, gli disse tranquillo: «Bravo Silvestro! hai fatto bene!».

La novella sposa era la Margherita, quella fanciulla di Crevenna, che Selmo vide in compagnia della Fiorenza un anno prima, il giorno appunto che le aveva incontrate e difese da certi disperati che volevano far loro insulto. «Oh! avessi potuto,» pensava Selmo «saltar via quel giorno nella mia vita, o al punto a che siamo, riuscissi a schiodarmelo per sempre dalla memoria! Non avrei imparato a maledire gli altri... e me con gli altri...».

Finché stette nel paese, convenne a Selmo di tenersi alla larga di certuni, che, in quella contingenza, avrebbero potuto fargli un mal tiro: per prudenza maggiore, non dormì mai nella casa de' suoi, ma or qua, or là, quando sovra un cascinale, quando in una capanna o sotto una tettoia all'aperto; e traeva, per dir vero, una vita ben trista; più trista ancora, poiché gli sembrava di perdere di giorno in giorno quel po' di coraggio fin allora conservato, di sneghittirsi, e quel santo gusto della fatica.

Ma passato poco più d'un mese, il vecchio Ignazio no 'l vide comparire sul mezzodì, all'ora consueta del desinare: né egli ebbe a farne caso, né gli altri; ne sapevano il costume, ed erano usi a quelle sue così subitanee sparizioni.

Egli aveva udito, il giorno prima, da un carrettaio, il quale tornava da Milano, ripetere un nome, che da un pezzo non pronunciava più: quell'uomo, soffermatosi in Erba, aveva menzionata la Fiorenza del Mirabello, dicendo ad alcuno d'averla incontrata lui stesso, per accidente, in Milano; ma a chi gliene domandava curioso, rispose di non saperne di più. Selmo passò oltre, come al tutto indifferente; e, senza por tempo in mezzo, del medesimo passo, continuò la sua via fino a Milano. Eppure aveva giurato, nel partire un mese innanzi, di non più ritornarvi.

VII.
Una mendica

In quella parte di Milano, non ampia né maestosa, ma pur lieta e consolata da un po' d'ombra, da un po' di verde, da un più libero sguardo del cielo, dove s'aprono i giardini pubblici, come ti pare caro e bello, qualche volta, lo spettacolo de' fanciulletti, che qua e là corrono lungo i viali de' platani, o vanno saltellando per gli erbosi tappeti, sotto gli occhi della mamma affaccendata, o dell'aia indifferente! Quei bambini che colà intorno folleggiano, nell'ingenua loro allegria, somigliano veramente i fiori del prato, coi volti ritondetti e rosei, co' biondi capegli, co' leggieri vestitini di spiccati colori; li vedi fuggire e mischiarsi, ruzzolare tra l'erba, cogliere qualche rada margheritina; non si conoscono, eppur si cercano con festevole desiderio; e l'un l'altro si domandano i loro nomi, e si fanno baci e carezze. Chi li vede e non li ama? Qualche cosa d'ineffabile e di santo li avvicina, li attira, in quella innocenza d'amore. Quanta poesia in que' cari fanciulli! In loro, tutto è ancora bellezza e mistero.

Là tutto ti somiglia contentezza, tripudio e vita: ne' giorni di festa, fintanto che duri la lieta stagione, a frotte vi scorazzano e ballano a tondo i figlioletti del popolo, e, in mezzo a quella confusione di grandicelli e di piccini, fra le madri bottegaie, le zie e le vicine, è un alternar di confidenze interminate de' domestici guai, delle speranze lontane: i grandicelli, da un canto, giocano al pallone, o mandano sull'ali del vento con grandi battimani un drago volante; un'altra comitiva, in altra parte, si spassa traendo intorno carrozzini su cui s'aggruppano a dieci per volta i garzoncelli arditi; e c'è chi leva in alto bastoncelli e banderuole, chi ruba un ninnolo o un frutto al più piccino: ma se li riguardi nell'insieme, pei larghi giardini, vedi un saltellar festoso, un muoversi continuo; tutti sentono la prima gioia, il primo bisogno d'inquietudine, di movimento, di vita.

Negli altri giorni, invece, sotto a quell'ombre, non incontri che i bamboli de' ricchi, lisci, acconciati come vispi amorini, con la balia sfarzosa e la elegante cameriera, o il servo in livrea; mentre le carrozze signorili attendono fuor delle cancellate, all'ombra degl'ippocastani antichi. Solo qua e là, perdute ne' viali, vedi non di rado povere madri, co' bambini in collo, passare mestamente, tendere la mano, mormorar qualche peritoso lamento. Esse riguardano alcuni di que' felici bambini, e invidiandolo abbassano gli occhi sulla creaturina sparuta che portano sulle braccia. Quanta pietà e quale contrasto!

Una di quelle povere madri, sul cadere d'un bel sole di settembre, vagava con aria di sospetto, e direi quasi di terrore, nella più remota parte del giardino pubblico.

Era tremante il suo passo: la coprivano que' panni della

miseria che non si possono descrivere, e sulla testa portava ripiegato, a modo di scialle, un vecchio fazzoletto nero di lana, onde si nascondeva quasi del tutto il viso. Teneva stretto fra le braccia, e un po' ricoperto da quel suo fazzoletto, un bambino ravvolto in fasce fatte di cenci: il bambino, emunto e quasi livido, aveva gli occhietti aperti, e sommessamente gemeva.

L'infelice donna veniva innanzi, pur come cercando di sfuggire lo sguardo de' pochi passeggieri; poi, come spinta dall'angoscia prepotente che vince sgomento e pudore, la fame, ella moveva verso un gruppo di giovinette passeggiatrici; e, chinati gli occhi sulla tremante creaturina, aveva tesa la mano, domandando, senza parlare, la carità,

Con atti di compassione la riguardarono quelle signorine; una di loro, la più bella, tolta dalla borsetta una piccola moneta, la lasciava cadere nella mano della infelice. La quale, senza osare di levare la faccia, si nascose dietro gli alberi, come si vergognasse di ciò che aveva fatto. Di lì a poco, altri passarono; e la povera donna ritentò la compassione di parecchi, che neppure si accorsero di quell'inciampo a' passi loro; e continuarono a discorrere de' loro serii negozi, o a rider di cuore. La mendica si discostò dal viale più frequentato; e mettendo un sospiro già troppo a lungo soffocato, mormorò: «Madonna santa, aiutatemi voi!».

E non potendo più reggersi sull'affranta persona, si abbandonò sovra un sedile di sasso, a breve distanza, poco lungi dal rialto per cui si sale dai giardini sulle mura. E volse indietro la testa, per riguardare il sole già vicino al cadere.

Era giovane ancora; belli, dilicati i contorni del viso, e nella sua magrezza e nel pallore, più viva, più profonda l'espressione di un'anima nudrita d'ineffabili dolori. Ma dell'armonica dolcezza di quelle sembianze restava appena qualche lieve impronta; e il baleno degli occhi, vivido ancora, ma non più sereno come una volta, diceva anche troppo il terribile mistero che mutò la vita di quella donna. Il suo terrore, la mal nascosta angustia che rivelavano gli sguardi e gli atti e il passo, erano rimorso o pentimento? erano stanchezza di patire, o rimpianto d'una perduta innocenza, di una vita che non avrebbe mai potuto ricominciare?

Deh! ov'è mai chi si arresti a riguardare con malinconica simpatia la povera creatura che gli passa d'accanto e nasconde forse in cuore ciò che v'è di più doloroso, di più tremendo nella vita? Quante volte una parola di compassione, di perdono, un'occhiata di fraterno amore sarebbero, a chi soffre e dispera, ben più preziose, ben più sante che non la moneta d'oro caduta, quasi all'impensata, dalla mano del ricco! Eppure, com'è rado trovare chi sappia dir quella parola, chi stringa una mano al povero, chi soccorra il caduto di un consiglio che lo potrebbe rendere alla vita e alla virtù!

Quando la misera donna sollevò gli occhi da quella parte, ove scintillava ancora tra gli alberi il sole cadente, cominciò il monotono rintoccare d'una campanella dalla non lontana chiesuola del Borghetto.

Le donne dell'umile quartiere, quasi tutte povere lavandaie ed erbaiuole, s'avviavano di qua, di là verso la chiesetta, per dir la corona; quella meschina fece come uno sforzo per levarsi in piedi, ma non poté; si coverse con una mano gli occhi, mentre coll'altra raccoglieva più stretto sull'esausto seno il bambino. Era la forza, la vita che le veniva meno, o credeva ormai inutile per essa il pregare?

Fu in quel momento che un giovane campagnuolo, il quale per di là ne veniva dalle vicine mura, le passò accanto, e si fece a guardarla. Colui andò oltre; ma, dopo breve tratto, si fermò d'improvviso, volse indietro gli occhi, ritornò su' passi suoi. Accostatosi a lei, con uno sgomento che invano avrebbe cercato di nascondere, e con voce affiochita, appena distinta, le domandò:

«Fiorenza! siete voi?...».

Né aveva detto, che la mendica, quasi ricovrasse in un istante la lena che prima era spenta, si levò d'un balzo, scansando rapidamente l'uomo che le stava dinanzi, attraversò il viale, e uscita dal giardino, senza tema di passare fra la gente e i cocchi onde l'ampio corso spesseggiava ancora, disparve per l'opposta via del Borghetto.

L'uomo che, quasi non credendo agli occhi suoi, l'avea in quel momento ravvisata, era Selmo. Che cuore dovesse allora essere il suo, nol può dire se non chi seppe amare semplicemente e fortemente come lui. Ma egli da prima ad altro non pensò che all'averla ritrovata, poi subito cercò di seguirne la traccia; le si mise dietro per quella corta via; se non che, quando le venne un'altra volta dappresso, ella entrò nella chiesuola e si confuse tra quelli che inginocchiati pregavano.

L'attese a lungo Selmo presso l'entrata: intanto s'era fatto notte. Non appena la vide uscire l'ultima, e riguardare intorno, con sospetto d'esser tuttavia osservata, venutole dietro, ripeté con angoscia:

«Fiorenza! vi ho conosciuta... Io sono Selmo, e non ho nulla contro di voi... Per carità, non mi date questo dolore, non fuggite da me a questo modo... Cosa v'ho fatto io?».

Ella mosse pochi passi; poi, come prendesse nuovo consiglio con sé medesima, s'arrestò presso il fossatello, che a capo della solitaria via lambe le mura; nessuno li poteva vedere, né forse avrebbe più saputo nascondersi... Fece allora per rispondere, non n'ebbe la forza, e volse indietro la faccia.

«Parlate, Fiorenza!... per amor del cielo, parlate!... voi siete povera, disgraziata... e io, se anche non devo essere più niente per voi, sono, posso dire, dei vostri... sono anch'io di quelle parti là, e almanco... Oh! cosa avete fatto mai?...».

«Perché siete venuto a cercar di me? cosa v'importa a voi d'una... come son io?... d'una, che vi ha tradito, che non pensò più a voi, come non ci foste al mondo?...».

E così diceva, con amarezza quasi crudele, soffocando quelle prime lagrime che l'impensato incontro di colui le aveva strappate. Più d'ogni altro ella avrebbe voluto fuggirlo; s'augurava d'essere sotterra, piuttosto che trovarsi a lui dinanzi.

«Voi non vi siete più ricordata di me, o Fiorenza... perché vi avevano ingannata, tolta di mente... perché vi avevano mutato il cuore... Oh! se sapeste... quante cose! E il padre vostro? e quella povera Linda?... e il piangere che ha fatto anche lei?».

«Non ditemi, non ditemi niente... Ho lasciata casa mia, e là non devono più pensare a me, come fossi morta... di più ancora, come non fossi nata mai! Io non domando, non voglio saper nessun'altra cosa, né de' miei né di voi! Andate! lasciatemi andare».

«Lasciarvi andare? dopo avervi trovata così? Ma non sapete che, tanto tempo fa, vostro padre e la Linda sono venuti a Milano, per conoscer dove foste andata a finire, e v'hanno cercato per mare e per terra... e Dio sa il patire che hanno fatto per voi?».

«Io qui con voi non voglio stare... non posso! Se loro hanno pianto, ho pianto e patito anch'io...».

«Avete patito, e mi cacciate via così?... E Selmo dovrebb'essere contento di...?».

«Sì! la vendetta del male che ho fatto a voi, ve l'ho procurata io stessa... Ora tutto è finito, non c'è più rimedio a niente».

«Per i vostri poveri morti, per l'anima della vostra mamma, o Fiorenza, non parlatemi così: anch'io, prima d'adesso, era venuto a cercarvi. Oh! non posso dirvelo come sia stato, né perché... ma ho riflettuto che non dovevate aver bene; mi sono detto, a me, che se vi pareva di non essere contenta, potevate aver ragione di fare come avete fatto... Ma, abbandonare casa vostra, vostro padre, povero cristiano! e per che destino?...».

«E cosa ne sapete voi?» l'interruppe, con impeto l'infelice.

«Io non so niente, Fiorenza... e non ho pensato, non ho voluto pensare... ma se lo sapeste tutto quello che s'è detto di voi! Il Signore li confonda, per il male che m'hanno fatto... Pazienza tutto! non è vero? Siete stata disgraziata... ma in quella perdizione non ci siete, non è vero? non è vero?».

La misera Fiorenza serrava, con una stretta convulsiva, fra le braccia la sua creatura, che aveva finito di piangere e s'era addormentata. A quella interrogazione di Selmo, ella tremò, si confuse; invece di rispondergli, si tolse di là rapidamente: e senza dar tempo a Selmo di trattenerla, di aggiungere solo una parola, si allontanò. A lui parve di vederla tuttavia a poca distanza, malgrado l'oscurità del luogo; ma quel suo staccarsi era stato così pronto e accorto che ne smarrì ogni traccia, né seppe dire da qual parte fosse fuggita.

Dove, in mezzo del buio notturno, fosse riuscito all'onesto giovine di seguirne i passi, l'avrebbe scorta camminare rasente la muraglia di certe case malandate, le quali sono come il lembo fangoso di quella splendida parte di Milano, svoltare sotto un portone dalle rozze imposte appena socchiuse, poi cautamente attraversare un rozzo cortilaccio, drizzandosi verso un porticale chiuso intorno da un assito, che serviva di legnaia e di ripostiglio. Era colà che una famiglia di lavandai le dava ricetto per carità, lasciandola venire a posar la notte in quello stanzone a terreno. Appena fu nella corte, uno che n'andava per isprangare la porta, le mosse incontro, e alzandole contro il viso la lanternetta che portava, «Siete voi?» le disse «un minuto di più, e potevate far conto di dormire al sereno! andate, andate... quando finirà questo impiccio della miseria?...». La poveretta non rispose, ma sospirò: entrata poi nel luogo a terreno ove da qualche tempo soleva ricoverarsi la notte, cercò a tentone il canto ov'era il suo letto di paglia e d'erbaccia secca. Tutto era buio, e il luogo ingombro di travi e legnami, di bigonci e mastelli, poiché solevano colà fare la rannata e tendere il bucato nella mala stagione.

 La povera madre s'inginocchiò sull'umido strame, là dove da tante notti cercava quel sonno che più non poteva trovare: posò dolcemente accanto a sé la creatura, ricoprendone il corpicciolo con un mucchietto di paglia che raccolse ov'era più asciutta; poi, quando fu certa che ancor dormiva, si velò colle mani la faccia, e susurrate appena le prime parole dell'avemaria, s'interruppe e cominciò a pensare.

 L'aver riveduto, pochi momenti prima, colui che un anno addietro poteva essere suo marito, l'averne udita la voce, le parole compassionevoli e lente, l'imaginarsi d'essergli ancora dinanzi, e dover fuggire, tremare di lui e di tutti, era per la misera un'umiliazione, un castigo più grande d'ogni dolore patito fino a quel giorno. Ciò ch'egli le avesse detto, ciò ch'ella rispondesse a lui, non lo sapeva più ridire a sé medesima; solo ripensava che in quell'istante s'era dimenticata del suo bambino, e studiava di trovar qualche ragione perché quell'uomo avesse avuto cuore di parlarle. E, per la prima volta, dopo quasi un anno, la memoria de' suoi, di casa sua, di quelle montagne, del lago di Pusiano e di quel d'Alserio le si risvegliò nell'animo, viva, distinta e dolorosa. Egli (così le pareva nella mente confusa), egli aveva menzionato suo padre e la Linda: dunque, anche là, e loro e gli altri sapevano, o potevano da un dì all'altro saper tutto di lei. E a questa miseria, peggiore di tutte, ella non s'era preparata mai. - «Oh! la mano del Signore è troppo grave sopra il capo di coloro che sono caduti, né sentono il coraggio d'alzare gli occhi al cielo».

Di pensiero in pensiero, la Fiorenza ritesseva tutta la sua vita passata. Ella dimenticò, non sentì più né povertà, né angoscia, né fame; e osò gettare lo sguardo entro a quell'abisso in cui era precipitata nel breve passaggio d'una primavera, d'una state. Le belle illusioni d'un giorno, le accarezzate fantasie della fanciulla inesperta fuggirono per sempre; il disinganno, la sciagura, la colpa, sono là dinanzi a lei, somiglianti ad ombre palpabili, schernitrici, che la riguardano sempre, che non si scostano, che vogliono come trascinarla dietro a loro nel male che non finisce mai... Com'era avvenuta una sciagura così grande, e che necessità l'aveva tirata al passo fatale? Non le sarebbe forse stato possibile neppure il confessarlo a sé medesima: in quell'ora meno che mai. Oh! quanti a cui ella credeva, l'avevano resa infelice, e più degli altri quei tali che le promisero amicizia, che le appresero a disprezzare, a dimenticarsi, a ridere di tutto ciò che non fosse la gioia del momento, il passatempo e l'indifferenza della vita!

E nel suo cuore, in quella crescente angoscia, risvegliavasi, quasi un nome da lungo tempo perduto, il ricordo d'una sera d'autunno, quando là, sulla sua collina, Selmo le aveva parlato così serio e mesto, perché ella più non mettesse piede dentro il cancello della villa; era stata la prima, l'unica preghiera di lui, e non lo aveva voluto ascoltare! Oh! tutto il male era cominciato da quel momento. Poi veniva, tornando indietro a poco a poco, nella sua vita ancora innocente, il pensiero della madre sua: se la figurava presente, qual era, alta della persona e non curva, benché faticata dagli anni, co' suoi bigi capegli, collo sguardo intento e sempre sereno, e con questa memoria santa, quant'altre già lontane, già credute morte, respiravano ancora dentro di lei e le facevano dolore!

Allora, accosciata su quella poca paglia, mentre l'aria pungente di una notte settembrina, penetrando per le commessure del vecchio assito, la faceva rabbrividire, la Fiorenza sentì sciogliersi dentro il cuore un antico viluppo di ricordi e di affanni;

e con uno schianto improvviso poté piangere, dopo tanto tempo che più non piangeva.

Il bambinello s'era desto, e la madre, richiamata ai presenti dolori da que' vagiti che sempre a fatica riusciva a calmare, lo prese tra le braccia; cercò riscaldarlo e gli diede il latte, di cui per la pietà del cielo non era ancora esausto il suo seno. E altri e diversi terrori le si affacciarono; e, in mezzo a quelli, un desiderio, che da un pezzo non aveva mai sentito così vivo, un soave desiderio di pregare. Era già la persuasione che, a lei infelicissima, l'ultimo bene non mancava ancora, la fede in qualche cosa di più alto, di più vero della sua stessa miseria. Ricollocato entro il giaciglio il bambino, riprese l'umile preghiera prima incominciata; nel pregare, sentì ancora un po' di speranza, un po' di conforto. E finì con poche e confuse parole susurrate appena, ma che le uscivano dal cuore: «Oh Signore, fate che almeno io non perda questa fede di essere un giorno o l'altro perdonata!».

Si lasciò cadere del tutto sfinita, e nelle fitte tenebre vedeva risplendere, a traverso di una più larga fenditura del tramezzo, la timida luce di una stella; questa luce, mentre a' suoi pensieri era dato levarsi nel cielo, le balenò come una promessa di consolazione.

A poco a poco, la memoria di tutto le si aggruppò, le si confuse nell'animo: la natura, vinta dal patimento, la prostrò in un sonno di stanchezza, che già da molte notti aveva inutilmente invocato. E quando si ridestò, la prim'alba cominciava a spuntare.

Ma, nella stessa notte, Selmo non trovò posa. Tormentato da mille contrari pensieri, e più di tutto dall'angoscia che quella donna, umiliata forse del modo con che aveva egli creduto di parlarle, si fosse impensatamente allontanata da lui, Selmo si disperava d'averne smarrita la traccia, temeva ch'ella non si sarebbe più lasciata trovare. E se la pigliava con se stesso, e si chiamava scempio e baggiano, per non saper parlare, per non aver mai saputo dir le cose come sentiva. Ma ciò che più gli stava in cuore era di vederla ancora, di sentire da lei medesima, quando e perché fosse in quello stato abbandonata. Egli non conosceva, il buon Selmo, e non voleva persuadersi che la miseria di lei doveva esser ben più profonda, ben più colpevole di quanto osasse egli imaginare. La credeva vedova, o derelitta dall'uomo ch'essa aveva scelto in sua vece di lui; e se, qualche volta, una trista opinione, al vero più somigliante, gli si presentasse alla mente, se la spietata evidenza tentasse lacerar l'ultimo dubbio del suo cuore, s'irritava con sé, malediceva il proprio rancore, si faceva forza per credere che quella era ancora la Fiorenza del suo sogno d'una volta, la donna amata e benedetta. E benché già prima, nella stentata e vagabonda vita, si fosse incontrato con tant'altre misere e perdute creature, benché sapesse che per discendere dall'abbiezione alla colpa e al delitto, non c'è, pur troppo, che uno scalino a fare, pure avrebbe pensato di accusare bugiardamente quella donna, e quasi di maledir sé medesimo, dove mai la credesse più infelice. Benché tutto lo facesse tremare, avrebbe giurato lei innocente. È questo, al pari di tant'altri, un enigma del cuore di chi ama come si deve amare.

Al seguente mattino, Selmo ritornò colla speranza di riveder la Fiorenza colà dove, al cader della notte, ella s'era da lui dipartita. Non voleva piegarsi al pensiero che potesse ributtarlo ancora, dopo averle a quel modo parlato a fin di bene. E poiché ell'era così cambiata, così ridotta a mal termine, non avrebbe (egli credeva), resistito lungamente alla preghiera di tornare al paese, di andar presto a consolare i suoi, che certo non la volevano discacciare dalla lor porta. E, se più non le importava di lui, non c'era ancora il padre suo? non c'era la Linda? e non l'amavano loro come prima? e non dovevano forse studiare di farle perdere la memoria di tutto quello ch'era passato?

A molti, richiese il giovine muratore d'Alserio, come meglio seppe, qualche indizio della persona da lui cercata; passò e ripassò per que' luoghi ove già l'incontrava; aspettò a lungo, credé più d'una volta di vederla venire. Ma il domandare, l'aspettare, fu inutile. Dov'è chi ponga attenzione alla tapina senza tetto, la quale sta lagrimando sul canto d'una via e fa inciampo a' passeggieri che hanno fretta, e non si sa di dove viene, né per dove scompare? Tutti i passi di Selmo erano per nulla. Né fu se non dopo parecchi giorni, che, tornato alle stesse vie, e posto piede a caso nella corte di que' lavandai, ne domandò una vecchia, che stava a dipanare seduta fuor del suo uscio: costei gli disse che quella donna da lui cercata – se pur era la stessa che, il mese innanzi, con un povero sparutello in braccio, aveva colà domandato, per carità, un angolo ove dormire – quella donna più non si fosse da tre dì lasciata vedere. E per accertarnelo di più, si levò dal trespolo, e volle condurlo nell'angolo della tettoia che aveva servito di nascondiglio alla poveretta. Là, sopra un monticello di paglia trita, vide un fazzoletto logoro a brandelli, gittato via o dimenticato. Era quel fazzoletto di sposa, quello stesso dono che, un anno prima, egli avea fatto alla Fiorenza.

Restò mutolo, senza pensieri: la vecchia lo vide, col rovescio della mano, rasciugarsi una lagrima. Il giorno seguente, usciva di Milano più sconfortato, più cupo nell'animo che non fosse quando vi era tornato, e senza più sapere che cosa gli rimanesse a fare.

In quel tempo, altre e ben triste novità s'eran vedute nella solitaria cascina. Il reggitore portava di mala volontà il peso delle sventure passate, a cui s'era aggiunta l'amarezza del recente abbandono della figliuola maggiore. La mesta ingenuità della Linda non aveva mai vinto il cuore del vecchio, il quale continuava a vedere in lei più un soprosso della famiglia che una sorte di consolazione per lui. Gli altri due figli, Costante e Andrea, l'uno sui vent'anni, e l'altro di diecinove, avevano fin allora con valida lena dato opera a lavorare il terreno, facendo loro quello che non poteva il padre, stanco dall'età e dalle disgrazie. Ma, da qualche tempo, Costante, cominciando a praticare con più d'un birbone e d'uno scavezzacollo de' luoghi vicini, dismise il ben fare, perdé il costume della fatica, e, quel ch'è peggio, diventò, in meno che non si crede, beone e rissoso: d'allora in poi, lo scarso avanzo di fortuna che aveva tenuto in piedi, si può dire, tutta la famiglia, andò in fumo; si cominciò a patire in casa: la campagna intorno si mostrava, a occhi veggenti, abbandonata, sfruttata. E Andrea, benché durasse ancora sull'onesto sentiero, era giovine troppo, e non abbastanza gagliardo contro la sfrenatezza del fratello, per saper maneggiarsi in tutti gl'impacci che crescevano loro intorno di giorno in giorno, e menare a bene la barca.

Da mane a sera il vecchio brontolava; Costante bestemmiava, o con una scrollatina di spalle rispondeva a' rimbrotti del messere; mentre Andrea, fra il cruccio del padre e il maltalento del fratello, non sapeva trovar modo o ragione di dir la sua: quando la matassa è così arruffata, non è piccola briga il ravviarla. In mezzo a loro la Linda, non potendo metter bocca, finiva a piangere di nascosto; ché dove si fosse lasciata scorgere, le stesse sue lagrime le avrebbero tirato addosso qualche dispregio, qualche rabbuffo di più.

Ma il peggior momento sopravvenne quando, poco innanzi al san Martino, comparvero alla villa, per i conti dell'annata, il signor procuratore, il signor ingegnere e l'agente generale della casa, quel triumvirato, terrore dei castaldi e de' coloni. Già il fattore della villa aveva minacciato la famiglia del Mirabello di rinviarla dal podere con disdetta di quell'anno; e Bernardo, per la indifferenza de' vecchi che si lasciano ire alla corrente, non n'aveva fatto gran caso, pensando che altre volte colui gli aveva stretto i panni addosso, e poi per questo o quel patto, s'era tolto giù dalla minaccia. Ma allora la cosa dichinò a male, e il messere, quantunque per il durar d'un secolo e più i suoi vecchi e lui avessero lavorato sempre quel luogo, si vide al punto d'esserne cacciato e di andar tapinando con la famiglia, ridotta a non aver pane né tetto. Ma, senza un gran perché, Dio non abbandona mai del tutto.

Il signor curato di Santa Maria, al quale Bernardo, vista la mala parata, andò a raccontare i suoi molti guai, affinché trovasse modo di mettersi in mezzo e di rabberciar lui quel nuovo sdruscito, gli promise che avrebbe tentato, scritto, parlato; e lo fece. Una bella lettera del buon curato di campagna recava, il giorno appresso, nelle proprie mani della contessa padrona il destino dei poveri coloni del Mirabello. La dama, che malgrado certa pretensione di forme e certa schifiltà aristocratica aveva il cuor buono, sincero, di tanti nostri vecchi signori, e credeva, com'è, debito de' ricchi il far del bene, si ricordò di Bernardo del Mirabello; al quale fin dalla primavera, quando venne a Milano sulle tracce della figliuola, aveva promesso aiuto e consolazione.

E come, dopo le ricerche fatte fare da lei con grande studio, non era venuta a capo di sapere la sorte della fuggitiva Fiorenza, sentì pietà del pover'uomo; e con una riga di suo pugno al procuratore, mandò in fumo una decisione che, per la sventurata famiglia del Mirabello, sarebbe stata, può dirsi, il colpo di grazia. Così, per un anno ancora, Bernardo fu certo di rimanersi a consumare la sua vecchiezza là dove era nato.

Ma, a quella porta cui abbia dato le spalle, non torna così presto la pace. Mancavano le braccia per il terreno; e di lì a poco Costante, che da un pezzo trovava duro il pane della famiglia, ne fu stufo, e volle andare a cercarsi altrove «la vita del galantuomo» com'egli diceva: e fu la vita del vagabondo, del disperato. Né era passato un mese che Bernardo non vide più, non udì più menzionare il figliuolo, ch'egli tenne perduto per sempre; come era stato della Fiorenza.

L'avevano veduto più d'una volta ai mercati d'Incino, e d'Oggionno; ma con quell'aria provocatrice, svergognata del contadino ribaldo, il quale, una volta che a fare il birbone ci prenda gusto, lo fa da vero. Non salutava più nessuno di quanti lo conoscevano, e rideva loro in faccia, o s'eran vecchi, scantonava zufolando.

Una volta fra l'altre, l'ultima settimana di novembre, nell'ora che il mercato d'Incino si faceva più rumoroso e frequente, in un gruppo di badaloni raccolto sull'entrata d'una piccola taverna, era uno scoppiar di risa e di motteggi, un alternare di storiacce e di rozze piacenterie. Dopo avere ciarlato del vin novo, de' compari caduti nell'ugne del tribunale per una lite del giovedì passato, uno di coloro, vedendo passare una bella zitellona del piano: «Oh! vedete!» uscì a dire «la non pare, proprio lei sputata, la Fiorenza del Mirabello?... Ve ne ricordate?...».

«Oh sì! quella là» cominciò uno «ha pigliato il buon inviamento... Se la vedeste adesso, come l'ho veduta io due mesi fa a Milano!... la non è più quella d'una volta... ha messo giù il ruzzo; e se non ha più cuore di farsi vedere nel paese, c'è il suo perché... e lo so io!».

«Parla su!».

«Cos'è stato?».

«Come la è andata a finire?...».
«Con quel suo fare di me n'impipo!...».
«Conta su!».
«Ma c'è qui uno, che non mi vorrà lasciar dire!» prese quel primo. E additò Costante, che a pochi passi di loro tracannava d'un fiato una colma mezzina.
«Eh! ch'egli è uno della legge costui!» urlò un altro dei curiosi.
«Dite, dite pure, alla buona,» saltò in mezzo quel tristo «ché, se mia sorella fa il suo mestiere, io fo il mio».
Mentre così dicevano, un nuovo venuto, che pochi conoscevano, ma che pur seppe farsi largo fra tutti, li squadrò col lampo d'un'occhiata tra compassionevole e irosa, e mentr'essi, trasecolati, guardavano lui: «Siete tristi e bugiardi voi!» proruppe con furia mal rattenuta. «La donna della quale parlate così, è stata anche troppo disgraziata, tradita... ma pure vale meglio di voi!... perché lei piange e patisce, e voi la maledite! Se anche c'è uno de' suoi che la maltratta, son qua io per difenderla! E bestemmiare una poveretta è una gran birbonata!... Se c'è chi abbia cuore di dire delle ragioni in contrario, le dica su presto, che saprò io mandargliele in gola. Sono Selmo di Alserio, e doveva sposarla io; e non voglio che nessuno parli male di lei!».
Coloro s'erano disgruppati: e Selmo, in mezzo a tutti, franco e sicuro, li guardava in faccia a un per uno. Chi lo credé matto, chi n'ebbe paura, chi non capì nemmeno quello che avesse detto, o se capì qualcosa, se ne infischiò, rispondendo con una alzata di spalle; fatto è che, a quelle serie parole, come se proprio avesse ragione lui, tutti l'un dopo l'altro se la fumarono di qua, di là per il mercato, e Costante per il primo. Fu, può dirsi, un miracolo se non ne nacque, con dispetto degli amici delle chiassate e del tempestar de' pugni, un arrabbiato litigio, una di quelle piccole catastrofi che colà non di rado rompono la vicenda de' traffici e dei baratti. Molte delle comari, partendosi dal mercato, n'ebbero intanto a cianciare lungo la via; ma quasi tutte, sebbene prima avessero dato orecchio alle male voci sul conto della Fiorenza, finivano con dire: «Se ha parlato così Selmo, lui che doveva essere il suo uomo, è segno che non è vero!».

Selmo se n'andò, ancora pallido e commosso; ma la gioia d'aver difeso quella donna, di cui pur sentiva tanta compassione, questa gioia non era nel suo cuore.

VIII.
Fuori del camposanto

La primavera cominciava appena. Quell'anno, dopo una pigra e trista invernata, pareva più bello, più splendido il ritorno della dolce stagione: tutta natura era proprio nel primo suo riso.

Vedeansi le campagne, gli alberi, ogni siepe, ogni cespuglio, rivestiti, sebbene non del tutto, di quel verde ancora così tenero, così gaio, che l'occhio veramente vi si riposa: non mai il colore del manto disteso sopra la terra risponde con tanta armonia all'azzurro infinito, come in quell'allegro rinverginarsi delle cose belle. Dietro le montagne tuttavia nevose, ampio, spiccato il sereno; zone trasparenti, vaporose, strisciano a breve altezza dal cristallo dell'acque; un sole tepido, diffuso, che pare quasi contemplar con più amore la varia scena di questo lombardo giardino; e nei villaggi, e nelle più romite caselline, e via pe' campi una gente ridesta alle fatiche, affrettata, che guarda la terra e guarda il cielo; una gente che, nella povertà e nell'altre sciagure che la premono, è ancora abbastanza contenta; poiché sa, nel proprio cuore, che essa sta sotto all'occhio di Dio.

Per una delle amene e solitarie stradette comunali, che salgono con sinuosa curva le pendici, onde s'incoronano i laghi del Piano, ne veniva un bel mattino di quella primavera, un piccolo mortorio dalla terricciuola di San Biagio, uno de' paesetti più ignoti di que' contorni. Non era che un vecchio prete, curato del luogo, e, a pochi passi da lui, con un catalettino sur una spalla e la vanga fra mano, un altro vecchio che gli faceva da sagrestano in chiesa, e quando c'era bisogno, – come l'antico Tobia – seppelliva i poveri morti: vicino a loro, col secchiolino dell'acqua santa e l'aspersorio camminava un ragazzetto, seguendo cogli occhi, or qua or là per il sentiero, qualche scherzosa libellula, qualche farfalla. Mentre coloro toccavano già l'altura, dal basso avresti veduta avanzarsi, e ad ora ad ora sostare, una donna in misera vesta, la quale li seguitava da lontano, né mai perdeva d'occhio que' che salivano: e quand'essi, usciti del cammino, si misero dentro a un bel bosco di castagni che veste un fianco dell'altura, la poveretta raddoppiò i passi e cominciò a salire più sicura, più risoluta.

In mezzo a quelle ombre, quasi in ricovero di pace beata, vedevi l'angusto cimitero col murello circolare, le poche croci, e una lapide di qualche vecchio curato morto l'altro secolo. L'umile comitiva vi giunse appena, il prete chiuse il libro dei morti, su cui dagli alberi erano cadute le gocce della rugiada; e finì con sommessa voce le pie parole del rituale. D'intorno udivi il lieto garrito delle prime rondini che radevano col volo l'erbe recenti; e l'alito primaverile spandeva la dolcezza de' suoi profumi.

Di lì a poco, l'umile funerale era compiuto: un bambino, un innocente di più dormiva per sempre in quel l'angolo di terra consacrata; il curato, col sagrestano e il garzonetto, se ne tornavano, senza parlare, su' passi loro. Alcuni contadini, di mezzo a' campi ov'erano sparsi a rattralciare le viti che gemmavano, o a nettare dell'erbacce il grano già un poco alto, li avevano veduti passare e tornare indietro, senza pur domandarsi di chi fosse la creaturina ch'erano iti a metter sotterra. Ma non iscorsero o non posero mente alla donna, la quale, subito dopo, quasi furtivamente, saliva verso il cimitero. Com'essa fu certa di non essere notata, svoltò fra l'alte piante; fattasi vicina al cancello, guardò là dov'era un po' di terra smossa; e postasi in ginocchioni, stette lungamente in quell'atto, ma senza pregare.

Povera Fiorenza! Un nuovo dolore le aveva tolto dall'anima la memoria dell'antico; non isperava più nulla, non voleva più consolazione. A che giovò nascondere nel silenzio di quello sconosciuto villaggio la sua miseria, l'affanno della giovinezza per sempre tradita, e l'unico geloso desiderio che ancora la teneva unita a qualche cosa, e che talvolta diventava ancora per lei una gioia purissima e santa? Dopo sei mesi da che viveva dimenticata da tutti colà, sotto il meschino tetto di gente forse più povera di lei, ella sentì veramente che oramai nessuna sventura la poteva più spaventare, perché nulla poteva essere più grande di ciò ch'ella aveva sofferto: un giorno, quel pallido fantolino, che non osò mai confessare come suo, le era divenuto freddo, pesante fra le braccia; quegli occhi, i soli che ancora si fissassero ne' suoi, si chiusero: e nessuno venne a togliere la morta creatura dal suo seno. Allora, perduto tutto e rimasta sola, non poté nemmeno piangere: fu l'ora del castigo.

Dopo quel mattino di primavera, la sventurata madre saliva sempre, nell'ore in cui fidava che nessuno potesse vederla né turbarla, al solitario camposanto. Ma neppur quando, per sorte, ne trovasse schiuso il cancello, ardiva di porvi il piede: appoggiandosi a uno de' pilastri della entrata, il suo sguardo or s'arrestava immoto nel sacro recinto, ora vagava smarrito dietro le nuvole che passavano sulle spalle dei monti, come se cercasse qualche cosa ne' mille atomi del sottil raggio di sole che penetrava tra il folto degli alberi circostanti. Quante volte si sforzò d'innalzare il cuore e i pensieri al Signore che perdona! E non aveva ancora saputo trovare una secreta parola per invocarlo! Quante volte si provò, ma sempre inutilmente, di ripetere alcuna di quelle prime orazioni che, fanciulletta, le insegnò la madre sua, ch'ella stessa aveva alla Linda insegnate! Il suo cuore non sapeva rispondere al labbro; i suoi pensieri erano tuttavia pieni di tristezza e d'ira.

E dipoi, al tornare nella casuccia de' poveri campagnuoli, a' quali non poteva fino allora patire il cuore di rinviarla e di negarle la sua parte dello scarso loro pane, la vedevano, per il restante del giorno, accoccolarsi muta in un canto; e là presso all'aspo, tra i fusi e i rocchetti, dipanare e torcere senza posa; però che, in così fatto lavoro almeno, ella stimava di poter render a que' buoni qualche leggero compenso della loro carità.

Ma un giorno, tornando ancora, per tempo, com'era usata, dal camposanto, invece di tenere la via che mena al paese, calò per un breve tragitto dalla parte ov'era più deserta la campagna, di là della bruna e massiccia villa di Monguzzo. E come fu giunta al basso della collina, s'avviò fino al laghetto d'Alserio: e là, sull'estremo margine della riva, si pose a sedere. Dacché rivide i suoi luoghi, era quella la prima volta che si dilungava dal paesello, ove, se non altro, le riuscì di vivere a tutti nascosta: e senza sapere il perché, come trascinata dalla sua malinconia, venne fino a quel solitario luogo. Levando gli occhi, vedeva proprio in faccia e non lontano le alture a lei così note, e la tranquilla cascina ove nacque; scorgeva ogni gruppo d'alberi, ogni serpeggiante sentiero; e sul lembo della montagna, una chiesetta votiva, la Madonna di Loreto. Poi guardava, sotto a' suoi piedi, l'acqua verdognola, morta: nel guardare perdeva la memoria; e il suo cuore, che sentiva battere poco prima, era come morto anch'esso. Allora si copriva colle scarne mani la faccia e le pupille asciutte, dinanzi a cui le pareva scorgere strane ombre e splendori. E, in quel punto, ebbe nell'anima il desiderio che tutto fosse finito anche per lei. Non mai quel desiderio le era venuto in cuore come allora; e ritornava a guardar l'acqua al suo piede...

Da qualche tempo sedeva là, immobile e al tutto fuori di sé, quando il romore d'un passo la fece ricordar della vita; si volse, tutta sgomenta, per osservare chi passasse per la deserta riva. E vide uno che...! fino a quell'istante ella aveva sperato di non incontrare mai più, e che invece, in quel punto, come se il cuore le si fosse subitamente mutato, gli apparve quasi un amico, un salvatore. Era lui, Selmo d'Alserio.

«Sono più di sette mesi che non ho più cercato occasione di vedervi, Fiorenza» diss'egli, con non so quale titubanza, appena le fu vicino: «adesso, non vengo né per me, né per voi... Ma pure, bisogna bene che vi parli!».

«Avete dunque voluto cercarmi ancora?... E vi siete fidato di me... di questa povera disperata, voi?».

Nel modo con che la donna pronunziò queste parole c'era una significazione così compassionevole in uno e così confidente, che Selmo ne fu sorpreso; e soprastette alquanto al parlare.

«Ecco qui,» ripigliò con più ferma voce «io lo sapeva da un pezzo che voi, dopo l'ultima volta che v'ho incontrata laggiù a Milano, eravate tornata presso a' vostri luoghi, a pochi passi d'Alserio, posso dire. E non ho mai avuto animo, pensando, com'è vero, ch'io per voi non era più niente, di venirvi a domandare... Ma adesso...».

«Adesso sono più disgraziata di prima, e voi non sapete...».

«So tutto. Povera Fiorenza!».

«Ah sì! povera anche troppo! E vedo, che oramai non potrò più restare nemmeno qui; dovrò andare più lontano, dove a nessuno importi che io ci sia, dove io possa presto morire, senza che lo sappia nessuno».

«Non parlate così! Oh! se sapeste il perché ho detto tra me che non bisognava aspettare un giorno di più a parlarvi...».

«Voi siete ancora così buono, Selmo; e ascoltate sempre il vostro cuore, voi... Ma io...».

«Ascoltatelo anche voi. E perché non vorreste dargli mente? Se c'è momento in cui occorra far così, è proprio questo. Ditemi... a me potete dirlo, Fiorenza; a' vostri non ci avete proprio pensato più? Di qui, potete vedere ancora il fumo della vostra casa; e anche là, credetelo, si patisce; e chi sa che non sia per amor di voi!».

«Per me?... Se ho fallato, senza nemmanco sapere che cosa mi facessi, ho imparato anche presto cosa sia il piangere inutilmente. Adesso, dopo tutto quello ch'è stato, posso forse sperare che ci sia chi mi perdoni?».

«Ma vostro padre, quel pover'uomo, non c'è ancora?... Sì, Fiorenza, datemi ascolto: è di lui che vi voglio parlare, è per lui che son venuto. Le altre disgrazie, che gli sono toccate, io non ve le conterò; la trista fine di vostro fratello Costante penso che la saprete; giacché, fin da gennaio, ha dovuto andar in altri paesi, per non aver a dare ragione de' fatti suoi alla giustizia; Andrea, ché lui almanco è un buon figliuolo, ha dovuto entrare, per tirar qualche soldo di più, come assistente di filatoio; e intanto, vostro padre è là, in quel povero Mirabello, solo colla Linda; la terra è a quest'ora tutta una miseria; e verrà il san Martino, e i padroni, mi piange il cuore per lui, vorranno mandarlo via dal luogo, il buon vecchio... se pure, anche prima d'allora...».

«Cosa volete dire? se pure... cos'ha da essere?...».

«Tant'è, si deve stare preparati a tutto; e poi non sono venuto per questo?... Sentitemi dunque. Da un pezzo, vostro padre ha dato un tracollo, ch'è una compassione; non è più lui; nemmeno voi lo conoscereste più!».

«Oh! Signore Iddio! anche questo?».

E la Fiorenza levò al cielo la faccia.

«Dunque, ci pensate ancora al povero vecchio?» riprese subito Selmo «né c'è bisogno di dirvi ch'egli è là che v'aspetta, e parla di voi? che in questo momento sentendosi forse vicino al passo che dobbiamo far tutti, desidera di vedervi almeno una volta, di sentire la vostra voce, di perdonarvi?».

«Perdonarmi?».

Ella non poté dire di più; ma, nascondendo colle mani il volto, sentì uno schianto nel cuore, ruppe a piangere. Era già troppo tempo che il Signore le aveva negato il conforto delle lagrime: quello sfogo subitaneo, sincero dell'anima fu per lei come un ritorno alla vita. Il giovine la riguardava; pure nascose la pietà che l'aveva tocco, e nel suo segreto, benedicendo il cielo che lo condusse colà, si guardò bene d'interrompere con altre parole quel pianto.

Fiorenza fu la prima a riprendere il colloquio; s'era alzata, e accostandosi, con un atto d'angoscia insieme e di terrore, a Selmo: «Ma credete» gli disse «ch'io avrei ancora forza e coraggio di metter piede dentro all'uscio di casa mia? e vi pare a voi, Selmo, ch'egli si potrà dimenticare di quello ch'è successo? Ma, sentite prima: è poi vero quello che mi dite... ch'egli stia male... e la povera Linda abbia, forse presto, a restare... sola al mondo?».

«Io non vi vorrei ingannare, Fiorenza... Non vi ho ingannata mai, e in un momento come questo...».

«Ah sì; è la Provvidenza che vi manda; sento che non vi ho conosciuto prima d'ora, e ch'io non merito una parola sola, un'occhiata da voi... Ma quel povero padre... E come farò io? E cosa gli dirò?... No, no, è impossibile, lasciatemi al mio destino, Selmo; per me, tutto è passato e perduto».

«Non è vero, Fiorenza! cosa dite mai?».

«Ma voi non sapete... non è possibile... Non sareste venuto, se di me sapeste la verità».

«Se dite così, crederò anch'io... che voi non mi avete mai conosciuto. Ma non parliamo di noi, ch'è fuor di tempo, ch'è inutile. Quello che dovete fare adesso, è ben chiaro; ascoltatelo il vostro cuore, non ve ne pentite, se è il vostro cuore che vi dice di tornare, non ve ne pentite, per carità! In quanto a me, pazienza... Sarò contento, se un giorno o l'altro potrò dire che, per una buona parola di Selmo, avrete avuto anche voi un momento di bene».

Allora, senz'altro dirsi, e come si fossero riuniti ambedue in un pensiero che non avevano bisogno di esprimere, si partirono di là lentamente, risalendo per il pendio, dal quale erano discesi. La Fiorenza, tutta occupata de' nuovi pensieri che il mite e sincero parlar di Selmo le aveva suscitati nell'animo, sentiva dentro come uno strano, improvviso rinnovamento. E benché un altro dolore, il pensiero del padre malato, le si fosse accresciuto al peso del cuore, pure, in quel momento, le sembrava di poterlo sostenere, di essere forte e rassegnata: era il desiderio de' suoi, la speranza non mai carezzata né nudrita del perdono di suo padre, che le spiravano quasi un nuovo alito di vita. Perduta fino allora nell'abbiezione, dimentica di ogni cosa, ella respirava già, si può dire, un'aria di disperazione e di morte; in quell'abisso, l'unica voce che le si fece sentire fu quella di colui ch'essa aveva ingannato, dell'uomo che la doveva odiare e che invece venne per il primo a sollevarla, a restituirle, più che la vita, la speranza della virtù.

Quando furono giunti dinanzi al solingo cimitero, tra quegli alti castagni, la Fiorenza si fermò subitamente; e con un sospiro, quasi dir volesse la forza che faceva a sé medesima, si rivolse un poco, e: «Selmo!» cominciò con voce un po' tremula, ma pacata; «voi avete avuto compassione di me; ed è stata un'ispirazione del cielo la vostra. Ora è giusto che vi parli anch'io... e voglio farlo qui».

Così dicendo, alzò la mano verso un'alta e rozza croce di legno, che sorge a pochi passi dal camposanto, dove il sentiero finisce. Ma soprastette alquanto, poi chinò la faccia: quel po' di rossore che, nell'agitazione del momento, appena le era in viso apparito, svanì; ella si era fatta pallida più di prima.

«Voi già sapete» indi riprese «che, per matta ambizione, io aveva abbandonato il mio povero padre, e la mia Linda, e voi... e tutto insomma. Ma quello che non sapete ancora, e ch'io voglio dirvi è che, subito dopo arrivata a Milano, in quella casa, io m'era presto accorta d'avere fallato strada, d'aver gettato via, un minuto, tutto quel poco di bene che il Signore promette anche a noi povera gente. Oh! li avessi ascoltati allora i pensieri che mi dicevano di tornare indietro fin ch'era tempo ancora! Ma quando un mese e due furono passati, già io non mi sentiva più quella di prima... E poi, venne il momento... O Signore! datemi forza voi di confessare qui, adesso, quello che non ho arrischiato mai di dire, né anche in segreto a me stessa!... Fu, vedete, per una ragione poco diversa dal primo nostro incontro, o Selmo, là sulla strada di Crevenna... se ve ne ricordate ancora. E io, che non aveva abbastanza creduto a voi, ho creduto a un altro!... Ma l'istesso torto, che così ingiustamente io aveva fatto a voi, doveva essere la mia perdizione... No! no! il cuore di dirvi tutto com'è stato, io non l'ho! E poi, se non lo so nemmen io né come, né perché mi lasciassi tirare al male. Chi le può ripetere tutte le cose bugiarde, tutti gli spergiuri che io ascoltava, ch'io teneva veri e santi, come il battesimo?... Quando il mio povero padre e la Linda sono poi venuti a Milano a cercarmi, là dove non mi trovarono più, io era già la donna che voi vedete. Non ho saputo, da quel giorno, più niente di loro, non ho saputo più niente di niente».

«Non andate innanzi, Fiorenza... Io non vi domando ciò ch'è passato! Avete avuto anche troppa passione!».

Così la interrompeva il buon Selmo, che nel cuor suo non doveva essere certo meno commosso, meno turbato di lei.

«No, no, lasciatemi parlare! mi sono trovata sola, colla miseria e colla fame... Ma io mi era dimenticata del Signore, ed Egli si è dimenticato di me. Allora sì sono venuti i giorni, in cui ho imparato cosa sia a questo mondo il piangere e il tremare di tutto!... Fu quando voi, Selmo, m'avete incontrata la prima volta! Pure, in quei giorni, io non era disperata ancora... Adesso, tutta la mia speranza, guardate! è qui, sotto a questa poca terra».

La misera non ebbe coraggio di dire di più. Né Selmo, tutto agitato com'era da affetti novi e diversi, seppe ritrovare una parola per disviare l'animo di lei da quella angoscia: gli sarebbe paruto di mentire.

«Andiamo, andiamo via!» disse solamente, con certo tuono un po' rozzo e duro. «Non è l'ora di parlare di queste cose, Fiorenza! così non va bene, così non va bene. Lasciate fare adesso al Signore: è Lui che pensa per tutti! Cercate di quietar l'animo, e ricordatevi che vostro padre vi aspetta».

«Voi lo credete proprio?...».

«Vi pare che, se non ne fossi più che certo, vorrei arrischiare d'aggiungere un male di più ai tanti che già avete?».

«Ma io, al punto a cui sono, non so più quello che mi faccia, e che mi dica...».

«Ho io a suggerirvi cos'avete a fare? Mettetevi nelle mani del vostro signor curato: lui è tanto buono, tanto amorevole, proprio quello che si dice un uomo giusto. Lasciatevi condurre da lui; farà tutto 'per bene».

«Voi lo credete?.., farò così».

«Ma non mancate, Fiorenza, per carità, per l'anima di vostra madre, per tutti i vostri morti!».

«Avete ragione di dubitare di me» mormorò mestamente la donna, ripensando a quel giorno che in Milano era fuggita alla pietà di Selmo.

«Bene» ripres'egli, come pregandola, «andateci subito dal signor curato».

«Sì, oggi, sulla bass'ora... Ve lo prometto. Ma non restate di più con me... qui, siamo troppo vicini alla strada.., che nessuno vi veda insieme a una povera donna come son io».

E si discostò rapidamente da lui, mettendosi per un picciol calle, che traverso ai campi conduceva al villaggio. Selmo si fermò un poco ancora su quella riva: e pensieri incerti, confusi, gli venivano in folla, gli davano travaglio nella mente. La Fiorenza gli era sparita dagli occhi; e credeva tuttora vedersela davanti, di leggere in quelle sue tristi e spente sembianze una memoria di bellezza mista a dolore. Ma ciò che avevano detto fra loro, ma le parole con cui s'era studiato di quietarle la memoria, e quello ch'essa gli aveva risposto, più nulla ei ricordava. Solamente sapeva d'averla veduta a piangere, e gli sembrava che da quel piangere fosse a lei recato un gran sollievo. Il passo fatto, di venire lui un'altra volta a parlarle per il primo, era stata in Selmo una cosa naturale, giusta, quasi un dovere: chi poteva, se non lui, che aveva ancor fede in un cuore già conosciuto e amato, richiamare la poveretta a più tranquilli pensieri? E il male del vecchio Bernardo, ond'egli si fece ragione per parlare alla Fiorenza, era pur troppo vero: non furono la grande età, né i malori che l'accompagnano che diedero a creder vicino il termine del buon messere di Mirabello: fu il continuo tedio d'una tristezza diventata abituale, e il peso della solitudine fatta insopportabile. Ma il generoso suo tentativo Selmo non l'aveva confidato a nessuno, nemmeno al morente vecchio.

Il giorno stesso, sulla bass'ora, egli tornò sollecito al Mirabello, da altri non veduto fuorché dalla Linda; la trovò tutta malinconiosa e cogli occhi rossi tuttavia. Nulla le domandò, ma la buona fanciulla, appena lo vide, gli andò incontro, e disse: «Non è venuta ancora!».

IX.
Un po' di pace

«E così, figliuolo, cos'abbiam di nuovo?».

«Niente, signor curato...».

«Come niente? Ci avete pensato su, e poi tornato a pensare?».

«Anche troppo, signor curato, ci ho pensato».

Così al buon parroco di Santa Maria il nostro Selmo, che una domenica, finito vespero, andò a ritrovarlo, pochi giorni dopo il colloquio avuto con la Fiorenza, fuor del camposanto. Erano in quello stesso studiolo a terreno, ove, un anno e mezzo prima, gli aveva dato l'utile consiglio di metter giù la malinconia d'amore e il maltalento d'andarne soldato, cercando piuttosto di guarire d'ogni travaglio con quella santa medicina della fatica, che rintegra e benedice la vita d'ogni onesto figliuolo d'Adamo.

«Non dite d'averci pensato abbastanza» ripigliò il curato, facendo ballar tra il pollice e l'indice la tabacchiera, dopo averne annasata una gran presa. «Una volta, ve ne ricordate?... vi avevo fatta la raccomandazione di non perdere tempo, e n'avevo di buone ragioni: ora la cosa è diversa: se allora importava lo strigarti presto, ora c'è altrettanto bisogno che tu dia a mente a quello che vuoi fare. Non si tratta di far negozio di frumento o di meliga, o di comprarsi del bel bigello per il farsetto nuovo, figliuolo; ci va del nome, della vita e anche del pensiero che s'ha ad avere a' conti che faremo poi. No. Quello, dinanzi al quale l'eternità è come il minuto che passa, non canzona mica quando dice: *La donna cattiva è come il giogo de' buoi che ondeggia; chi la prende è come chi prende uno scorpione.* – Ed è scritto in quel libro che non falla. Così, tu sai, Selmo, che non sempre ciò che a noi par buono è buono, e che per vedere la giustizia, ch'è più in su del sole e delle stelle, ci vogliono altri occhi di questi nostri».

«Lei dice anche troppo vero, signor curato; e a tutto questo, sebbene in maniera un po' differente, perch'io le cose non so dirle né trovarle così bene come lei, a tutto questo ci ho pensato anch'io. Ma cosa vuole? la compassione che m'ha fatto quella donna io non l'ho proprio saputa vincere, e ho seguitato a dirmi ch'è meglio perdonare e dimenticare per aver del bene... e non è così che spesso dice in pulpito anche lei, signor curato?».

«Questo è giusto, questo è vero: ma tante volte, guardando alle cose dal tetto in giù, bisogna aver flemma e giudizio anche nel bene, Non dico che pensandola in un verso, potreste ancora aver ragione voi; e pare quasi che sia un destino... Ma, ditemi prima sinceramente: avete cercato di vederla ancora, dopo quel giorno?».

«Dopo che giorno, signor curato?».

«Ma sì, dopo quello che la povera donna, persuasa delle vostre buone parole, venne piangendo a cercar me, e a pregarmi di ricondurla sotto a quel tetto, ch'essa aveva, in così tristo momento, abbandonato. Io l'ho vista piangere, e quel piangere veniva dal cuore; l'ho confortata, come meglio mi riuscì; poi, prima di notte, andammo insieme su per la collina del Mirabello: mi pareva certo che Bernardo, dopo perdute tutte l'altre consolazioni, avrebbe tenuto il ritorno della figliuola come una santa cosa, una grazia del Signore. E vi dico la verità, avrei dato non so che cosa, per vedere questa faccenda un po' meglio incamminata di quello che fu».

«Per amor del cielo, com'è dunque stata? non sarebbe vero tutto quanto mi ha lasciato credere anche lei, signor curato?... quello che la Linda?...».

«Un po' di pazienza: vedo che, quanto a voi, ebbi ragione, benedetto figliuolo, di scartarvi alla bella prima, quando veniste a confidarmi cotesto vostro impiccio. E in verità, per dirvela, non mi andava a' versi di mettermici dentro come ho fatto: noi preti, e io più di tutti, perché così stimo, non dobbiamo annaspare ne' garbugli di questo mondo, né intricarli cogl'interessi dell'altro. Ma via! non ho voluto che c'entraste per niente, ché non conveniva in nessun modo: del resto, potevate guastare più che altro. Vi dirò adesso che, appunto quel giorno, Bernardo, malato da un bel pezzo, aveva dato un gran crollo. Fino allora, ben che fiacco e infermo, aveva potuto almanco cavarsi di letto, e passava, lo sapete anche voi, tutte le ore della sua giornata, sotto il portico della cascina, guardando come uno smemorato le campagne di sotto e il girar del sole. Quel giorno il male avea fatto un passo di più, e il pover'uomo era là, nel suo letto, martoriato fin dalla notte, per l'improvviso entrar della febbre; la Linda gli piangeva vicino. La Fiorenza, com'io l'aveva voluto, si fermò a piè della scala; tremava come una foglia, né potendo più reggersi in piedi, – e io dall'alto la vedeva – s'era con forza aggrappata alla ringhiera, e stava mezzo arrovesciata sugli scalini. Dico la verità, sperai di nuovo che il nome della figliuola e il vederla in quel punto dovesse far del bene al vecchio; e avvicinatomi al letto, chinandomi sopra di lui, gli presi una mano che bruciava, e gli domandai se pensasse ancora, se ancora volesse che gli parlassi della sua Fiorenza...».

«Povero Bernardo! le ha sempre voluto bene anche lui!».

«Prima, fu come se lo svegliassi da un sogno; mi guardò, mi guardò fisso, né pareva che mi riconoscesse più. E quel suo modo di guardare, lo confesso mi metteva spavento... Allora, pensando fra me poter le cose diventare forse più triste, e non esserci troppo tempo da perdere, ho creduto, facendomi all'uscio, di chiamar su, con un cenno, la Fiorenza. Sua sorella aveva capito tutto, povera innocente! ed era là anche lei; più incerta, più tremante ancora dell'altra. Questa venne su, quasi a tentone, come non ci vedesse a salire... E già la stanza era tutta scura, appena fuggì l'ultima occhiata del sole che vi dava dentro».

«Oh Signore! Chi sa mai che cosa provò in quel punto la povera disgraziata! Se così ci patisco io, se così mi stringe l'anima solamente il sentirlo dire!».

«Buon Selmo! avrei voluto contarti su qualcosa di più allegro; ma credi pure che, al mondo, in alto o in basso, c'è più da patire che da godere. Appena dunque la Fiorenza ebbe fatto qualche passo nella stanza, e che sua sorella, al vederla venire, cominciò a pianger forte, il vecchio, tutto a un tratto, quasi riacquistasse in quel minuto una forza perduta da anni, si sollevò a sedere sul letto, allungò le mani scarne, tremanti, verso la figliuola, che a lui s'avvicinava, protese la faccia, e domandando con impeto: "Chi è, chi è che viene?..." appuntò un dito verso di lei: poi ravvisatala: "Tu? tu?..." diceva, e diè fuori in un riso convulsivo che faceva paura. La Fiorenza, come lo puoi imaginare, non ebbe cuore di fare un sol passo di più. Era caduta per terra; corsi a sollevarla, e persuaso pur troppo non potersene per allora aver nessun bene, l'indussi a uscirne dalla stanza, dicendole che si fidasse di me, che avrei saputo far io; che, in fine, s'ella aveva domandato di cuore il perdono del cielo, quello del padre non le poteva mancare. La Linda, povera fanciulla, s'era subito gettata al collo della sorella; ma il vecchio, già non capiva più nulla, e ricaduto, seguitava a ripetere tra sé: "No! no! no!"».

«Ma dunque, per la Fiorenza, non ci dev'essere proprio più nulla da sperare? È lei, signor curato, che mi aveva promesso... e io che credeva?...».

«Quello che t'ho promesso è un conto; quello che tu credi è un altro. Perché senti in cuor tuo di voler bene ancora a questa donna, perché hai pensato a lei da un pezzo, né hai pensato a nessun'altra, e per amor suo sei contento che gli altri ti dicano un bel matto e, peggio ancora, un baggiano, tu credi ch'è giustizia il tenerle la parola, a lei data da tanto tempo, e ti pensi ch'ella te ne sarà riconoscente, e ti vorrà bene poi, se prima non te ne volle di troppo; onde potrete ancora fare insieme un po' di vita buona e quieta. Il sacrificio, – tieni a mente, Selmo, perché il tuo alla fine è un sacrificio – si deve amare, si deve fare, perch'è la più santa cosa che sia; ma, come il Signore vuole che l'istessa fede e la riverenza che dobbiamo a Lui sia ragionevole, così vuole che ogni sagrifizio si faccia da savio e non da matto, vuole che si faccia, insomma, non per niente. Sai tu, per certo, o hai almeno ragione di sperare, che quella donna capisca com'è fatto il tuo cuore?

ch'ella possa, nei dì che verranno, compensarti di quanto avrai fatto per lei, non dimenticarsi di ciò ch'è stato, non avvelenare la tua anima semplice e retta? Io non dico ch'ella sia perduta, ch'ella non deva conoscere il tuo animo; ma tu devi prima svegliarti bene da questo sogno che fai da troppo tempo, devi sapere che cosa vuoi, il bene e il male che ne può venire, quello che fai e che prometti. La vita, per tutti quanti siamo, dal più grande al più piccolo, è un serio e difficile dovere; e tu avrai a rispondere non solo per te, ma per i figliuoli che Dio ti potrà dare... sì, per quei figliuoli che un giorno vorranno poter benedire il nome della madre loro».

«Oh! tutte queste cose mi fanno venir freddo; eppure sento, sebbene non sappia nemmeno spiegarlo, che se ho a lasciarla del tutto quella Fiorenza, forse il Signore abbandonerà per sempre e lei e me; ma se, in cambio, ho l'animo di dirle ch'essa è per me ancora quella, e che son qui pronto a darle il mio nome e a domandare che Dio ci benedica tutti e due... allora tutto il male ch'è stato, e per lei e per gli altri, sarà come non fosse stato. Ecco qui quello che sento».

«O Selmo! io ti ho voluto parlare netto e sincero perché lo devo, e perché vedo come il tuo cuore possa sentire, meglio di tant'altri che battono sotto la tela greggia e il frustagno. Ma andando innanzi in quello che più importa, dimmi prima se, dall'ultima volta che ci siamo veduti, tu hai cercato modo di vedere la Fiorenza e di parlarle... se, in breve, le hai detto o promesso, o fatto dire o promettere alcuna cosa?».

«Io le avea dato parola, signor curato, di lasciarmi in tutto e per tutto regolare da lei, che ne sa ben più di me, e non ho mancato. Solamente le confesserò, con sincerità di cuore, perché voglio che sappia anche questo, come pochi giorni fa, parlando colla Linda de' travagli che ho anch'io e delle altre cose succedute poi, le ho, così alla buona, fatto capire che, dove appena sua sorella avesse voluto, potrebbe ancora tirarmi a fare di tutto per il suo bene... Sì, le ho parlato a un dipresso a questo modo; poi, la mattina, quando l'ho di nuovo incontrata, fu lei stessa, la Linda, che mi fermò per dimandarmi scusa d'aver ripetute quelle mie parole, così come si fa per dire qualcosa, a sua sorella; e aggiunse che la Fiorenza non aveva risposto nulla. Quando ho sentito così, anch'io, con un'alzata di spalle, me ne andai. È tutto qui».

«Via, via, Selmo, era inutile anche questo, ma pazienza! Rispondetemi un po' voi, adesso: quando ci avete pensato ancora a questa stramba idea, fu, non è vero? dopo aver saputo che... la creatura di quella poveretta il Signore se l'è tirata con sé?».

«Sì, fu allora».

E chinò il capo, come oppresso da un risorgente pensiero di dolore.

Il curato tacque un istante, ma vedendo la necessità di non prolungare di più il penoso contrasto, in cui viveva da un pezzo quell'uomo, volle subito conoscere fin dove fosse capace di giungere la virtù sconosciuta e il generoso sacrificio di lui. Egli poi, il buon prete, credeva e sapeva che la fede tranquilla e forte di coloro, i quali somigliano al povero Selmo, altra cosa non è che un bisogno, una persuasione d'amore, è l'amore, che quando sia vero e buono, meglio vede della ragione.

Alzandosi dunque dal suo seggiolone, s'avvicinò al giovine, ch'era là, in piedi, a qualche passo dallo scrittoio, col cappello in mano e la testa piegata sul petto, in aria di cupo pensare; e fissandogli ben bene gli occhi nel viso: «Senti, figliuolo!» riprese «è un po' che parliamo; ma non abbiamo finito... c'è del serio ancora».

«Dica, è tutt'una!» asciutto rispose Selmo.

«Ho qualcos'altro a domandarti... A quest'ora, in che mani fosse caduta la Fiorenza, tu lo sai».

«Lo so».

«Dunque ascolta! se quel tale ti venisse innanzi, se tu, dopo aver dato alla Fiorenza il tuo nome di galantuomo, lo incontrassi qui nel paese, o là presso alla villa, nella casa di quei signori... cosa faresti? Perché sai bene che un birbone, come lui, è capace di tutto. Nel momento ch'io ti parlo, nessuno sa cosa sia succeduto di costui: ma, se anche, cacciato, come Caino, dalla sua maledizione, egli ne fosse in capo al mondo, potrebbe da un giorno all'altro ricomparire».

«Se fosse mai! se lo vedessi, o me lo mettesse innanzi il demonio... Scusi, signor curato, non so cosa dico».

«Via, ma cosa faresti?».

«Cosa farei? Oh! la sarebbe finita e per lui e per me... Lui all'inferno, e io sulla forca!».

«No, Selmo» con severa voce l'interruppe il curato. «Tu non sai veramente quello che dici, o dici quello che non pensi. Che se tu sei fermo in questo, ti bisogna finirla prima, ti bisogna mutar idea, mutar cielo per sempre. E io, ascoltami bene! ti dico, che da quest'ora non devi più pensare a quella donna, poiché a te il Signore non l'ha destinata. Di male ce n'è stato anche troppo, senza che tu ne getti altra semenza».

«Dunque, signor curato?...».

«Dopo tutto quello che hai fatto in questi due anni, io sperava da te la promessa, non della vendetta, ma del perdono. Se tu non vuoi pronunziarla questa parola, tutto il resto è inutile... Ma tu la dirai, non è vero, Selmo? Io lo conosco il tuo cuore, e voglio il tuo bene, e il bene di quella donna. Or via, non ti toglierò del tutto la tua speranza; ma lasciami fare, non voler riuscire prima del tempo... bisogna che sia così. E per parlarti ancora più deciso, ecco in due parole ciò ch'io credo veramente necessario, al punto in cui sono le cose. Già, io non aspettai fino ad oggi per chieder conto dell'uomo del quale t'ho parlato; dal poco che ne seppi, ho ragione di credere avergli la Provvidenza impedito, se non di pentirsi, certo di rimediare al male che fece».

«Cosa sento?... è morto? morto?...».

Il giovine arrossì, poi divenne pallido, e stette senza moto. Vi fu un istante di silenzio.

«Non lo so ancora per certa notizia, ma lo saprò, e forse presto. Per adesso non domandarmi di più. Va in pace, e metti in pace, meglio che puoi, il tuo cuore; ricordati che di tutto quello che succede non dobbiamo cercarla noi la ragione; sebbene il Signore non voglia che le cose tornino a bene dei poltroni, ma di coloro che sono forti e ostinati nel fare e nel volere ciò ch'è giusto. Del resto, il cammino del nostro dovere, poiché va sempre diritto, è più facile di quanto pare. Va, e non cercar di rivedere quella disgraziata, fintanto che tu non abbi a restituirla veramente all'onestà, e che possa dire in faccia a tutti: Rispettatela, perché le ho dato il mio nome di galantuomo».

Selmo nulla più disse, e se n'andò col dolore nell'anima; ma insieme con una segreta persuasione che quel dolore, se Dio lo volesse, poteva cancellare il debito di una creatura ben più infelice di lui.

Dopo questo colloquio, un mese era passato senza che il curato, come pur n'aveva dato sicuranza a Selmo, lo richiamasse a casa sua, o gli dicesse cosa alcuna di ciò ch'era tuttavia un segreto per tutti, fuorché per loro due.

Intanto, sulla cascina del Mirabello pareva si facesse più sereno il cielo; e forse non era lontana per la sventurata famiglia un'ora di consolazione. Il vecchio messere si poté ancor trascinare fuor del letto; e rivide il sole libero e la campagna in fiore, e l'aria e il sole, rimedio dei poveri, che gli resero quiete ai pensieri e lena alle deboli membra. Per benefico consiglio del signor curato, che avea dall'altare raccomandata la povera famiglia, alcuni buoni terrieri s'erano indotti a dare una mano a quei che lavoravano la terra del Mirabello; e il disgraziato vecchio almeno vedeva la sua ultima speranza non morire del tutto.

Venne l'estate, e un giorno, sul tramontare del sole, Bernardo sedeva ancora sotto il portico della cascina, in quell'angolo ov'era l'antica Madonna, alla quale la Linda ogni sera, dal tempo che la Fiorenza li aveva abbandonati, soleva accendere il votivo lumicino. La fanciulla e il vecchio erano là l'uno presso l'altro e tacevano; mentre all'intorno i mille diversi romori de' villaggi e de' campi si confondevano e perdevansi a mano a mano nella quiete serale.

Per il sentiero che saliva sulla falda della collina la Linda vide venire lentamente una donna, la riconobbe prima che fosse giunta alla metà dell'erta; e più che gli occhi suoi, il suo cuore le diceva chi fosse. Ella s'avanzava senza incertezza e senza curiosità, come persona a cui sono noti i luoghi che passa, e che viene, come di consueto, non aspettata. Solo quando arrivò al verde recinto, a quella siepe di biancospino, si fermò un poco, e, giunte strettamente le mani, guardò verso il cielo. Ma non fu che un momento; un momento dopo, ell'era entrata sotto il portico oscuro: avvicinatasi con passo ancor lento al vecchio che aveva rivolta la faccia verso di lei, si mise in ginocchio, appiè dell'immagine santa.

Bernardo distese la mano, e la posò sul capo della donna. La Linda, s'inginocchiava essa pure; e così come era usata fin da fanciulletta, cominciò a dire, con voce un po' commossa, le sue orazioni. E quella ch'era venuta, e che stava là prostrata sulla terra con lei, rispondeva mano mano, con timido accento di riverenza. Il vecchio fissava gli occhi sopra di loro, ma lo sguardo era tranquillo: nel viso sereno gli avresti letta un'espressione di pace.

Appena ebbero finito di pregare, si alzava la Linda per correre alla cucina; indi tornò, con tre scodelle di latte e un grosso pane; il vecchio prese il pane, lo spartì fra loro, e quando l'una e l'altra gli furono sedute accanto, si rivolse a quella che era venuta dopo, e: «Sai, Fiorenza,» le disse «che ora sono guarito, e che il povero vecchio sapeva che tu saresti venuta?».

«Io ringrazierò il Signore» rispose la donna «e finché avrò vita, un momento come questo non me lo poteva dare che Lui!».

«Oh! Fiorenza noi abbiamo ancora pregato insieme» le disse la Linda.

«Sì, Linda! e forse è per te, per il tuo cuore che il cielo mi ha perdonato!».

«Taci, taci, figliuola,» la interruppe Bernardo «non farmi tornare ai giorni tristi del passato; io sono fiacco, disutile, malato, non sapeva nemmen io di vivere, non aspettava più il domani; adesso, è cambiato il destino; la mia vita è tornata, i miei figliuoli torneranno anche loro, un dopo l'altro, e me li vedrò intorno tutti prima di morire».

Era intanto caduta la notte, una di quelle care e splendide notti estive, che non vedi fuorché sotto il nostro cielo, quando la luna spande per ogni parte il suo chiarore, le campagne e le acque sembrano inargentate, e più bruna, profonda, misteriosa è l'oscurità della valle. Qualche lontano romorio, qualche canto fuggitivo ancora s'udiva, e la brezza notturna che calava dalla montagna era ancora uno spirar della vita nel denso fogliame della falda selvosa. Il messere e le due figliuole stettero colà dov'erano, per lunga ora, a bevere quell'aria balsamica e pura, ma tra loro furon rade e sommesse le parole: più pronte e vive, direi quasi sacre, erano per ciascuno, in quei momenti, le ricordanze del passato.

Così la donna traviata, dopo aver conosciuta la più grande miseria della vita, dopo aver veduto ciò che dapprima, finché stette in quella casa ignota tra il monte e il piano, non aveva sospettato neppure esserci al mondo, ritrovò ancora, sotto al tetto de' suoi, la pace che vi aveva lasciata. Colà tutto era come prima; solo il cuore di lei non avrebbe potuto racquistare più la semplice sicurezza di un giorno.

Al seguente mattino, venne il curato di Santa Maria, e si fermò per alcun tempo a discorrere con Bernardo: il buon vecchio, allorché vide il prete staccarsi da lui, gli prese, quasi per forza, una mano fra le sue che tremavano, e la baciò.

Dopo tornata la Fiorenza, nulla turbò per alcun tempo la tarda calma di quelle umili creature. La figlia maggiore di Bernardo, poiché rivide la faccia del padre e quella cara parte del cielo, che un tempo ella guardava come sua, e tutto intorno que' fiorenti pendii, gli sparsi paesi e la nota aerea lontananza, ridivenne, come allora, sollecita, accorta nelle cose della famiglia, a tutto poneva mente, e talvolta perfino si querelava se alcuna cosa mancasse che prima v'era. Ogni giorno più ella sentiva crescervi il dovere di recare qualche compenso al padre suo, per il lungo travaglio ond'era stata a lui cagione; e gli veniva intorno con tanto affetto che il buon uomo, scordata affatto ogni amarezza, le parlava sovente come all'ingenua fanciulla, delizia de' suoi anni passati. E la tenera premura della Fiorenza per sua sorella s'era in que' giorni raddoppiata, come volesse persuaderla non esser mutato il suo animo, né il bene che le aveva sempre voluto: e quantunque di ciò ch'ella sofferse non le facesse parola mai, anzi tentasse d'evitare ogni allusione, ogni richiamo di que' due anni, non di meno era facile vedere che sentiva un gran bisogno d'essere amata da quel cuore, d'esser creduta ancora innocente. Quando rimaneva immobile, come incantata, a seguirla cogli occhi per la casa e per il prato vicino; e quando rifletteva che la Linda, forse per una naturale ritrosia che viene cogli anni, non correva più a gettarle al collo le braccia, non le raccontava i suoi pensieri, non le parlava più come una figliuola alla madre, allora dentro di sé provava un accoramento profondo, muto, un dolore, diverso da tutti quelli sofferti fino a quel giorno, che avrebbe voluto superare, e non poteva. Pure i giorni passavano eguali, sempre occupati; onde avresti creduto che fossero ancora tranquilli abbastanza per lei, e quasi lieti.

Ma ogni mese, poich'ell'era tornata, nel giorno medesimo e senza nulla dirne al padre né alla Linda, si discostava dal Mirabello alle prime ore del mattino; nessuno poteva dire ove si conducesse; solo una volta la Linda s'arrischiò di domandarglielo. Rispose che andava dalle parti di San Biagio, per ritrovare della buona gente che in altri momenti le avevano fatto del bene: ma parecchi del luogo, interrogati poi dalla Linda, dissero che da gran tempo non era più venuta fin là. In quel giorno d'ogni mese, ella saliva al piccolo cimitero sulla collina, ove avevano messo la sua creatura; colà essa poteva pregare, e pregava di cuore; colà ritempravasi la sua anima solitaria nella speranza di un'altra vita, nella fidanza alla misericordia di Colui che la sostenne nella umiliazione.

Sul cader di quella state, fu veduto tornare nel paese Selmo, il quale se n'era ito per alcun tempo, colla scusa di non so che pressante lavoro, da lui accettato in quel tempo in un lontano comune di Montagna. Tornò dunque per obbedire al curato di Santa Maria, che lo aveva richiamato; e senza neppur passare d'Alserio e di casa sua, tirò innanzi alla spedita fino alla casa parrocchiale.

«Fatti cuore, Selmo, che l'ora è venuta» dissegli il prete non appena vide entrare il buon giovine, che in que' tre mesi era divenuto, a dir vero, più magro che prima non fosse.

E in poche parole gli fe' chiaro il perché l'avesse fatto ritornare. Le ragioni che, da principio, s'erano poste contro la sua buona intenzione di rendere alla Fiorenza la pace della vita e dell'onestà, serbando a lei la fede che due anni innanzi le avea promessa, quelle ragioni non c'erano più; non solo la carità del Signore, ma la cautela e la convenienza del mondo potevano essere soddisfatte. Egli stesso, il curato, avea potuto sapere di certo come la creduta fine di quel tristo, ch'era stato il primo autore d'ogni sciagura della Fiorenza, fosse positiva e vera. Ma non volle dire a Selmo quanto fosse stata misera questa fine; né stimò necessario fargli sapere come colui, da oltre un anno, cacciato dal servizio dell'annoiato contino, in uno di que' ricorsi di autorità che la vecchia contessa madre sapeva a tempo adoperare, s'era di subito acconciato tra i domestici d'un ricchissimo inglese che oziosamente solo scorrazzava per tutta Europa, e come dipoi, in non so quale delle grandi capitali visitate nell'orbita periodica del suo illustre padrone, accattasse briga con mala gente; finché una notte dopo un fiero litigio con tre dannati come lui, uscitone con fiaccata e rotta la persona, era stato portato nel letto d'un ospitale, ove lasciò i vizii e le ossa.

Al venir del san Martino di quell'anno, la Fiorenza andò a stare su quel di Lecco, presso a suo fratello Andrea; che, nel suo mestiere di filatore, facendo di bene in meglio i fatti suoi, si era accasato colà. E fu per consiglio del buon parroco, il quale vedeva giusto, che il matrimonio di Selmo e della Fiorenza si facesse in qualche altro paese un po' lontano, per tagliar corto a ogni supposizione, a ogni discorso di maligni e di scempi, che avrebbero potuto mettere a mal rischio l'avvenire di que' due figliuoli.

Il curato di Santa Maria li avea egli stesso con una sua lettera accompagnati a un suo confratello da quelle parti. Colà, a breve andare, si condusse per ritrovare i suoi anche il messere del Mirabello; che, a poco a poco rifattosi, mena ancora, abbastanza contento, la sua ringagliardita vecchiezza; e la Linda venne con lui, la Linda, buona ancora e amorosa, senza saperlo, che non lo lascerà più sin che campi. Selmo e Fiorenza poi, passato che fu il tempo necessario, furono detti in chiesa; nessuno parlò di loro, e sono ora marito e moglie. Ma non hanno figliuoli; e la pentita donna, benché ringrazii il Signore del bene che il suo Selmo le volle sempre, porta nascosta nel cuore, e qualche volta da certa mestizia del viso che nulla vale a cancellare, lascia indovinare la memoria del suo passato.

Appendice

DELLA LETTERATURA RUSTICALE

Lettera a Giulio Carcano
[*di Cesare Correnti*]

A Giulio Carcano

Io non so veramente, signor mio, s'io debba credervi o no; perché, a' miei dì, ho visto dal mio cantuccio troppi letterati che cominciarono predicando umiltà e concordia, e finirono più orgogliosi di Lucifero e più frammettenti di un curiale; e molti che si gridavano avvocati dei poveri, e che a sentirli erano la carità incarnata, mi riuscirono poi, alla prova, peggio degli scortichini di mestiere. Ma, se una certa ingenua schiettezza di stile e lealtà di vocaboli non m'ingannano affatto, voi dovreste essere com'io vorrei. S'io mi sono apposto, che il cielo vi benedica! Vi spiegherò in breve il mio bisogno.

Io non ho mai creduto di saper cosa che valesse, e dico senza biascicar le parole, perché, in fin de' conti, imparai quasi prima a maneggiar il fucile che a scrivere: e quel poco che m'insegnarono le scuole del reggimento, gli amici, e quel correre per lo mondo, e vedere, e patire, e far patire – io mel tenevo in serbo nella memoria, per conforto di codesta mia solitudine. Ed ora che sono di tant'anni accovacciato nel mio paesello, ove non mi vedo sventolar in sul viso nuove bandiere, né mi sento nelle orecchie rombo di tamburi che venga a farmi ribollire il sangue, ora tra i miei villani vado logorandomi gli occhi sui libri, per non saper far di meglio di questa mia vista annebbiata dall'età. E talora mi accade di sclamare: Oh se avessi studiato a tempo!

Ma voi altri che siete cresciuti nella bambagia, e aveste tempo non che di studiare, anche di annoiarvi dello studio, Dio mi guardi ch'io voglia farvi il maestro addosso! Di molti de' vostri libri io non ci capisco verbo; molti altri non voglio capire. Ma vorrei pure che alcuno mi spiegasse, perché voi, che avete tanto agio di chiacchierare, non sappiate mai intendervi tra voi, né accordarvi su nessun argomento.

Sono quasi trent'anni che si ripetono le stesse accuse, gli stessi lamenti, le stesse quistioni. Uh! che battaglia interminabilmente noiosa! Se le ragioni uccidessero come le palle, e una buona lingua fosse una buona spada, forse che potrei aspettare di vederne il termine. Ma a questo modo, io mi dispero di pur intendere di che si disputi: tanti sono a quest'ora gli aggiramenti, le ripetizioni e le sottigliezze; e la mia testaccia, che ama la via diritta, si perde in questo rovinìo di frasi: classici, romantici, lingua aulica, idiotismi, essere, non essere, primato, miseria; – e sempre, sotto uno o altro tono, un po' più languido, un po' più aspro, sempre le stesse corde. Davvero ch'io non mi raccapezzo, quando la mia mala ventura mi fa calare alla città, e mi trascina in una bottega di libraio. Voi potete aiutarmi, se siete quel valente figliuolo che mi sono imaginato; voi potete aiutarmi a riconoscere questo terreno sì mobile e fangoso.

Una delle contraddizioni e delle ripetizioni più inesplicabili che m'avvenne di scorgere in questa perpetua altalena di pensieri e di parole, è quest'essa, di cui voi mi saprete certo snebbiare il mistero. V'ha chi grida e insegna che le lettere italiane di loro natura sono nobili, illustri, illustrissime, né mai saprebbero scendere dal cocchio o lasciar i trampoli senza inzaccherarsi le calze di seta, e sconficcarsi gli eroici coturni; e costoro, se credo ai commenti di certi altri, vogliono la letteratura togata, perché tra quelle rivolture non possa né correre né saltare. Molto più sono quelli che consigliano di rifare la poesia sulla ribeca e sul colascione, e di metterla a sgambettare in farsetto col popolo: e gridano che la nostra fu sempre poesia cortigiana, poesia di pochi, poesia di convenzione. E qualche mese fa, a proposito d'un vostro bel racconto, che m'ha fatto bestemmiare la mia vecchiaia, non ho io veduto una certa scrittura fatta a ritroso, o, come direbbero i nostri ambrosiani, un *dentro e fuori*, ove con una filza di nomi scomunicati si veniva a dire press'a poco che niuno ha ancora posto studio a' villani; gente del resto, colla quale nulla ha a far la poesia e la ragione, gente badalona e senza conclusione, a cui voi, signor mio, e molt'altri che non ho l'onor di conoscere, avete voluto trovar cuore, e viscere e sentimento, dove non vi può essere che sciempiataggine e bestialità? Così almeno argomentai che volesse dir quel viluppo di parole; ché, intenderle, non posso propriamente dire d'averle intese. E forse neppur voi, perché non ci avrete badato; ma se voi foste stato qui a sentire i commenti quotidiani che vi fecero sopra i nostri baccalari, forse avreste un po' di compassione pei cento mila lettori di quelle cantafere. Perché, tocca e ritocca, ad ogni tratto siamo da capo collo scherno contro la gofferia e la viltà di que' poveracci che vi fanno le spese, quasiché già troppi non fossero i motivi di mal umore fra chi lavora e chi gode del lavoro; quasiché si volessero rinforzar le barriere, già troppo ben salde, tra l'incolpevole e addolorata ignoranza e la sapienza inerte ed annoiata, quasiché, infine, non fosse oggimai più vera la parola del Maestro, che chiamò i forti ed i savii a servire con amore riverente i semplici di cuore ed i poveri di spirito. Ma io mi perdo anch'io in chiacchiere, e ficco il naso in sagrestia. Per ora vorrei chiedervi soltanto, signor mio, perché mai si vada ricantando che manca all'Italia chi studi il popolo campagnuolo; e che la nostra è una lingua schizzinosa e contegnosa che non sa dir le cose alla buona; e che noi non abbiamo, e vorrem pensare assai a formarci una poesia veramente popolare. – Coteste cose io le sentii dire, e da chi esortava gl'ingegni nuovi e forti a tentar l'ardua prova, e da chi invece ne cavava la consolante conclusione che noi non abbiamo lingua né letteratura veramente nazionale, e siamo e saremo mai sempre volghi diversi di schiatta, d'intelligenza, d'idioma, in mezzo ai quali pochi sognatori parlano e scrivono una lingua non intesa che in poche città, e per giunta anche morta da tre secoli.

  Morta o non morta, è quel che rimane a vedere. Ma che si abbia a udire dai pietosi e dai maligni che le lettere italiane non si curarono del popolo mai, né della vita campagnuola, e che non v'ha parole e idee per la povera gente, io non so come voi e i buoni, se ve ne ha, vel comportiate: perché gli è errore troppo scoraggiante, ove non sia menzogna troppo bene indirizzata: ché calunniarci fra noi, e calunniare i nostri vecchi, e delle miserie e dell'ira dei fati farci colpe e infamie, è antico nostro male, e insanabile.

Ora non credo d'ingannarmi, s'io credo invece che nessuna letteratura del mondo più della nostra sia piena d'inspirazioni nudrite alla vita schietta ed operosa dei campi. E ben si pare che questa sia quella terra che tolse il suo glorioso nome dal bue aratore, ove Cerere e Trittolemo ebbero culto, ove i Sanniti ed i Romani, acri coltivatori degli aviti campi, disciplinando a Mezzodì, la civiltà infemminita, e respingendo la nomade barbarie al Settentrione, colla forza e colle istituzioni radicarono in Europa quel viver civile che indarno le avrebbero pensato gli acuti intelletti di Grecia. – Perdonatemi, ma io vado ancora in succiole quando ricordo Cincinnato e Catone, e tutti quegli altri valent'uomini che pur conoscevano la fatica, e del comandare non facevansi un mestiere. – *Oh! maschia prole di rustici soldati; oh! mani esperte a rivolgere colla marra sabellica le gravi glebe! o late spalle nobilmente curvate sotto il peso delle messi infin che il sole voltava l'ombre dei monti, e segnava l'ora di sgravare del giogo i buoi affaticati più presto dei loro ferrei padroni!* – Mi brilla il cuore, richiamando queste idee virili che ricordano gli anni allora pianti, e adesso sospirati dei latinucci, e i secoli migliori di quel popolo che primo seppe riunire il vigore della vita guerriera, e la santità delle arti della pace. E per questo conquistò il mondo e fondò il diritto: lascia, mio caro, lascia dire ai sofisti, e adora i Romani. Lascia dire ai sofisti, e credi a me: che ad intender certe cose val meglio aver visto i ceffi e le spalle del nemico, ch'essersi filata l'anima, e sdilinquito lo stomaco sulle cartepecore. Certo il mio prode amico, il capitano Maffio, che consigliava a Napoleone d'armare i nostri reggimenti col gladio romano, s'intendea più di latino che cinquanta eruditi, i quali siensi logorata la vita compitando iscrizioni lapidarie e codici corrosi; ed io te lo dico, io che ho veduto i nostri battaglioni di villani coscritti piombar colla baionetta sulle trincee d'uomini e di cannoni. Che Dio dia pace alle anime loro, poiché il mondo non ha dato gloria, né onesta sepoltura alle loro ossa!

E sempre il pensiero mi svia. Abbiate pazienza, che chi ha troppo taciuto, convien che troppo ciarli. Le abitudini villereccie del gran popolo sono dappertutto, in quella lingua da contadini soldati, nelle leggi, nelle abitudini; e non a caso le *Georgiche* riuscirono il capolavoro della poesia latina, che in questo soltanto supera, ma di che tratto! la raffinatezza e la copia dell'arte greca. Oh che versi, amico mio, che versi d'oro! Ma io porto acqua al mare, perché voi queste cose le dovete sapere meglio di me. Ditele dunque una buona volta, e serrate la bocca a chi ciancia a vanvera; ché a leggere certe cosacce moderne parrebbe quasi che non sappiano più né la storia di casa nostra, né una briciola di latino; e sì che stentano e intisichiscono ott'anni sulle gramatiche e sulle antologie, ch'è una pietà.

Agli antichi italiani non mancò certo lo studio e il rispetto della vita campestre: anzi come le braccia dell'agricoltore furono la forza delle legioni, così l'arte rustica e le leggi fondiarie furono la gloria del pensiero, della poesia, delle istituzioni latine. – E Catone, e Columella, e Virgilio, e se volete anche Teocrito, e Mopso, e Bione sono glorie domestiche, salvo il rispetto e il pudore con cui dobbiamo parlare della casa antica, noi che stiamo fuori in sull'atrio, come i diseredati. E quando gli sterminati giardini e gli schiavi alienigeni presero il luogo del libero campicello coltivato da libere mani, quando il popolo romano si fe' tutto cittadino, voi sapete quel che ne avvenne.

Ma, diranno che sono i soliti piagnistei del passato: no, signore! benché l'Italia presente sia forse la nazione più *urbana* fra quante formicolano sulla faccia della terra, dico e sostengo che è quella, in cui la vita campestre è meglio attiva e intelligente, e, per quanto le condizioni nostre lo comportano, parmi che sia stata studiata e descritta, e che possa esserlo anche assai meglio, senza grandi difficoltà. Onde quel buio e quella nebbiaccia, in cui alcuni credono avvolti per sempre i volghi rustici, è buio, è nebbia del loro cervello.

Ditemi un po': dove un'industria, che non sia tutta meccanica, è in fiore, volete voi credere che gl'industriosi sieno tronchi e zucche? Le nostre campagne, se le guardate, vi risponderanno pei loro coltivatori; e noi vorremmo che la superba industria cittadina, con tutte le sue scuole tecniche, e le sue stipate moltitudini, con tutte le sue ciarle e i suoi giornali sapesse lavorare quello che le mandiamo noi campagnuoli, e non lasciasse, per non dirne una che le val tutte, andar fuori le nostre sete, per ricomperarle a peso d'oro tessute. Uh! poltronacci!...

Ma sento rispondermi che, quanto al lavorare, lavorano anche i buoi; e non per questo sanno altro che mugolare, ruminare, e tirar l'aratro sotto il pungolo. Sì, eh? I villani sono buoni alla fatica, e nulla più! A voi tocca godervi le cose belle, a voi capire le cose buone, a voi fibruzze delicate, e braccia minuscole! voi potete lasciar crescere le unghie per bel vezzo, come que' Chinesi che le portano a distintivo di nobile ozio; voi avete il cuor gentile, e dentrovi una nidiata di dolci e umani sentimenti, e di arguzie, e di buone intenzioni. Voi avete la sapienza, e ve ne valete all'uopo per accarezzare, ed accarezzarvi, per conciliar tutto, e riconciliarvi sempre colla vostra coscienza, per trovare risposte a tutte le interrogazioni, anche a quelle che fa l'uomo a se stesso, e il rimorso all'anima, e l'anima a Dio. Oh voi siete i loquacissimi e i tranquillissimi de' mortali! Voi non fate più che un soliloquio continuo, e dite tutto da voi, e tutto vi va pel verso, o fate che vi vada. Pel villano non è così: egli non ha tutto il mondo in sé, né siede a gara accademica co' suoi pensieri; la sua anima non è garrula come la vostra; egli non sa trovar buone ragioni per tutte le cose, e spesso riman mutolo, e non comprende; spesso interroga, e non ode rispondersi; e ha dentro il cuore delle nicchie ch'egli stesso ignora, delle profondità ch'egli non ha mai scandagliato, e che solo talora gli si rivelano illuminate dal lampo della passione, echeggianti alla voce della natura. Voi che avete la carta geografica delle passioni, e sapete i nomi di tanti affetti che non avete provato mai, e conoscete per descrizione tanti sentimenti straordinari e pellegrini, potete applicare ai vostri amoruzzi i pensieri del Petrarca o di Jacopo Ortis, secondo che vi piaccia la tinta mite o la tragica; voi che avete ereditata, compilata e distribuita in manuali e frasarii tutta la sublime esperienza di cuore e di mente degli uomini che più giganteggiarono fra i mortali, potete credervi qualche cosa di privilegiato. La musica c'è, voi non avete che a persuadervi che la vi nasca nelle orecchie. Anche l'eco, se si sentisse, si crederebbe una parola e un pensiero. Ma il villano deve trar fuori quel poco che sente dal suo cuore, che non è poca fatica; e tu lo devi sapere, figliuol mio, che, a quanto mi pare, ami sentire quel che dici. E sentire vuol dir vivere, e non solo capire alla meglio; e v'ha troppi tra noi che, vivendo, fanno un continuo plagio; e ricopiano senza fatica le frasi e i sentimenti altrui. Cotesti leggono la vita loro, e non la sentono; e quel che dicono val sempre più di quello che provano: e il povero popolo par loro zotico e insensibile, perché sente più assai di quel che possa o voglia dire. E perché, ed a chi direbbe? Niuno meglio del povero operoso e infelice comprende la dignità del silenzio e il pudore del dolor vero. Guidali all'ospedale, guidali al giaciglio dell'agricoltore moribondo; mostra loro, tu che il sai fare, la cupa e tranquilla concentrazione dell'uomo irreparabilmente perduto; e forse codeste animucce da pappagalli comprenderanno una volta lo stoicismo.

Ma io credo che, se questi svenevoli vedessero levarsi sulle loro teste le mani callose e nobilitate dal lavoro, si convertirebbero più presto che a ragioni. Perché chi mai di loro conosce i villani? Chi ha virtù di poterli conoscere? Ché non è la cosa sì facile come pare. Io mi ricordo bene, quando dopo dieci anni d'assenza capitai al mio paesello, mogio, ingrugnato più che uomo al mondo. Io passava i dì ed i mesi senza mutar parola con anima viva; e se qualche volta veniva a visitarmi un vecchio caporale del mio reggimento, noi maledivamo insieme le vanghe, gli aratri, e quei zoticoni de' contadini, codardacci, disadatti, sucidi, che non sapevan dir due parole senza balbettare e confondersi. A poco a poco quell'uggia e quell'isolamento ci stancarono; perché, in fin dei conti, a disprezzar gli altri non c'è nessun gusto: l'è un malo imbratto, di cui rimbalza sempre qualche spruzzolo anche sul nostro viso. Però cominciammo a rispianare la fronte, e ad aver compassione di quei bietoloni, e colla compassione cominciammo a vedere e comprendere quel che prima ci era chiuso; e il mio caporale, che era sempre stato un disutilaccio, finì ad innamorarsi in una montaninetta, come chi dicesse in una Angiola Maria, e rizzò casa, ed è ora uno de' patriarchi del Comune, ed io... io adesso vorrei poter essere l'avvocato dei campagnuoli.

Il povero, io lo so per prova, diffida di chi gli viene innanzi coll'aria di ricco, di sapiente, di protettore. Se un guardo curioso od esaminatore lo scruta, ci copre pudibondo le piaghe dell'anima, e più ancora le gioie, i sentimenti, le speranze. – E voi credete, o ricchi, di conoscere il vostro colono, quando vi sta innanzi a capo chino, turbato, ma attento a difendersi ed a schermirsi dalla potenza e dalla sapienza ch'egli trema di vedere in voi? Voi credete di conoscere i villani, o letterati, perché vi siete fermati nel mezzo di una sagra a vederli ballonzolare, e cioncare e schiamazzare senza alcun rispetto a voi, ed alle regole dell'euritmia? A conoscere questi cuori, che non tengono il processo verbale d'ogni lor palpito, vuolsi un genio pietoso e sagace, che indovini quel che non ha nome nella coscienza, né espressione nella lingua.

Ma tiriam via; perché neppur quelli che ci hanno pratica davvero non rendono giustizia ai poveri; e più usano con loro, più ne notano il lezzo e le miserie. Non maravigliartene, figliuol mio, perché andando innanzi cogli anni tu vedrai che la maggior parte degli uomini fanno esperienza solo del male, e come corpi guasti non alimentano che i gavoccioli e le sozzure. Avranno sott'occhio mille esempi di modesta virtù, di schietto amore, di lealtà; ma e' non veggono altro che que' dieci ribaldi, che quel tradimento, che quella viltà! e gridano infame, e miserabile e odiosa questa povera razza umana, che s'è pur tirata innanzi e moltiplicata infino ad ora a forza di sacrifici d'amore; e, vantandosi d'essersi sbarbicate dal cuore le illusioni, giungono canuti a giustificare il male, ch'essi pensano o fanno, col male che altri ha fatto o pensato; e, sottilizzando con infausto senno, scambiano l'ignoranza per malignità; e dove basterebbe il ridicolo, versano l'odio e il disprezzo; dove una piaga aperta aspetta un balsamo pietoso, versano l'immedicabile maledizione.

S'io non mi fossi perduto in troppe ciarle, io vorrei, figliuol mio, narrarti qualche po' della vita ch'io meno quassù, e fornirti il tema di qualche raccontino di quelli, in cui tu sai inzuccherare infino al dolore. Io vorrei bene trovarvi qualche volta un pizzico d'agresto; ma penso poi che l'è un viziaccio di noi cresciuti a menar le mani e guazzar nel sangue. M'è sempre piaciuto adoperar i pugni, chi sa e può farlo: ma ho sempre trovato che, dove né forza né ragione ha luogo, non è viltà aiutarsi colle lagrime e colla pietà. Difendili dunque i poverelli, e s'altro non t'è concesso, falli guaire e gemere inanzi a coloro, cui gioverebbe che il cuore umano non provasse più neppure l'incomodo turbamento della compassione. Rimescola, figliuol mio, rimescola, che il Cielo ti benedica! e ricorda a codeste schizzinose damine, che una contadina può amare e soffrire meglio di loro! Dipingi la povera tosa, l'Angiola Maria, la Rachele, le quali senza disamare si rassegnano al male che non hanno meritato, mentre tante sono fra voi le querele, e le calunnie contro la Provvidenza! Rimescola, e lascia pur ch'altri ti dica, collo zoticone di Teocrito:

> Oh! che può mai bramare un contadino?
> ....Come è bella,
> Figliuoli miei, la vita del rannocchio!
> Cura non ha di chi gli mesca il bere,
> Perché ei pronto l'ha sempre a tutto pasto.
> Queste son cose, che dovrian cantarsi
> Da chi lavora al sol!

E che s'avrebbe a cantare di voi altri cittadini, se si volesse badare soltanto ai vili, ai balordi, ai fuchi che s'arrabattano nel vostro sussurroso alveare, e vi guastano o sciupano quel po' di miele che v'avanza? Bel modello invero sarebbero i vostri cascamorti e le vostre sninfie, chi dovesse ricopiarne ogni attuccio, e scriverne le cicalate, proprio com'escon loro dagli sbadigli!

Ma lasciamo un po' questa miscea, che la mi pute. Io voleva parlarvi d'altro, voleva parlare a voi solo: voleva domandarvi perché mai non si leggono più certi libri vecchi, che al vento che ora spira, dovrebbero parere una novità. Tutti cianciano di poesia e di lingua pel popolo, e citano una litania di nomi forestieri di mal augurio, ma guai che una volta si ricordino di quel che abbiam noi. A veder tanta smemorataggine m'è venuta un tratto la tentazione di credermi io il privilegiato; e, se non fosse che sono libri stampati, io quasi mi terrei d'aver fatto una scoperta. Non vuo' già riparlare, dopo tanti, né della svenevole *Arcadia* del Sannazzaro, né dell'*Aminta*, gentilissima boschereccia invero, ma che è parco e giardino, piuttostoché natura e campagna; né del

Pastor fido, che meglio direbbesi pastor cortigiano; manco poi vorrei ricordare i pastori e le forosette di Zappi, e di Crescimbeni, che tanto somigliano ai veri pastori, quanto i vostri bellimbusti ai leoni. Ma quella ch'io non veggo mai menzionata è la vera letteratura rusticale, che ricchissima ci lasciarono i vecchi Toscani, e che ancora si potrebbe ringiovanire, tanto ne è rigogliosa e natia la lingua, tanto vivi e freschi i concetti. Né credasi già che i troppi toscanesimi vi affoghino il pensiero, e lo rendano inaccessibile al nostro popolo. Io ti so dire ch'io mi provai a leggere di questi rispetti fiorentini a' miei pigionali, e da qualche parola e dalla pronuncia in fuori, ei li intendevano più presto che lo stileggiare de' nostri più equilibrati periodanti. Quanto alle idee poi così alla mano, ed alle immagini tolte tutte dalle abitudini contadinesche, e a que' ghiribizzi un po' sguaiati, pensa se andavan loro a sangue; ei ci stavano, come suol dirsi, a posto; e non rifinivan di ripetere: – Così la va; quest'è vero; e quest'altro è un bel capriccio. – Alla prova, vedrai s'io dico il vero. Leggi agli zotici, che in cent'anni non intenderebbero straccio delle stillature francesi e tedesche, leggi loro gli strambotti di quella gran volpaccia di Lorenzo de' Medici; e, sebbene le sieno cose di quattro secoli fa, quando il Bembo non aveva ancora insegnato agl'Italiani il parlar per grammatica, non avrai mestieri di ricorrere ai commentatori.

>Io son sì pazzo della tua persona
>Che tutta notte vo traendo guai;
>Pel parentado molto si ragiona,
>Chi mi dice l'avrai; chi non l'avrai;
>Pel vicinato molto si canzona
>Ch'io vo la notte intorno a' tuoi pagliai,
>E sì mi caccio a cantare a ricisa:
>Tu se' nel letto, e scoppi de le risa.

Questa io la sentii cantare a più d'uno dei nostri dami, dopo ch'io l'ebbi loro appresa. E più altre ne impararono, come la gentilissima del Poliziano:

>La pastorella si leva per tempo;

e quella del ghiribizzoso ingegno del Doni:

> Tu sei, Silvana, come un ermellino,
> Come la neve, che non è toccata:
> Candida bianca, come fior di spino,
> E tenerella come una giuncata:
> E mansueta come un agnellino,
> E fresca più che non è la rosata...

Ma io non finirei domani, se volessi ricordarmi tutti i versi che ponno piacere ed essere intesi anche dalle nostre villanelle. Io vorrei che le intendessero e le gustassero almeno i nostri scrittori, e che continuassero quello che è già bell'e fatto, senza darsi sempre l'aria di cavar le novità dal centro della terra, ch'è proprio uno stento. E sarebbe anche la bella risposta per que' che guaiscono, o ripetono gli altrui guaiti sulla impopolarità di questa nostra lingua, che pur dalla culla fu battezzata per volgare. E chi avesse una raccolta di questi scritti rusticali non ne caverebbe parole soltanto, ma anche idee, ed ispirazioni e verità non poche. Perché il *Lamento del Cecco di Varlungo* e la *Tancia* sono i ritratti più compiuti e naturali, che s'abbiano ancora, de' costumi di villa: e nessuna letteratura né antica né moderna, ch'io mi sappia, può mostrare, come la nostra, meglio d'un centinaio tra commedie o frammezzi ove i paesani parlano la lingua loro propria, ove trovate la maniera villereccia, andante, e qualche volta sino lombarda; ove infine le passioni, le idee, le stesse sgrammaticature, sono studiate, come direbbero i pittori, sul vero. Con tanto scrupolo e con sì diligente minuzia la Crusca di Firenze e la Congrega dei Rozzi di Siena condussero l'imitazione nelle loro opere rusticali, che, come avviene, peccarono nel soverchio; e i quadri, ben lungi dall'essere troppo dilicatamente miniati, ed ammorbiditi ad arte, come negli idillii e nelle bucoliche di stampo classico, riuscirono duri e quasi inamabili, com'erano all'esterno i loro modelli. Per questo lato poco mi piacciono gli *Inframezzi villerecci* del Berni, uomo che ridea di tutto, figuratevi poi delle goffaggini villane! E nondimeno, come quello che spesso se ne stava in villa oziando e novellando sulla pancaccia della taverna, ei conosceva bene il fatto suo, e a' tempi suoi anche i buffoni pizzicavano qualche volta le corde aspre; e vedi con quanta schiettezza! – Uno dei villani si lagna:

>………….. Son come disperato!
> Semino poco, non colgo granello,
> E per ristoro ogn'anno i' ho il balzello!

E l'altro pronto di rimando:

>………. Per Dio! noi siamo un paio!
> Io sono stato anch'io de' balzellati,
> E vanne tutto l'olio, e 'l mio denaio,
> E ciò che ho guadagnato in sui mercati:
> I cittadin ci mandano al beccaio,
> E com'asini ci hanno scorticati,
> Ma s'io potessi veh! colle mie mani
> Vorrei scannarli e poi gettarli a' cani.

E il provocator riprende:

> Noi facciam di parole un semenzaio,
> Noi pur beliamo, e lor pongon la soma;
> ……………………………………….
> Perché siam tristi, e l'un l'altro accusiamo.

Quest'uomo e gli agricoltori ch'ei toglieva a sbertare, erano contemporanei del Machiavelli. – Ma più tardi, in tutte le opere villerecce, indarno cercherebbesi parola che ricordi la vita pubblica: appena un cenno dell'Assedio, che restò in una frase proverbiale, come la memoria lontana e dolorosa d'un finimondo.

Ma il mondo non voleva finire sì presto. Una delle più galanti composizioni rusticali è il lamento di Ravanello, colla risposta di Nenciotta, che parrebbe, a pubblicarla oggi, una bella baia pei vostri critici schifiltosi.

> Io sentii ieri in sul mercato,

narra Ravanello alla sua Nencia,

> Che s'è nella città determinato
> Di mutar gli elementi e la natura,
> E non ha esser più, com'egli è stato:

perché pubblicavasi un bando,

> Che dice: O contadini e paesani
> Col berettino e col cappel di paglia,
> Che avete dure e sucide le mani,
> Ma fanno presa come una tanaglia;
> Illustri gonzi e nobili villani,
> Ruvida gente, e povera canaglia,
> State in orecchio, che la viene a voi.
> ...... l'amore è una certa cosa
> Che non sta bene a gente contadina;
> Vuol morbida la mano, e non callosa,
> E la camicia fina, fina, fina.
> E i contadin l'han sempre polverosa
> In fuor che la domenica mattina,
> Ma allora il prete vuol, che li confessa,
> Che stien cheti e badino alla messa.

E la Nenciotta a rispondergli, narrando con inimitabile semplicità l'amor suo, e le sue pene, e le sue gioie:

> Volea gettarti un fior di gelsomino,
> E perché ti sapesse più d'odore
> Me l'avea posto in seno appresso al core.
> S'io non son bianca bianca scanidata,
> Basta, ch'io non son nera come mora,
> E ti prometto ch'io non son lisciata,
> E mi lavo nell'acqua della gora.
> Se non son bella bella, io son garbata:
> La garbatezza è quella che innamora:
> E sopra tutto quel che tiene e vale,
> A te vuo' bene e a tutti gli altri male.

Sicché... seguita pur...

> E cicali a sua posta il banditore,
> Che colui che vuol ben non è soggetto
> Né a sindaco, né a re, né a imperatore:
> E chi ama di cuor non si rimane
> O per suonar di trombe o di campane.

Se questa non è poesia viva, coraggiosa, spontanea, ch'io sia condannato in vita a legger i versi di monsignor Della Casa, e di monsignor Guidiccioni, e di quanti abatini cantarono Nice e Clori, e i signorotti neonati, e i decrepiti.

Ma ancora meglio de' *Rispetti*, che troppo sentono del concettoso, dovrebbero piacere le *Commedie villereccie*, se la verità, come ora insegnano infino i lunarii, è pregio massimo della poesia. Chi crederebbe che, a lato di quelle egloghe e di quelle boschereccie, tutte seta e velluto, che alle corti sovrane e patrizie rappresentavano la campagna come un giardino d'Armida, e nella vita rustica non vedevano che fiori, rivi, zefiri, usignoli, miele e amori; chi crederebbe che altri poeti osassero tratteggiare a tocchi duri e quasi disarmonici la rozza esistenza del vero contadino, i dolori muti di quelle povere anime ancora, quasi direbbesi, imprigionate nella dura scorza degli alberi, o legate a membra animalesche, come narrasi de' Fauni e de' Satiri? Direte ch'ei volevan far ridere della gaglioffaggine agreste dei loro personaggi. Ma, per noi, sono mutate le ragioni del riso; e quei quadri che rivelano le virtù ignorate e che si ignorano, l'astio pauroso ed inerme, la ghiottoneria, l'infingardaggine, l'angustiosa sollecitudine, l'egoismo che la viltà e la miseria stillano nei cuori; quei quadri, in cui veggo in mezzo agli oscuri patimenti sprizzare ancora l'amore, che stuzzica gli animi neghittosi e gl'incoraggia alla vita, mi fan pensare, sapete: e pensar da maledetto senno. Perché, quand'io salgo a svaporar la fantasia sul mio colle, e guardo la pianura, e vedo laggiù Milano, come un punto bruno perduto in mezzo allo sterminato mare della campagna; Affè, dico io, che *noi siam sempre noi*, come canta la canzone; e lo spillone d'oro non vale il vomero di ferro. – Ma lasciam ire; io voleva farvi notare che, in queste commedie toscane, ove tutto è fatto per ridere, l'amore riesce quasi sul serio; perché l'amore dissoda anche le più dure cotenne. Indarno il rettor del Comune dice ai due poveri fidanzati, come nel Mogliazzo:

> Ecco! ch'io v'ho appaiati come buoi
> Acciocché voi stentiate insieme poi.

Indarno egli interroga la fanciulla se la vuole il suo damo per *ispasimo e marito*. Il gentil pensiero che ci fa rivivere in altri, fa capolino fra le vanghe ed i cavoli, e cerca liete parole, da poter dire all'amato, cerca speranze da sperare per lui. Però la ritrosa fanciulla vien cantando:

> Quel che sia l'amore io nol so bene,
> E non so s'io mi sono innamorata,
> Ma gli è ver che c'è un, ch'io gli vo' bene
> E sento un gran piacer quand'ei mi guata.

E altrove:

> Io per me questa cosa dell'amore
> Non so se all'altre come a me interviene;
> Vorrei senza parlare essere intesa,
> Vorrei fuggir, ma vorre' esser presa.

E il vecchio ed avido massaio, già indurito dai dolori e dagli anni, sclama:

> O Lisa mia, quand'io ti ricordo
> Ancor per casa mi ti par vedere,
> E starti meco a un deschettin d'accordo,
> E in santa pace manicare e bere;
> S'ancor col pane una cipolla mordo
> Par che tu la tua parte n'abbia a avere;
> Par che tu dica ancora ad ogni po':
> Mangia, Giovanni, mangia col buon pro.

Né sempre il poeta vuol farci ridere degli Iloti; spesso è il cittadino che fa le spese della satira, e sono gentilissime le scene del Buonarroti, in cui mette a riscontro la raffinatezza urbana

coll'arguzia villereccia. Io non posso tenermi di trascriverne qui qualche brano:
Esce la Tancia cantando:

> E s'io son bella, son bella per mene,
> Né mi curo d'aver de' vagheggini.

E il cavaliero le s'accosta lusinghiero, e la rimprovera di sua ritrosia:

	E dico, Tancia mia, che tu ha' il torto
	Ad essermi crudele in questo modo;
TANCIA	Che ve fo io?
CAVALIERO	O tu mi guardi torto!
	O tu non vuoi vedermi! e sempre t'odo
	Proverbiarmi; io non ho maggior conforto,
	Che udirti, e di vederti sempre io godo:
	E dico che tu se' sempre più bella,
	E mi pari una ninfa, o una stella.
TANCIA	Eh i' non son la sninfia: io son figliuola
	Di monna Lisa, e di mio pa' Giovanni:
	Ma lasciatemi andar, ch'io son qui sola,
	E anche ho a ir al fossato co' panni;
CAVALIERO	Non ti partir; ascolta una parola
	Di grazia:
TANCIA	Orsù, cavatemi d'affanni!
	Che e' mi par di star qui come a gran risco.
CAVALIERO	Non vedi tu com'io per te languisco?
TANCIA	Oh! che vuol dir languisco? delle anguille?
CAVALIERO	No: vuol dir moro.
TANCIA	Un moro bianco o nero?
CAVALIERO	Eh! no: io mi disfò a stille a stille,
	Io mi consumo, io mi distruggo, io pero.
TANCIA	Vo' mi sonate in capo certe squille...
	O che viene a dir pero? forse un pero?
	Un pero, un moro, e delle anguille attorno....
	Le saran serpi; addio! Dio vi dia il giorno.

(fugge)

CAVALIERO   Non ti partir sì presto, odimi, ascolta!
            Ch'io parlerò, che tu m'intenderai:
            Torna di qua, ché in quella macchia folta
            Fra tanti pruni tu ti pungerai.

E in altro luogo:

TANCIA   Uh, io nol trovo; che dirà mio pa'?
            Pover'a me, e' mi griderà a testa.
            Brigate, un agnellino! chi lo sa?
            Oh, egli è il cittadino.
CAVALIERO   Ferma, resta
            Se tu cerchi un agnel, piglialo qua.
TANCIA   Dov'è ei? non lo trovo per le pesta.
CAVALIERO   Smarrito agnello in selva io son di guai!
TANCIA   Voi siete d'un castron più grande assai.
CAVALIERO   Orsù, vien qua, Tancia mia bella, ormai
            Ceder dovresti pure a' desiri miei.
TANCIA   Eh! lasciatemi star, ch'io me ne vada,
            Ch'io non sia colta con voi per la strada.
CAVALIERO   Son sempre teco pur, vuoi, o non vuoi!
TANCIA   E quando? e dove? e come? oh me sgraziata!
CAVALIERO   Com'io diceva pur tra me or ora,
            Col pensier, con la voglia innamorata,
            Colla immaginazion, col sogno ancora!
TANCIA   Oh, sapete; io non voglio esser sognata.
CAVALIERO   Io ti vorrei sognare in sull'aurora,
            Che i sogni veri son, vero ben mio.
TANCIA   Vostra non son, son del babbo e del zio.

Non ti par di veder qui unita la greca eleganza di Teocrito, e il brio naturale di Molière?

Né creder ch'io dica troppo: perché messer Michelangelo Buonarotti, il giovane, sebbene vivesse in quel laido secolo della boria gallonata e della gonfiaggine spagnolesca, che fu il seicento, pur dovea sentire il pizzicore del buon sangue antico, che ribolliva nelle vene del suo gran zio. Odi un tratto quello ch'ei pone in bocca d'un nobiluccio di Firenze:

>Che donna bassa e ignobile tu ami,
>Or questo non è il punto ch'io ti tocco;
>Ma che d'averla per tua sposa brami
>Questo c'è sol di mal...
>Gli è ver ch'io sono stato in tai legami,
>Ma io ho avuto sempre un po' di stocco:
>Vo' cavarmi ogni voglia che mi viene,
>S'io posso: ma!... restare un uomo dabbene.
>E quand'io fui colà presso al portone
>Innamorato sì ardentemente
>Della figliuola di Lartin cozzone,
>E ch'io ero canzone della gente,
>E ognun diceva: e' l'ha tolta il guidone;
>Doman la mena; – e non ne fu niente –
>Crepava ben d'amore e di martello,
>Ma io ebbi all'onor mio sempre il cervello!

Della lingua non ti vo' dir nulla, che sarebbe un insegnare alle api come si fa il miele; ma lascia ch'io ti ricordi una bella sentenza del Salvini, nome che nei libri moderni io non veggo citato mai, se non talora posto in filza con quello de' più noiosi pedanti. Parlando della campagna, il valent'uomo dicea, che «intere vetuste lingue ivi, come in sacro asilo, si sono mantenute illibate ed illese». E però pensa quante gemme vi razzolerebbero i ricucitori di idiotismi e di lombardismi; così avessero qualcosa a dirci, come loro non mancherebbero i semituoni, le scorciatoie, i rigiri, i proverbii ad esprimere ogni piega, ogni salto, ogni malizia del pensiero popolare.

E mancarono forse al buon Gaspare Gozzi, quando non potendo far rivivere altro, pensava a rinnovare la Congrega de' Rozzi, e con tanta arguta schiettezza dipingeva la sua Ghita, e la sua Mea, e da loro cavava precetti di buon gusto e di morale da buttar in faccia ai bamboleggianti patrizii della tarlata repubblica? Mancarono al nostro Parini che già venerato e glorioso, desiderava di tornar a vivere ignorato sotto il casolare che l'avea veduto nascere, tra la *gente vegeta e robusta* delle nostre colline, e dipingeva, con immortal parsimonia di parole,

> I villan vispi e sciolti
> Sparsi per li ricolti
> E i membri non mai stanchi
> Dietro al crescente pane;
> E i baldanzosi fianchi
> Delle ardite villane;
> E il bel volto giocondo
> Fra il bruno e il rubicondo.

E forse, pensando alle umili virtù di suo padre, prometteva di cantare l'industre agricoltore, esclamava con pio orgoglio:

> Te co' miei carmi ai posteri
> Farò passar felice;
> Di te parlar più secoli
> S'udirà la pendice.
> Sotto le meste piante
> Vedransi a riverir
> Le meste ossa compiante
> I posteri venir!

E dopo questa poetica consacrazione delle virtù campagnuole, e mentre vive tuttora nella città vostra l'anima del Parini nell'autore de' *Promessi sposi*, che illuminò colla poesia non la fossa soltanto, ma tutta l'oscura vita e gli umili dolori della povera gente, ci tocca, per Dio! d'ingoiare la beffarda superbiaccia di cotestoro, che ora ci chiamano bietoloni, ora vilissimi, e ridono de' fatti nostri e stuzzicano a ridere que' molti, che altro non cercano ai libri, se non d'imparar a ridere dei libri e di tutto il resto? Ma mala cosa è il riso, ove abbia a generare il disamore e il disprezzo: e io sentii, più d'una volta, dire a taluno che la sa lunga, che voi altri di laggiù siete come quel greco, di cui narra Omero nell'*Iliade*, che moriva sganasciando dalle risa.

Ma oramai ho scaricato un po' l'umore nero che m'affogava: buttai giù, Dio sa come, la metà almeno di quello che avrei voluto dirti; l'altra metà indovinala tu, che sai: e non lasciar passare l'anno senza regalarci ancora qualche racconto, qualche storia domestica, qualche diavoleria, che ci faccia aprir gli occhi, e vedere quello che da tanto tempo ci sta innanzi indarno, – lo spettacolo quotidiano d'una natura domestica e sublime.[1]

O. Z.

Marzo 1846.

---

[1] L'autore permise di far precedere il volume da questa lettera, non ostante il bene che delle cose sue vi è detto, comecché gli paia non potersi con più affettuosa sapienza, né con più franca leggiadria disegnare le condizioni e gl'intenti di quella parte di nostra letteratura che nobilissima diviene, appunto perché si volge ad innalzare l'uomo della fatica e del sagrificio. La lettera era diretta all'autore stesso nel 1846 in occasione di certe critiche fattegli, quando mise fuori la *Rachele* (Novella VIII); e venne inserta come il Racconto, nel giornale letterario milanese: *La Rivista Europea*. Sotto quelle iniziali O. Z. si nasconde un forte ed eletto ingegno, che amò d'eguale amore la scienza e la patria, a cui seppe tutto sagrificare: l'amicizia dell'autore per questo italiano, non abbastanza conosciuto e amato da tutti i buoni, è uno de' pochi ma veri conforti di sua vita. (*Nota dell'edizione fiorentina del 1857*)

WITHDRAWN

Made in the USA
Lexington, KY
15 October 2012